本书获湘潭大学精品教材立项出版资助

社会信用法概论

SHEHUI XINYONGFA GAILUN

顾敏康　主　编
肖伟志　副主编

中国计划出版社
北　京

图书在版编目（CIP）数据

社会信用法概论 / 顾敏康主编. -- 北京 ： 中国计划出版社，2021.9（2025.7重印）

ISBN 978-7-5182-1313-9

Ⅰ. ①社… Ⅱ. ①顾… Ⅲ. ①信用制度－法律－研究－中国 Ⅳ. ①D922.282.4

中国版本图书馆CIP数据核字(2021)第139427号

策划编辑：李　陵　　责任编辑：朱　冰

封面设计：孙　宇　　责任校对：杨奇志　谭佳艺

责任印制：李　晨

中国计划出版社出版发行

网址：www.jhpress.com

地址：北京市西城区木樨地北里甲 11 号国宏大厦 C 座 4 层

邮政编码：100038　电话：（010）63906433（发行部）

北京厚诚则铭印刷科技有限公司印刷

787mm×1092mm　1/16　19.5 印张　308 千字

2021 年 9 月第 1 版　2025 年 7 月第 4 次印刷

定价：88.00 元

序　言

《社会信用法概论》一书终于与大家见面了。这是本团队全力研究社会信用法的初步成果，既可以作为本领域的研究资料，又可以作为社会信用法相关专业的教材。目前关于社会信用法的著作比较少见，本书的出版充实了该领域的研究，将社会信用法学向前推进了一步。

《社会信用法概论》分为八章，介绍了社会信用法学的基本内容，涉及概述、历史进程、法的体系、公共信用信息、法的实施、信用修复、信用服务和权益救济等方面。本书立足于中国特色和制度创新的立场，为我国社会信用体系建设提供法学理论和长效机制的参考，也为社会信用法学科的建设进行初步的理论奠基。随着社会信用法的深入发展，我们还计划出版《社会信用法学》等书。

本书是对社会信用体系法治化进行专门研究的结晶，尤其是向读者展示出社会信用法这门独立学科已经具备了雏形。“学科的性质是一门学科自身固有的特质，是一门学科与其他学科相区别的根本属性。”① 从传统意义讲，研究学科性质是为了确定一门学科到底是属于自然科学还是社会科学；属于理论学科还是应用学科。不过，随着时代的发展，许多交叉学科纷纷产生，要界定一门学科的性质变得越来越困难。即便如此，交叉学科还是要确定以哪个学科为主的。

研究社会信用法学科性质的前提是社会信用法这门学科的存在。如果用

① 刘黎明，刘应宏．论比较教育学史的学科性质［J］．教育文化论坛，2019（5）：62-69.

“信用法”作为关键词在“中国知网”查询，可以发现相关文章少之又少，已有的文章讨论“社会信用立法”的较多，而将社会信用法作为学科研究的则基本呈现空白状态，更不用说研究社会信用法的学科性质了。这方面的空白亟待填补，这也使得研究这个课题更具现实意义。

1 关于社会信用法学科

与民法学、刑法学、行政法学等类似，社会信用法也是由法学衍生出来的一门独立学科。由于目前国家层面的社会信用法的立法工作正在酝酿之中，学界的关注点主要集中在立法方面，而对社会信用法学科本身几乎无人讨论。

事实上，目前法学界对于社会信用的认识也是不统一的。仅以民法学界为例，虽然关于经济信用法律问题的研究较多，但一般是从狭义角度去研究的，将信用界定为民事主体经济能力的社会评价。① 社会信用是广义的信用，与经济信用的定义有本质的不同。经济信用（与西方信用概念等同）可形成可量化的债权债务关系，社会信用不直接形成债权债务关系，可以理解为诚信。因此，广义的社会信用，主要指信用信息主体（简称“信用主体”或者“信息主体”）履行约定义务的（客观）能力和（主观）意愿。约定既包括“公约”，也包括“私约”。法律是对全体社会成员具有强制约束力的社会公约，按此推断，违法即是对其他社会成员的失信；违反合同、承诺等“私约”，则是对特定主体的失信。《上海市社会信用条例》第二条将社会信用定义为“具有完全民事行为能力的自然人、法人和非法人组织，在社会和经济活动中遵守法定义务或者履行约定义务的状态”，也是持与本文基本相同的立场。

社会信用法主要研究四大块的法律问题：（1）关于建立社会信用信息分类及归集基本法律制度。社会信用信息分为两大类：一类是公共信用信息；另一类是市场信用信息。对两类信用信息的归集、处理和共享应该有不同的法律

---

① 史尚宽教授、王利明教授和杨立新教授均持类似观点。参见吴汉东．论信用权[J]．法学，2001（1），脚注7：台湾学者史尚宽先生在《债法总论》所述之信用，从其内容来看，实为目前学界所指之商誉。王利明教授、杨立新教授、张俊浩教授等的著述，循史尚宽先生所言，将商誉指称为信用。

规定。对公共信用信息的共享要作出强制的规定，防止出现“信息孤岛”，从而影响联合奖惩措施的实施。对市场信息的采集应当规定明确的底线，严格保护公民个人的隐私，对侵犯隐私者要规定具体的惩罚措施。（2）关于建立信用奖惩机制的基本法律制度。社会信用体系建设的核心就是加大对失信行为的惩罚力度，增加对守信行为的激励和优惠。但是，并非所有的失信行为都要受到惩罚。法律应当规定对严重失信行为（或者进入“黑名单”者）实行联合惩戒；对一般或轻微失信行为应当使用警告或承诺措施。（3）关于信用信息主体权益保护的法律制度。由于信用信息一旦被归集，信用信息主体将面临权益减损的后果。因此，对信用信息主体权益的保护十分关键，相关法律应当规定信用信息主体的知情权、异议权和修复权。（4）关于规范和促进信用服务行业发展的法律制度。信用服务行业的发展对我国社会信用体系建设至关重要。信用服务行业在信用评估、评级和其他信用服务领域具有政府不可替代的作用。有关立法应该明确支持信用服务行业的发展，并在资助、资质、监管等方面作出明确的规定。

由此可见，社会信用法有自己明确的研究内容和体系，但这方面的研究刚刚开始，迫切需要专家学者的关注和建议，共同为社会信用法的健全贡献力量。那么，社会信用法作为一门独立的学科，属于什么性质呢？是纯粹的社会学科还是理论学科抑或应用学科？这是本文的核心问题，下面专门论述。

2　对社会信用法学科性质的实然描述

应该说，目前这方面的研究是个空白，一方面是因为国家层面的社会信用法尚未出台，大家关注的重点是如何立法；另一方面，大家对社会信用法的学科定位和学科内容不太明确。从实然角度看，社会信用法已经被定性为法学学科。教育部公布了 2017 年度普通高等学校本科专业备案和审批结果，其中，“信用风险管理与法律防控”本科专业获得批准，列为法学大类下的一项特色专业。如果进一步看社会信用法的研究内容，就会发现信用信息的归集和分享离不开其他学科的紧密配合，如人工智能属于计算机科学，大数据（数据挖掘）则是众多学科与统计学交叉产生的一门新兴学科。因此，目前将社会信用法定性为以法学为主的多学科交叉的学科是可行的。

3 社会信用法学科性质的应然描述

当然，前面这样的描述依然不够完全，因为只有通过社会信用法的应然描述，才能更清楚地了解社会信用法的学科性质。本书将从社会信用法的特殊性、学科价值、与其他学科的关系等方面进一步解释社会信用法学科性质。

3.1 社会信用法的特殊性

社会信用法的特殊性可以体现在以下三个方面：第一是主体的特殊性；第二是结构的特殊性；第三是内容的特殊性。

目前对社会信用法的主体界定尚存在不同理解。例如，《厦门经济特区社会信用条例》第二条规定："本条例所称社会信用，是指具有完全民事行为能力的自然人、法人和非法人组织在社会和经济活动中履行法定义务或者约定义务的状况。"将社会信用主体仅仅指向自然人、法人和非法人组织是一种狭义和传统的做法，但仅仅将自然人、法人和非法人组织视为被监管对象不符合国家社会信用体系建设的根本目的。按照国务院下发的《社会信用体系建设规划纲要（2014—2020年）》（以下简称《规划纲要》），社会信用体系建设涉及四大领域：政务诚信、商务诚信、社会诚信和司法公信。可见，政府和司法机关也应该是社会信用主体。这样广泛的主体，体现了社会信用法主体的特殊性。而这种主体的特殊性迫切需要建立专门的学科去研究，需要站在国家的高度建立相关的法律制度。

社会信用法的结构也具有特殊性，主要因为社会信用的概念具有本土性，域外可以借鉴的法律并不多。社会信用体系建设是一种对传统信用的创造性拓展，社会信用法学科的建设也在极大程度上依赖新型的科技手段，是科技发展到今天才可能产生的。因此，社会信用法的结构必然与其他法学学科有区别，主要体现在两方面：一是总则部分，涉及社会信用法的目的、社会信用主体、社会信用信息和基本原则；二是分则部分，涉及社会信用信息的归集、公开和共享的法律规定，社会信用激励和惩戒的法律规定，支持和扶持社会信用服务行业的法律规定，信用修复的法律规定以及法律责任。从目前的部门法看，社会信用法的这种结构是非常特殊的，也是目前其他法学学科所没有的。

社会信用法的内容取决于社会信用体系建设的重点，与其他法律部门相比更加特殊。社会信用法集中规管政务、商务、社会和司法四大领域的诚信问题，是行政法、民商法等多种法律基础上的创新学科。

3.2 社会信用法学科价值

社会信用法学科价值主要体现在两个方面：一是社会信用法学科的自身价值；二是社会信用法学科的衍生价值。

社会信用法之所以能够成为一门独立学科，缘于其自身价值。我国目前存在的信用问题较多，主要表现在《规划纲要》所指出的几个方面：（1）覆盖全社会的征信系统尚未完全形成，社会成员信用记录严重缺失；（2）守信激励和失信惩戒机制尚不健全，守信激励不足，失信成本偏低；（3）信用服务市场不发达，服务体系不成熟，服务行为不规范，服务机构公信力不足，信用信息主体权益保护机制缺失；（4）社会诚信意识和信用水平偏低，履约践诺、诚实守信的社会氛围尚未形成，重特大生产安全事故、食品药品安全事件时有发生，商业欺诈、制假售假、偷逃骗税、虚报冒领、学术不端等现象屡禁不止；（5）政务诚信度、司法公信度离人民群众的期待还有一定差距。社会信用法学科就是针对全方位的社会信用问题进行专门法律研究，尤其是研究如何用刚性和合理的规定营造“不敢失信和不想失信”的氛围，并运用创新的法学理论推动制度系统的完善并成为独立部门法学科。

社会信用法的出现也必然推动和促进其他部门法学理论和制度的完善。社会信用法中的联合惩戒是为了增加严重违法和失信的法律成本，属于加重处罚。如果其他部门法律制度完善和惩罚到位，信用主体从一开始就能够主动向善，联合惩戒可能只需要扮演“达摩克利斯之剑”的威慑作用。在这方面最为恰当的例子，就是2017年最高人民法院颁布的《关于公布失信被执行人名单信息的若干规定》，将“未履行生效法律文书确定之义务者”纳入失信被执行人名单，并依法对其进行联合惩戒。如果被执行人认真履行法院的判决或裁定，就不需要进行后续的联合惩戒。

3.3 社会信用法学科与其他学科的关系

与社会信用法学科密切相关的当然是其他部门法学。限于篇幅，下面比较三个主要部门法学。

3.3.1 社会信用法与行政法

社会信用体系建设是由政府主导的，社会信用法下的联合惩戒也是由政府部门联合实施的，故具有非常明显的行政性。正因如此，不少行政法专家与学者建议将联合惩戒放在行政法，尤其是行政处罚法之下进行研究。例如，联合惩戒主要依靠黑名单的建立，有学者认为黑名单的法律本质就是行政处罚。①也有学者认为黑名单不具有行政处罚性质：其一，行政黑名单强调对行政相对人（社会公众）事实参与的评价，而行政处罚说则不注重此种评价；其二，行政处罚说将行政黑名单制度视为单一行政行为，是对最终行为（惩戒行为）的评价。而行政黑名单则实质上同时评价了其他过程行为；其三，行政黑名单制度中公布行为与惩戒行为存在时间差，且分别由不同行政机关实施。而行政处罚则是一种最终行为。② 本书认为在社会信用体系建设的语境下，黑名单主要是联合惩戒的载体，故其本身不应被视为行政处罚。

当然，如果将联合惩戒纳入行政处罚，则行政法的一系列原则就要对其进行规制。例如，联合惩戒是否违反“一事不再罚”原则？显然，对社会信用法的理解必须跳出行政法的框架，要站在制度创新的角度去看。社会信用法是一种新型法律，具有行政性，但不是传统意义上的行政法。再以“一事不再罚”原则为例，这个行政法的原则未必适用社会信用法下的联合惩戒，理由如下：第一，对于将严重失信行为上升为法律规定并进行联合惩戒的情况，显然与“一事不再罚”没有联系。第二，失信惩戒包括司法主导的联合惩戒，但这显然不是行政处罚。第三，《行政处罚法》第二十四条规定的是“不得给予两次以上罚款的行政处罚”，而联合惩戒不属于“罚款的行政处罚”。也就是说，即便已经对违法当事人给予一次罚款的行政处罚，也不妨碍相关部门对其实施罚款之外的其他信用惩戒措施。诚如有学者指出：“一事不再罚”要求依法给予“一次处罚”，而非“一种处罚”。事实上，处罚既可以单处，也可

---

① 张蔓容．“黑名单”制度的法律问题［J］．天水行政学院学报，2018（2）：100-105.

② 胡建淼．黑名单不能黑列［N］．北京日报，2016-02-01（14）．

以并处，例如《刑法》中就有主刑与附加刑并用的情形。① 再以《严重违法失信企业名单管理暂行办法》为例，其第十三条规定的联合惩戒针对的不是原来的违法行为，而是这些违法行为所演变的失信行为，不再是原来的“一事”。

尽管如此，行政法的其他基本原则，如比例原则和不当联结禁止原则等可以引入社会信用法，作为联合惩戒措施制定和实施的指引。

3.3.2 社会信用法与民法

社会信用法与民法也有非常密切的关系。第十三届全国人民代表大会第三次会议2020年5月28日通过的《中华人民共和国民法典》（以下简称《民法典》）第一编“总则”第一章第七条规定了诚实信用原则，这与社会信用存在基本联系，但又不尽相同。诚实信用原则始于民法，“被奉为民法的最高原则，有‘帝王条款’之称”。② 毫无疑问，诚实信用原则也是处于变动状态之中，有人因此断言：诚实信用原则“不仅从道德上升为法律，而且从最初仅作为债之履行规则，扩展至私法上一切权利义务履行之规则，从仅仅规制当事人权利义务关系的法律原则，扩展至调整当事人与整个社会利益的平衡，现在已经延伸到公法领域。”③ 能够支持这种观点的依据可以参照《中华人民共和国民事诉讼法》第十三条的“诚信原则”（即民事诉讼应当遵循诚实信用原则）。《民法典》还有几个条文与社会信用有关，如：“民事主体享有名誉权。任何组织或者个人不得以侮辱、诽谤等方式侵害他人的名誉权。”“名誉是对民事主体的品德、声望、才能、信用等的社会评价。”“民事主体可以依法查询自己的信用评价；发现信用评价不当的，有权提出异议并请求采取更正、删除等必要措施。信用评价人应当及时核查，经核查属实的，应当及时采取必要措施。”“民事主体与征信机构等信用信息处理者之间的关系，适用本编有关个人信息保护的规定和其他法律、行政法规的有关规定。”

---

① 胡建淼．黑名单不能黑列［N］．北京日报，2016-02-01（14）．

② 郑雅方．论诚实信用原则［J］．当代法学，2003（8）：18-20.

③ 吴兆祥．论诚实信用原则在民法中的功能及适用［J］．山东审判，2017（2）：4-9，19.

尽管如此，采用《民法典》立法模式的人士显然没有注意到社会信用法不仅是涵盖公法与私法的特殊法律，而且作为法律实施坚强后盾的联合惩戒，也已经大大超出了《民法典》的范畴。可见，虽然诚信原则已经从民法规定延伸到其他公法规定，虽然《民法典》有些条文涉及社会信用，但是，以《民法典》为立法模式规范整个社会信用领域，显然不是一种理想的建议。

3.3.3 社会信用法与个人信息保护法

社会信用法与个人信息保护法也关系密切。社会信用法的实施需要归集个人信息，以便根据“一人一码”进行信用管理。社会信用体系建设是一项非常依赖数据的工作，需要大量的数据信息统计，并涉及信息的挖掘与处理，包括很多非结构化的数据信息。① 贵州是首批国家级大数据综合试验区，利用在全国率先发展大数据的优势，把 AI 大数据、区块链等前沿技术应用于信用信息的征、管、用全过程，建立了全国首朵“信用云”，通过大数据技术对信用主体进行全息画像，多维度展现主体信用状况。② 我国个人信息保护法草案已经提请全国人大常委会二次审议。这部法的目的就是规管随意收集、非法获取、擅自使用或者滥用公民个人信息的情况，保护公民个人的合法权益。

但是，社会信用法不仅涵盖四大领域（政务诚信、商务诚信、社会诚信和司法公信），而且涵盖社会信用信息平台、联合奖惩、信用修复和社会信用中介服务机构。因此，个人信息保护法的立法模式显然范围过于狭窄，无法实现社会信用法的宏大使命。

3.4 领域法学

社会信用法从其调整对象、调整手段、调整方法来看，不能简单划归任何现有部门法中，它和财税法学、金融法学、卫生法学、互联网法学、海洋法学等一样，具有明显的领域性，属于领域法学。

所谓领域法学，按照一些学者的观点：“是以问题为导向，以特定经济社

---

① 贺陈慧，李婷．大数据开启信用体系建设新局面［EB/OL］．（2019-05-07）［2020-03-26］．https：//www.bbtnews.com.cn/2019/0709/299435.shtml.

② 人工智能大数据驱动信用体系建设智能化［EB/OL］．（2019-09-27）［2020-03-26］．https：//25602663.mmfj.com/news/76103.html.

会领域全部与法律有关的现象为研究对象，融经济学、政治学和社会学等多种研究范式于一体的交叉性、开放性、应用性和整合性的新型法学学科体系、学术体系和话语体系。”① 社会信用法是典型的交叉学科，以法学的主要学科为基础，融合了经济学、社会学、管理学等学科，并结合了其他如人工智能、大数据等学科，其问题导向十分明显，那就是如何通过专门法律规范全社会的失信行为，并通过“守信激励和失信惩戒”的措施促进社会信用建设和提升全社会的信用水平。

学科性质关系到学科存在和发展的基础性问题，关系到学科意识确立的前提和依据。② 社会信用体系建设因应科技发展而成为可能，广义的社会信用法也因此产生并提供制度保障。社会信用法与传统意义上的部门法学相比较，具有明显的个性，是以交叉学科组成的领域法学。由此可以断定，社会信用法已经成为一门独立的学科，并形成自身的结构体系。社会信用法的特殊性、价值以及与其他法学学科的区别足以表明，国家层面的社会信用法必须单独立法。

本书各章分别由以下作者完成：第一章第一节至第三节，刘宗胜教授；第一章第四节，罗欢平副教授；第二章，肖伟志教授；第三章，顾敏康教授；第四章，程波教授③；第五章，蒋都都博士；第六章，连光阳副教授；第七章，张路博士与白银博士；第八章，郑令晗博士。本书系多位作者共同完成，虽经努力调整，但难免存在重复之处。由于本学科处于开创时期，有些观点也难免存在争议。本书的作者们非常希望有些观点能够引起更多的讨论，从而促进这门学科的进一步完善。如果读者在使用此书过程中发现有错误或遗漏的地方，敬请及时与我们联系，我们一定会虚心聆听并加以完善。

本书是国家社科基金重大委托项目“中国守信激励与失信惩戒机制立法研究”（18VHJ016）和研究阐释党的十九届四中全会精神国家社科基金重大项

---

① 刘剑文．论领域法学：一种立足新兴交叉领域的法学研究范式［J］．政法论丛，2016（5）：3-16.

② 刘黎明，刘应宏．论比较教育学史的学科性质［J］．教育文化论坛，2019（5）：62-69.

③ 郑令晗博士、张路博士和白银博士生为此章的完善提供了实质性的帮助。

目“完善诚信建设长效机制的立法研究”（20ZDA056）的阶段性成果。本书得以出版，要感谢湘潭大学秉持“敢为天下先”的精神，建立了全国首家信用风险管理学院，感谢中国计划出版社领导及团队的鼎力支持和细心修改，更感谢本团队成员的辛勤付出以及各位家属的默默支持。

顾敏康

2020 年 11 月于湘潭

目　录

第一章　社会信用法概述

社会信用体系的建立和完善是我国社会主义市场经济不断走向成熟、社会治理方法不断走向优化的重要标志之一。社会信用体系是以相对完善的法律、法规体系为基础，以建立和完善信用信息共享机制为核心，以信用服务市场的培育和形成为动力，以信用服务行业主体竞争力的不断提高为支撑，以政府强有力的信用监管体系作保障的国家新型社会治理机制。因此，以法律法规为基础建立起来的社会信用体系规范可以被称为社会信用法。

第一节　信　用

“信用”这个词有着极其丰富的内涵。对信用的含义的认识，至少可以从伦理道德、经济生活和法律规范等不同角度进行研究和描述。

一、信用概念的一般理解

信用作为一种社会历史现象，是伴随商品和交换的产生而产生的，其内涵也随着人类社会的发展不断延伸或扩展。在不同时间和地域，信用的意义也不尽相同，不仅国内国外存在差异，就是在一国之内的不同时期也持续变化。

（一）我国对信用概念的理解

在中国古代汉语中，信用一词的本意是遵守诺言，实践成约，从而取得别人的信任。在我国一些古典文献和辞书中，常以“诚”“实”“专一不移”“不欺”等来解释“信”的含义。古汉语“诚”的本义是真实，“信”的含义是真实无欺。故“诚”“信”二字的含义在古汉语中可以互通。[①]“信用”两

① 李新庚．信用理论与制度建设研究［M］．北京：中国书籍出版社，2019：19.

字合用常作动词。

1999 年版的《辞海（缩印本）》对“信用”有三种解释：其一为“信任使用”；其二为“遵守诺言，实践成约，从而取得别人对他的信任”；其三为“以偿还为条件的价值运动的特殊形式，多产生于货币借贷和商品交易的赊销和预付之中，其主要形式包括国家信用、银行信用、商业信用和消费信用。”① 据此，可以将信用划分为经济信用和社会信用两个方面。经济学意义的信用是指以信任为基础，以按期偿还为条件的交易关系和价值转移方式，它形成交易主体间的债权债务关系。所有主体的经济信用关系构成了市场的交易秩序。而社会学意义的信用是指人们在为人处世及各种社会交往中必须遵守的道德规范和行为准则，是一种基于伦理的信任关系，可以理解为我们平常所说的诚信。具体表现为各主体在社会活动中遵守法规和道德规范、履行合约、兑现承诺的行为能力及信任度。

《信用基本术语》（中华人民共和国国家标准 GB/T 22117—2008）把信用（credit）定义为：建立在信任基础上，不用立即付款或担保就可获得资金、物资或服务的能力。这种能力以在约定期限内偿还的承诺为条件。这种能力受到一个条件的约束，即受信方在其应允的时间期限内为所获资金、物资、服务而付款或还款。信用的产生有以下三个要素：第一，权利和义务。信用作为特定的经济交易行为，要有行为的主客体，即行为双方当事人，其中转移资产、服务的一方为授信方，接受的一方为受信方。授信方通过授信取得一定的权利，即在一定时间内向受信方收回一定量的货币和其他资产与服务的权利，而受信方则有偿还的义务。第二，被交易的对象。信用作为一种交易行为，应当有被交易的对象，这种被交易的对象就是授信方的资产，它可能以货币的形式存在，也可能以商品的形式存在。第三，时间间隔。信用行为与其他交易行为的最大不同就是，它是在一定时间间隔下进行的，没有时间间隔，信用就没有栖身之地。② 因此，所谓信用，是指在商品交换或其他经济活动中，授信方在充

---

① 石新中．论信用概念的历史演进［J］．北京大学学报（哲学社会科学版），2007（6）：120-126.

② 刘肖原．我国社会信用体系建设问题研究［M］．北京：知识产权出版社，2016：3.

分信任受信方能够实现其承诺的基础上，基于契约关系向受信方放贷并保障自己已付出的资金能够回流和增值的价值运动。

中国传统文化对信用的理解，除了经济学概念外，更多地侧重于社会学的概念，并经常把两者混淆起来。其实，信用的两重含义之间存在着明显的区别：在经济学含义中，社会成员或组织的信用关系要受到契约或协议的约束；而在社会学含义中，社会成员或组织的信用关系并非受到契约或协议的约束，而是通过道德约束来纠正和规范。用制度经济学术语讲，经济学含义的信用主要受到正式制度约束，而社会学含义的信用则受到非正式制度约束。然而，这两重含义的信用之间也存在着内在的联系，即社会学含义的信用是信用体系建设的终极目标，而经济学含义的信用则是信用体系建设的制度选择。①

史尚宽教授认为，信用是民事主体经济方面的综合能力的社会评价，实质相当于民事主体的商誉。② 江平教授对信用的理解是从四方面着手，把信用看成是资格、财产、权利和信息的统一体。③ 王利明教授对信用的理解与史尚宽教授相似，认为信用是经济能力的社会评价。④ 杨立新教授认为，信用是指民事主体所具有的经济能力在社会上获得的别人的信赖与社会评价。⑤ 由此可见，民法中关于信用的理解主要是两个方面：一是民事主体的客观经济能力，主要是财产等客观情况的综合考虑；二是社会对民事主体经济能力的主观评价。民事主体的经济能力是社会主观评价的基础，是社会评价的存在根据。只有在民事主体的客观经济能力和社会的主观评价两者紧密结合的情况下才能产生信用交易所需的信用。

（二）西方对信用概念的理解

在西方社会，守信同样也是人们奉行的道德准则。在古代西方，与汉语“信用”一词相对应的词汇是 Credit，它来自拉丁动词 Credo，意思是“我相信

---

① 郭清马．社会信用体系建设：概念、框架与路径选择［J］．征信，2009（5）：10-13.

② 史尚宽．债法总论［M］．台北：荣泰印书馆，1978：147.

③ 江平．四面八方说诚信（中）：江平教授“律师与诚信”专题讲座（摘要）［J］．中国律师，2003（9）：64-66.

④ 王利明．民法·侵权行为法［M］．北京：中国人民大学出版社，1993：299.

⑤ 杨立新．人身权法论［M］．北京：人民法院出版社，2002：695.

(I believe)"。而 Credo 又来源于 Crad 和 Do，Crad 的梵文解释为信任（Trust），而 Do 是拉丁动词，意思是我给予（I Place）。信用（Credit）的原始意思即为：我给予信任（I Place Trust）。[①] 在古代罗马法中，信用的拉丁文是 Fides，意思是指一个人具有受托人品格中所包含或要求的关于信任、信赖和谨慎善意、坦诚的品格。罗马法的信用"表示相信他人会给自己以保护或某种保障，它既可以涉及从属关系，也可以涉及平等关系"。[②] 罗马法中的信用，一方面是指主观自身是否具有值得他人对其履行义务能力给以信任的因素，另一方面是指来自社会和第三方的评价。

由于西方发达国家市场经济的历史较长，法制相对健全，社会诚信缺失问题已得到较好解决，或者已不是社会的主要问题。同时，西方国家信用经济高度发达、金融创新异常活跃，市场交易的 80% 以上都是信用交易，信用风险得到了更多的关注，防控机制相对较为完善。西方国家对信用的定义是从纯经济学角度进行的。约翰·穆勒认为信用的基础是信任，"一个人所能运用的购买力的数量，是由他拥有的或应当付给他的货币以及他具有的全部信用构成的"。[③] 可见，在他看来，个人拥有的商品购买力由其自身的货币拥有量和信用支持额度两部分构成。麦克劳德认为"信用"具有双重意义，"一种是要求债务人偿付债务的权利；一种是要求买方偿付商品代价的权利"。[④] 该理论的优缺点都是把信用完全权利义务化，缺乏合理性。

《牛津法律大辞典》将信用解释为："为得到或提供货物或服务后并不立即而是允诺在将来付给报酬的做法。" "一方是否通过信贷与另一方做交易，取决于他对债务人的特点、偿还能力和提供的担保的估计。"[⑤] 美国《布莱克

---

① 林钧跃．企业赊销与信用管理：上［M］．北京：中国经济出版社，1999：1.

② ［意］朱塞佩·格罗索．罗马法史［M］．黄风，译．北京：中国政法大学出版社，1994：234.

③ ［英］约翰·穆勒．政治经济学原理及其在社会哲学上的若干应用：下卷［M］．胡企林，朱泱，译．北京：商务印书馆，1991：56.

④ ［美］康芒斯．制度经济学：下［M］．于树生，译．北京：商务印书馆，1997：42.

⑤ ［英］戴维·M. 沃克．牛津法律大辞典［M］．北京：光明日报出版社，1989：225.

法律辞典》从多方面阐述了信用的基本含义，其中主要有两种：一是指商家或个人贷款或者取得货物的“能力”；二是指债权人赋予债务人延期支付或承担债务且缓期偿还的“权利”。《大英百科全书》对 Credit 的解释是“一方（债权人或贷款人）供应货币、商品、服务或有价证券，而另一方（债务人或借款人）在承诺的将来时间里偿还的交易行为。”《新帕尔格雷夫经济学大辞典》对信用的解释是“提供信贷（Credit）意味着把对某物（如一笔钱）的财产权给以让渡，以交换在将来的某一特定时刻对另外的物（如一笔钱）的财产权”。从上面的定义可见中外对信用界定的不同侧重点，我国在对信用进行概括时侧重信用的道德层面的概括。而在英美法中，信用与信贷等交易活动有关，是当事人特殊经济能力的表现，同时也是一种经济上的信赖，来源于债权人对对方当事人的评价。① 国外对信用的解释主要是概括现代信用的内涵，更多地将其视为经济交易范畴。

（三）马克思主义政治经济学对信用概念的理解

马克思主义政治经济学认为：“信用，在它最简单的表现上，是一种适当或不适当的信任，它使一个人把一定的资本额，以货币形式或以估计为一定货币价值的商品形式，委托给另一个人，这个资本额到期一定要偿还。”② 马克思这个论述表达了信用的两层含义：第一层含义，信用是一种道德和心理上的信任，属于道德范畴，这种道德和心理上的信任使人们发生了借贷关系。第二层含义，信用是反映商品经济关系的经济范畴，人们在商品交换中，用资本关系来表现借贷关系。“在商品经济条件下，信用表现为货币借贷或商品买卖中的延期支付，债权人贷出货币或赊销商品，债务人则按照约定的期限归还贷款或清偿贷款，并支付利息。”③ 这样，信用就是建立在货币的借贷与偿还能力上的经济关系。

信用的前提是借贷两方之间的互相信任，它具备伦理道德意义，但在此处信任已经被异化，即在信任假象之下藏匿的是极端不信任，因为此处信任的对

---

① 吴汉东．论信用权［J］．法学，2001（1）：41-48.
② 马克思．资本论：第三卷［M］．北京：人民出版社，1975：102.
③ 张亦春．中国社会信用问题研究［M］．北京：中国金融出版社，2004：4-5.

象只限于那些富裕阶层。因此，马克思在界定信用时，是从伦理与经济这两大角度着手的。马克思信用理论当中，一大重点内容就是信用的作用，即信用对资本主义经济发展的作用。马克思指出，在资本主义经济的发展过程中，信用是一把双刃剑，它既有弊端也有益处。一方面，伴随商品经济的逐步发展，信用也随之产生，而信用的出现有效地促进了资本主义生产的发展与进步；另一方面，信用也使得资本主义经济的发展深受各种负面影响，如导致了资本主义经济危机的产生或者加剧。①

二、诚信、信任、信用

提倡诚信道德规范，发展相互信任关系，增强社会信用意识，是促进市场经济健康稳定发展、实现社会有序治理的必备条件和重要保证。但是在现实的经济生活中，对于诚信、信任、信用这三个概念的理解和运用存在混淆现象，鉴于此，很有必要廓清其本质内涵及三者之间的内在关系。

（一）诚信与信任的概念

诚信即诚实守信，能够履行承诺而取得他人信任。《现代汉语词典》对“诚信”的解释是：“诚实，守信用；生意人应当以诚信为本。”这里，诚信有两个含义：（1）诚实，要求人与人交往时说真话，不掩盖或歪曲事实真相；（2）讲信用，遵守诺言。这两层含义都说明诚信是为人处世的道德准则，是一个道德范畴。诚信是市场经济领域中基础性的行为规范。市场经济是信用经济，诚信是信用制度的思想道德基础和精神支柱。因此，诚信是市场经济中的“无形资本”；既是一种非常宝贵的资源，也是一切道德赖以维系的基础和前提。

《现代汉语词典》中信任是指“相信而敢于托付”，包含从观念到行为两方面的含义。观念主要指的是信任本身是一种相信别人的信念或意愿；行为则是说信任不是静态的，而是发生在双方之间的一种信任行为。信任作为一种行

① 李珊珊．马克思主义信用理论及其对我国政府信用体系建设的启示［D］．西安：中共陕西省委党校，2019.

为具有下述性质：[①] 第一，时间差与不对称性。行动和兑现较之诺言和约定必然是置后的。言与行，承诺与兑现之间存在着时间差，信任者与被信任者之间存在着某种不对称性。第二，不确定性。具备了确定性，就不存在风险与应对风险这一特定方式，也就不叫信任了。第三，因为没有足够的客观根据，信任属于主观的倾向和愿望。第四，信任源于当事人彼此之间的相互依赖性，信任的一个必需条件是期待能够在一方形成并在另一方得以履行。

（二）信任与信用

在市场交易中，信用指的是一种交易行为，又称信用行为，即人们之间的一种合道德的受社会肯定评价的交往行为和过程，它体现于交易主体在交易时产品的质量、型号、功能等与约定或承诺的内容一致，没有欺骗交易对方的行为。

信任和信用概念上的区别是明显的，主要有以下三个方面。[②]

第一，产生的来源不同。对某一交易主体来讲，对其的信任总是来自参与交易的一方，是另一方对其信用行为所持的认可态度。而信用（行为）产生于交易主体自身，由其自己把握和控制。

第二，发生的时序不同。信任与否总是发生在事前（交易前）。只有交易参与双方彼此都信任，才能发生交易。市场交易会止于任何一方对另一方的不信任。交易主体是否讲信用问题总是出现在事中或事后。取得信任后，交易主体通过隐藏信息欺骗对方的手段有时也能够令交易最后完成，即交易主体不讲信用，也可能发生交易。[③]

第三，对当前交易影响方式不同。交易双方彼此的信任态度直接影响当前交易发生与否，而交易各方过去交易历史中的信用行为是通过信誉影响对方的信任态度，进而影响当前交易发生与否。换句话说，交易主体当前的信用行为

---

① 范晓屏，吴中伦．诚信、信任、信用的概念及关系辨析［J］．技术经济与管理研究，2005（1）：98-99.

② 马本江．经济学中信任、信用与信誉的概念界定与区分初探：兼论信任问题与信用问题的一致性［J］．生产力研究，2008（12）：14-16.

③ 黄孝武．企业间信任问题理论述评［J］．经济学动态，2002（10）：59-64.

仅会影响未来交易的发生。

（三）诚信与信用

信用的基础在很大程度上是靠市场经济条件下诚信的理念与道德规范来维系。诚信是信用关系的必要条件，是信用制度的思想道德基础和精神支柱。信用关系要求个人或法人有诚信，诚信是维系信用关系的纽带。目前学术界不少论者将“诚信”与“信用”混用，实际上这是两个在内涵、历史形成、表现形式、建立和维护机制、惩罚机制上都有着严格区别的概念。①

第一，内涵不同。诚信属于道德范畴，它用于人的行为，是道德规范；见于人的修养，是道德品质。信用不仅具有道德属性，更有经济属性。就经济属性而言，它反映的是一种经济关系，并体现为规章制度，具有规范性和强制性。

第二，表现形式不同。诚信的表现形式是：内诚于心，外化于人；言必信，行必果，不能言而无信。信用的表现形式多种多样，根据主体的不同，分为政府信用、企业信用、银行信用和个人信用；根据信用作用时间的长短，分为长期信用、中期信用和短期信用，等等。

第三，建立和维护机制不同。诚信作为一种道德人格，是自律和他律的统一，因此培养和完善诚信品德，需要从道德修养和道德教育两个环节着手。信用既然是建立在契约基础之上，有时间间隔的一种特殊的价值运动，信用度需要经历一个长期的、逐渐积累的过程，同时需要正式制度和非正式制度加以规范和约束，因此信用是“法治”与“德治”的统一。

第四，惩罚机制不同。诚信既然是一种道德规范，依靠的是道德的自律和规范的他律，通过非正式制度来发生作用的，因此对道德失范的惩罚，一靠内心自省，二靠舆论监督。而信用的惩罚机制包括三个方面：一是道德谴责；二是经济制裁；三是法律惩罚。

三、信用、道德、法律

信用作为现代文明的重要组成部分，是社会主义市场经济赖以生存和发展

---

① 范晓屏，吴中伦．诚信、信任、信用的概念及关系辨析［J］．技术经济与管理研究，2005（1）：98-99.

的前提，没有信用，就不会有规范的市场秩序，经济活动就难以健康运转，社会主义和谐社会的目标就无法实现。建立信用体系是一个庞大的社会系统工程，既有赖于社会信用文化的培育，也有赖于法律体系的不断完善，以及现代企业制度的建立和信用职能机构的建立。

（一）信用与道德

信用的道德意蕴涉及人们交往中的主观态度、客观行为以及交往关系的性质三个方面。①

首先，信用是人们交往关系中的道德态度和道德立场的体现。在社会生活中，为了使交往活动能顺利进行、交往目的得以实现，就要求交往主体必须承认对方的权利。尊重和维护对方的利益，是人们交往关系得以维持的前提。这种对于权利的承认、尊重和维护是通过对于交往主体的义务规定表现出来的。主体的责任感、义务感，或者说对于他人权利的承认与尊重，是人们在社会交往过程中应有的道德立场和道德态度。

其次，信用是人们交往活动中的基本道德规范。信用虽然具有多种含义，但其作为道德规范的规定则是首要的。作为道德规范的信用，对于主体的要求，并不只停留于人们对待道德的主观态度和动机，而是同时要求付诸行动，即不仅要诚实，而且要守信。诚信的道德态度和道德动机，必须落实在自觉履行契约义务和非契约义务的客观行动上。信用是人们的主观道德态度和客观道德行为的统一。

最后，人们在交往活动中，基于信用道德对主体的主观道德态度和客观道德行为的要求而形成的信用关系，是一种目的性的交往关系，而非手段性的交往关系。所谓目的性的交往关系，指的是交往关系本身成为人们进行交往活动的基本目的之一。

信用是社会交往的前提和基础。信用义务是人们交往关系中的普遍要求。虽然在现代社会，随着人们交往范围的扩大和社会关系的复杂化，制度化规范成为社会信用秩序的基本保证，但是对于普遍的交往关系而言，没有必要也不

① 程秀波．道德与信用［J］．高校理论战线，2003（10）：25-27.

可能通过制度化的途径将所有的信用义务要求都规定下来。实际上，对于人们信用义务的规定，总是存在着制度的“漏洞”和“空场”。对于人们信用行为和信用关系的调整，总是存在着制度不能介入的“禁区”和“盲点”。而且，道德的作用范围并不限于制度所留下的余地或“空场”，而是包括制度作用范围在内的社会生活的广大领域。可以说，信用关系总是与道德相关且为道德所调整的。

（二）信用与法律

信用危机的产生源自利益冲突，而法律恰恰是为了适应利益调节的需要而产生的，法律的变化和发展源于利益关系的变化和发展。尊重和保护利益是法律的基础，法律制度实质上也体现为一种利益的分配机制。法律用以确定权利、保护权利，而权利正是法律所确定要保护的利益。不难明白，如果法律完善，利己心也不一定导致罪恶。

法律对各种利益的重要性作出估价或衡量，并为协调利益冲突提供标准。围绕着利益，法律对于信用的约束和保护大体表现在两个方面：一方面是法律将主体的利益要求转化为一定权利（包括权利主张、自由、特权、权力等），保护信用者获得最大的合法利益；另一方面是法律又约束主体必须遵守信用，并把信用及其相对的义务归诸法律主体，对不守信用者以维系权利和强制义务的补救办法——惩罚、赔偿和制止等予以惩罚。① 目前我国现行法律中对信用保护一般是通过某些基本原则规定和制度设计来体现的。例如，我国《民法典》第一编“总则”第一章第七条明确规定，“民事主体从事民事活动，应当遵循诚信原则，秉持诚实，恪守承诺”，从而能够保证民事活动当事人双方及社会三者之间利益的平衡。我国《刑法》里也将诚信作为基本原则。其他各部门法，尤其是金融业的法律，如《商业银行法》《证券法》都体现了信用的要求。

法律和信用是维持市场有序运行的两个基本机制。在现实社会中，人们过分关注法律而对信用的重要性认识不足。事实上，与法律相比，信用机制是一

① 龚寒汀．信用的法律约束与道德约束［J］．南京社会科学，2003（9）：57-61.

种成本更低的维护交易秩序的机制。法律和信用既有替代性，又有互补性。就替代性而言，当事人讲信用的积极性越高，人们之间的信任度越高，正式合同就越没有必要签订，法律的重要性就越小。反之，法律制度越健全，正式合约越能得到有效执行，信用在维持交易中的重要性就越小。就互补性而言，许多复杂的交易需要法律和信用同时起作用，法律制度越健全，不讲信用的成本就越高，反过来，只有在一个人们比较重视信用的社会里，法律才能真正发挥作用。①

（三）信用的道德支撑和法律保障

建立社会信用体系是一个庞大的系统工程，既有赖于社会信用文化的培育以及市场信用理念和意识的强化，也有赖于法律体系的不断完善以及现代企业制度的建立和信用职能机构的建立。

1. 社会信用的道德支撑

加强社会信用的道德支撑应从以下两方面着手。②

一方面，以道德观教育为切入点，构建信用体系的思想道德基础。教育始终是改变社会道德意识形态的根本途径，个人的道德水平和道德素质直接影响着整个社会的道德水平。应在全社会广泛开展诚信教育，大力营造信用文化。文化具有整合人群、统一价值观念的作用，它比法律约束的范围更广，约束成本更低，效果更佳。信用文化的形成能够使诚信准则深入人心，达到“润物无声”的效果。信用文化的形成有赖于人人都有一种“其他人会遵守道德”的理性预期。因此，应运用国民教育体系和各种社会教育途径，加强媒体宣传、典型引导等，努力营造诚实守信光荣、信用缺失可耻的道德氛围，提高人们对社会信用体系建设重要性的认识。

另一方面，建立道德建设的长效机制。道德可以体现为道德意识、道德选择、道德行为。道德意识与道德行为应该具有一致性，但也常常有例外。主体进行道德选择时，由于种种原因，其最后选择的行为与其内在意识不一致。这

---

① 蔡岱松，何靖．法律与信用［J］．湖南商学院学报，2003（6）：104-105.

② 崔学会．社会信用体系的道德支撑与法律保障［J］．道德与文明，2007（4）：81-83.

就存在着一种可能：即使人的道德意识没有改变，社会也能通过外部强制力，使其实施道德选择的行为符合社会道德要求。因此，道德建设可以从制约人的道德选择入手，使人的行为合乎社会的道德要求。再通过长期的培育，使外部规范逐渐内化为人的意识，使人逐渐达到道德自觉，从而使道德建设达到更高层次。建立道德建设长效机制，营造道德意识产生发展的社会环境，能最终决定道德建设的深度和广度。

2. 社会信用的法律保障

法律是社会信用的重要保障，它为人们处理信用关系提供了普遍、规范和公正的规则，是社会信用的重要监督机制，是遏制不守信用行为的最有效武器，可以弥补道德约束机制的不足，对于那些缺乏道德意识、不讲信用者，只有通过法律的强制性约束，才能促使其遵守契约，承担责任。因此，要实现对社会信用危机的有效控制，必须建立一个具有完整结构的信用法律体系。其主要内容就是规范企业、个人、政府等市场主体信用行为的一系列规则，如产权制度、征信制度、失信惩戒制度等。只有通过法律法规的建立，才能确立信用机构的设置、信用形式的确认、信用工具的采用、信用教育和研究活动的组织等内容，从而形成以政府为主导的监督、管理和保障信用获得的主要手段和运行机制。

第一，用法律强化道德准则。在社会生活中，法律与道德是并行不悖的，法律的制定、执行和遵守需要道德的支撑，而道德水平的提高也需要法律手段的运用。当一个社会的道德不足以维持整个社会生活秩序时，就可以将道德要求通过立法的程序上升为法律。反之，当某些法律规范的要求已经内化为社会成员的自觉行为时，法律就事实上完成了向道德的转化。与法律的“硬性”比较，道德无疑是“软性”的，将道德的基本准则法律化，即硬化道德标准，有助于形成以内省为核心的自律与以约束为核心的他律相结合的道德建设机制。①

第二，建立明晰的产权法律制度。产权制度是社会信用制度的基础，产权

① 彭鹏．我国信用制度建设及其模式选择［J］．西安欧亚学院学报，2006（3）：35-39.

明晰是信用实施的内在动力。“产权制度的基本功能是给人们提供一个追求长期利益的稳定预期和重复博弈的规则。”① 如果没有真正的所有者，人们对自己的行为不承担责任，在信息不对称时，出于短期利益的驱使，实施信用行为无益，信用的积累很难产生未来预期。只有产权明晰，所有者追求长期利益，在交易频度足够、交易信息充分披露的前提下，交易一方隐瞒信息欺骗另一方的可能性减小，所有者建立和维持信用才能得到信用投资。因此，要想建立有效的社会信用制度，就必须建立归属清晰、权责明确、流转顺畅的现代产权法律制度。就此而言，《民法典》物权编无疑为一定范围内产权的界定和有效保护提供了有力的保障。

第三，建立个人信用法律制度。信用制度主要由个人信用制度、企业信用制度和国家信用制度构成。建立个人信用管理制度是社会健康发展的最基础性工作，规范、引导和监管个人的行为更应成为信用立法首要的事情。学术界长期关心的是商业信用问题，殊不知，商业信用建立的背后，实际上是对个人信用的考察以及考察结果对个人的经济、社会交往的制约问题。因此，个人信用体系的建立和使用，从某种意义上说，是一个关系到社会经济秩序和个人生存空间的大问题，其深远意义将随着时间的推移，越发显现出来。因此，应尽快制定“个人信用制度法”“个人财产申报法”“个人破产法”等相关配套法规，通过法律的形式对个人账户体系、个人信用记录与移交、个人信用档案管理、个人信用级别的评定和披露以及使用、个人信用主体的权利和义务以及行为规范作出明确的规定。

第四，完善失信惩罚机制。有调查显示，失信仅次于腐败，已经成为阻碍经济发展的第二大因素。② 目前失信联合惩戒机制中所惩戒的失信行为应是信用主体违反法律法规，违背诚实信用原则，对其信用状况产生负面影响的违法、违规和违约的行为。通过建立完善的失信惩罚机制，加大企业或个人的失信成本，动员社会力量来监督失信行为，从而使失信者认识到，失信者对抗的

① 张维迎．法律制度的信誉基础［J］．经济研究，2002（1）：3-13，92-93.

② 丁邦开，何俊坤．社会信用法律制度［M］．南京：东南大学出版社，2006：52.

不仅是交易的相对方，而且涉及整个社会。应该把经济生活中发生的失信行为，转化为失信方和全社会的矛盾，使失信者受到整个社会的惩罚。讲信用是文明社会的重要标志，是社会良性发展的必要前提。任何一个社会要获得长足的发展，都必须以讲求信用为基础。只有人人讲求信用、信守承诺，才能营造一个和谐、有序，有利于发展的社会环境。

第二节　社会信用体系

加快社会信用体系建设是全面落实科学发展观、构建社会主义和谐社会的重要基础，是完善社会主义市场经济体制，改善和创新社会治理的重要手段，对增强社会成员诚信意识，营造优良信用环境，提升国家整体竞争力，促进社会发展与文明进步具有重要意义。信用体系是市场经济关系确立的基础。要建立一个完善、高效的信用体系，必须将其看作一个包括法律法规、道德规范、信用服务、政府监管和信息系统建设在内的综合性系统工程。①

一、社会信用概述

（一）社会信用的含义

关于社会信用的概念界定，主要有以下观点：其一，仅就社会事业领域界定，认为“社会信用是指在社会管理和公共服务中所产生的信用”。② 其二，广义理解的社会信用，是指全社会的信用状况，是用以维持社会秩序、沟通贸易往来的基础。③ 社会信用是一国社会各种信用的总和，是社会主体参与社会经济活动中为获取预期资本或支付能力的信用活动的总称，是一种基于信任而产生的依赖与被依赖关系，反映了诚实守信品行应得到推崇的一种社会状态。④

① 郭清马．社会信用体系建设：概念、框架与路径选择［J］．征信，2009（5）：10-13.
② 谢行宽．信用与理性关系研究［D］．北京：中共中央党校，2005.
③ 秦凤鸣．城市形象塑造的根基：社会信用体系［J］．东岳论丛，2002（6）．
④ 宋珊．社会信用法律制度研究［D］．哈尔滨：黑龙江大学，2014.

什么是全社会的信用状况？从《上海市社会信用条例》对社会信用的定义来分析，信用状况就是指遵守法定义务或者履行约定义务的状态。《厦门经济特区社会信用条例》《宿迁市社会信用条例》第二条都将社会信用定义为具有完全民事行为能力的自然人、法人和非法人组织，在社会和经济活动中遵守法定义务或者履行约定义务的状态。本书认为，上述地方立法中有关社会信用的定义是值得肯定的。但从广义角度看，社会信用还应该扩展，包括政府信用和司法公信。

（二）社会信用的主体

从社会信用的定义可以看出，社会信用的主体是具有完全民事行为能力的自然人、法人和非法人组织，广义上还包括政府。

《民法典》总则编第二章第十七条规定："十八周岁以上的自然人为成年人。不满十八周岁的自然人为未成年人。"第十八条规定："成年人为完全民事行为能力人，可以独立实施民事法律行为。十六周岁以上的未成年人，以自己的劳动收入为主要生活来源的，视为完全民事行为能力人。"

法人是具有民事权利能力和民事行为能力，依法独立享有民事权利和承担民事义务的组织。《民法典》总则编第三章第五十八条规定："法人应当依法成立。法人应当有自己的名称、组织机构、住所、财产或者经费。法人成立的具体条件和程序，依照法律、行政法规的规定。"法人分为营利法人、非营利法人和特别法人。以取得利润并分配给股东等出资人为目的成立的法人，为营利法人。营利法人包括有限责任公司、股份有限公司和其他企业法人等。为公益目的或者其他非营利目的成立，不向出资人、设立人或者会员分配所取得利润的法人，为非营利法人。非营利法人包括事业单位、社会团体、基金会、社会服务机构等。具备法人条件，为公益目的以捐助财产设立的基金会、社会服务机构等，经依法登记成立，取得捐助法人资格。依法设立的宗教活动场所，具备法人条件的，可以申请法人登记，取得捐助法人资格。法律、行政法规对宗教活动场所有规定的，依照其规定。机关法人、农村集体经济组织法人、城镇农村的合作经济组织法人、基层群众性自治组织法人，为特别法人。

非法人组织是不具有法人资格，但是能够依法以自己的名义从事民事活动的组织。非法人组织包括个人独资企业、合伙企业、不具有法人资格的专业服务机构等。

（三）社会信用的客体

健全社会成员信用记录是社会信用体系建设的基本要求。发挥行业、地方、市场的力量和作用，加快推进信用信息系统建设，完善信用信息的记录、整合和应用，是形成守信激励和失信惩戒机制的基础和前提。社会信用的客体就是社会信用信息。《信用基本术语》（中华人民共和国国家标准 GB/T 22117—2008）中对信用信息作出如下定义：信用信息（credit information），反映或描述信用主体状况的相关数据和资料等，主要包括政府信用信息、企业信用信息和个人信用信息。根据归集或采集主体的不同，社会信用信息又可分为公共信用信息和市场信用信息。

1. 公共信用信息

科学界定公共信用信息边界的关键是确定信息的“公共”和“信用”属性，做到“法规有依据、社会普遍接受、主体权益保护”。《政府信息公开条例》第二条规定，政府信息是指行政机关在履行行政管理职能过程中制作或者获取的，以一定形式记录、保存的信息。第五十四条规定“法律、法规授权的具有管理公共事务职能的组织公开政府信息的活动，适用本条例”。第五十五条规定“教育、卫生健康、供水、供电、供气、供热、环境保护、公共交通等与人民群众利益密切相关的公共企事业单位，公开在提供社会公共服务过程中制作、获取的信息，依照相关法律、法规和国务院有关主管部门或者机构的规定执行……”《征信业管理条例》没有具体定义公共信用信息，但在第二条提出国家机关以及法律、法规授权的具有管理公共事务职能的组织依照法律、行政法规和国务院的规定，为履行职责进行的企业和个人信息的采集、整理、保存、加工和公布，不适用该条例。正是这款规定，为公共信用信息归集和应用等预留了立法空间。此条例第四十四条第（三）项罗列了种种不良信息，包括信息主体在借贷、赊购、担保、租赁、保险、使用信用卡等活动中未按照合同履行义务的信息，对信息主体的行政处罚信息，人民法院判决或者裁定信息主体履行义务以及强制执行的信息，以及国务院征信业监督管理部门规定的其他不良信息。

本书认为，公共信用信息是指国家机关以及法律、法规授权的具有管理公共事务和服务职能的组织，在其依法履行职责过程中产生或者获取的，可用于识别信用主体信用状况的数据和资料。

2. 市场信用信息

市场信用信息是指信用服务机构及其他企事业单位等市场信用信息提供单位，在生产经营活动中产生、采集或者获取的，可用于识别自然人、法人和非法人组织信用状况的数据和资料。

二、社会信用体系的一般分析

社会信用源自人类社会生存和发展的需要，人们对利益的追求促使人们不得不进行合作，而要合作就必须相互信任，这种相互信任不断发展，产生了社会信用。体系是由若干相互联系、相互影响、相互制约的各要素组成的统一体。社会信用体系涉及道德、文化、经济、法律、政治等诸多领域，是一个诸多因素相互影响的有机整体。

（一）社会信用体系的历史演变

社会信用体系受到经济、政治、文化和其他社会因素制约，这些因素的变化必然会引起社会信用体系的演变。

1. 原始社会分工合作中的社会信用体系的萌芽

纵观人类社会的发展史，可以看出，人们从事各种各样的生产活动的目的都是为了获取某种利益，正如马克思所说，“人们奋斗所争取的一切，都与他们的利益相关”。① 而人们想要获得利益，就不得不与他人进行合作，人类构建自己文明的一个重要的契机就是劳动中的分工和合作。正如哈特所认为的，任何发展水平的群体得以存在的必要条件之一，都是群体成员之间的最低限度的合作。② 如果群体最低限度的合作与容忍是任何人类群体得以生存的必要，那么，诚实信用的概念从这一必然性中得以产生便不可置疑了。

---

① 马克思恩格斯全集：第1卷［M］. 北京：人民出版社，1956：82.

② 刘全德. 西方法律思想史［M］. 北京：中国政法大学出版社，1996：243.

在人类早期社会中，人类的生存能力很低，个体只有通过群体劳动才能获得生活资料和延续生命，使自己得到最基本的安全保障。为了共同的生存，原始部落内的人们就需要有简单的分工。在分工合作的过程中，每个人都需要对别人的行为有合理的预期，只有群体内的人们互相信任，人们才能共同完成一件事情。这种最原始的人类生活，虽然表明人类有了聚合意识，但单个的人还没有自我意识，个体存在的价值，只能完全融合于群体生活之中。这是人类诚实守信的信用行为产生的客观条件。综上，可以得到社会信用产生的根源：利益→合作与分工→信用→社会信用。

在人类社会发展的早期，信用主要是作为传习①存在并发挥作用的，信用传习是人们对信用传统的了解、扬弃和继承，传习是使一个社会组织的信用具有稳定性的重要原因。一个民族的信用意识在社会群体中经过长期的沉淀，表现为社会的一些信用传统、风尚、习俗、禁忌等形式。该社会群体内的人们自然而然地要遵循这些传习，并自然而然将它们作为评价人与事的标准。可以认为习俗与禁忌相结合，是原始社会最基本的调节信用关系的工具，这时期信用行为已经产生，但社会信用体系尚处于萌芽。

2. 奴隶社会与封建社会以身份为核心的社会信用体系

人类社会进入奴隶社会和封建社会，随着社会交往行为的增加和逐渐扩展，社会关系的原始血缘性质逐渐淡化，地域观念逐渐替代了部落观念，身份等级关系取代了原始血缘关系。这时的社会基本上处于农业社会时期，这一时期的信用主要以身份为标志，信用行为与社会身份相关联。不同的阶级，有着不同的信用规范和评价体系。② 在这种封闭、自给自足的自然经济中，受狭隘的时空限制，它依赖于人与人之间的家族亲情纽带和熟人社会进行生产和消费。在农业经济社会，人们的社会身份是其等级差别的基础，并形成了以社会身份为标识的信用规范。人们的身份等级不同，在社会交往中获取的权益和所

① “传习”即传授与学习，《论语·学而》：“吾日三省吾身：为人谋而不忠乎？与朋友交而不信乎？传不习乎？”

② 刘肖原．我国社会信用体系建设问题研究［M］．北京：知识产权出版社，2016：41.

要承担的义务也不同，信用调节的内容和方式、强度也不一样。

在我国，一般来说，由身份所决定的人际关系等级可以分成三类，相应地形成三种信用规范①：第一类是低身份对高身份等级关系，主要包括君臣、父子、夫妻、兄弟。臣民对君主的道德规范是“忠”，讲究无条件地忠于君主。子女对父母的道德规范是“孝”，讲究无条件地孝敬父母。妻子对丈夫的道德规范是“节”，讲究无条件地遵守“妇道”。弟对兄的道德规范是“悌”，讲究无条件的尊重和顺从。第二类是高身份等级对低身份等级关系，其关系是对第一类关系的反向理解，主要包括君对臣要“恕”，父对子要“慈”，夫对妻要“恭”，兄对弟要“友”。第三类是身份地位平等的人际关系，主要是指地位平等、彼此之间没有法定的或血缘的权利和义务的人际关系，处理这类关系的最主要的行为准则就是作为诚信的实践理性的形态：信用和信誉。这类人交往也要求信守与身份等级相应的道德准则，是农业社会调节人们利益关系的最低层次的信用规范，被赋予了伦理、舆论的形态。

此外，身份等级在信用对社会交往关系的调节也起到了一定的作用。不同身份的人，受不同信用规则的约束。同样是违反规定，违约所受到的惩戒会因身份等级的不同而有轻重的不同。

3. 现代社会以契约为核心的社会信用体系

现代社会以市场经济为基础，契约理念与信用文化是市场经济的本质属性。与身份社会不同，“所有进步社会的运动，到此为止，是一个‘从身份到契约’的运动”。契约文明作为一种历史性存在的文明形态，主要表现为契约精神的存在与发展上。单纯作为一种文明形态，契约文明没有自己直接的表现方式，它必须借助于其他物质性、精神性或制度性的文明形态来表达。在文明形态上，契约文明主要体现为一种精神性的价值追求，这种价值形态就是契约精神。对高度抽象的契约文明的分析和研究很大程度上可以转化为对相对较为直观具体的契约精神的分析和研究。从内容构成上分析，契约文明主要由信用意识、敬业意识、公民意识三个互相联系的方面构成。

---

① 李新庚．信用理论与制度建设研究［M］．北京：中国书籍出版社，2019：58.

信用意识源于“约定必须遵守”的法谚。它要求契约订立者必须诚实不欺，遵守契约，而不能擅自违背自己的诺言。信用是契约精神的基础，也是市场经济的基础，没有信用，就不可能建立起统一规范、竞争有序的市场。市场经济从本质上讲就是信用经济，建立在信用基础上的市场秩序是充分发挥市场作用的前提条件，也是契约精神所要努力达致的结果。因此，契约精神客观上要求市场主体必须具备信用意识。在市场经济条件下，信用已经成为个体立足社会不可或缺的无形资本，恪守信用也成为市场主体必须遵守的生存准则。在一个健康有序的市场里，所有的交易都以信用为纽带联结起来，即使交易主体面对的是互不相识的陌生人也能够凭借完善的信用体系放心地同对方交易。丧失信用不仅会受到市场和法律的制裁，甚至还会成为主体信誉沦丧的一个标志而被永远地逐出市场，这种预期迫使每个主体都必须恪守信用意识。

（二）社会信用体系的内涵界定

目前，理论界对社会信用体系的内涵存在很多不同的看法。狭义上看，社会信用体系就是信用交易体系，在组成上，包括一系列法律、法规、方法、机构；① 在本质上，社会信用体系是信用交易的辅助性社会系统，是信用主体信用行为和信用状况的“簿记”，是记录信用行为并载入信用信息数据库，以及信用评级等的技术系统；② 在目标上，社会信用体系建设旨在打造适合信用交易的市场环境，促进市场经济的信用化走向，让市场交易方式的主流从原始支付手段转向信用支付手段；③ 在功能上，社会信用体系是降低市场交易信息不对称、有效配置社会资源、规范信用数据的收集和使用、辅助和保护信用交易得以顺利完成的社会系统。④

广义的社会信用体系不局限于信用交易领域，而是广泛涉及一国范围内与信用和诚信相关的社会生活的方方面面，强调作为人际交往原则的诚信文化的

---

① 周炜，刘向东．社会信用体系：分层结构及体系构建中的政府职能定位［J］．中国软科学，2004（6）：154-158.

② 程民选，唐雪漫，孙磊．社会信用体系：需要深入思考的几个理论问题［J］．当代经济研究，2009（12）：30-34.

③ 林钧跃．社会信用体系原理［M］．北京：中国方正出版社，2003：88.

④ 吴晶妹．社会信用体系建设是时代所需［J］．征信，2015（2）：1-4.

建设。本质上，社会信用体系是由各种社会主体基于契约精神而组成的社会整体信用，它既是一种道德规范，也是一种生产要素和市场资源；① 在组成上，社会信用体系是一国范围内，一系列与信用相关、相互影响的道德文化、法律法规、制度规范、组织程序、技术手段和运作方式构成的综合系统；在功能上，社会信用体系以道德和法律为基础，惩戒失信行为，褒扬诚信行为，维护正常的经济社会秩序，促进经济社会健康发展；② 在目标上，社会信用体系立足于统一全民的信用认识，共建全社会诚信秩序，构筑和谐稳定的社会诚信自律环境，培育和推进信用产品和信用市场发展，提高全社会的诚信意识和信用水平。③

改革开放以来，中国社会信用体系的内涵也经历了从狭义到广义的发展过程。1993 年，国务院因为“三角债”的问题第一次以文件形式提出社会信用问题。20 世纪 90 年代初期，市场经营主体根据需要自发开展信用活动，成立了首批信用服务机构。2002 年 11 月，党的十六大提出“整顿和规范市场经济秩序，健全现代市场经济的社会信用体系”。2003 年 10 月，党的十六届三中全会通过的《关于完善社会主义市场经济体制若干问题的决定》进一步指出，“建立健全社会信用体系，形成以道德为支撑、产权为基础、法律为保障的社会信用制度，是建设现代市场体系的必要条件，也是规范市场经济秩序的治本之策”。2005 年，《中共中央关于制定国民经济和社会发展第十一个五年规划的建议》提出，“以完善信贷、纳税、合同履约、产品质量的信用记录为重点，加快建设社会信用体系，健全失信惩戒制度”。④ 这一时期信用问题集中于经济领域。当我国发展进入经济转轨、社会转型的“双转”时期之后，社会生活领域的信任问题也随之凸显，社会信用问题从经济领域扩展到整个社会生活领域。为解决信用问题而生的社会信用体系的含义也相应扩展，2014 年 6

---

① 林凤萍．政府推进社会信用体系建设的对策取向［J］．中央财经大学学报，2006（9）：57-60.

② 操江山．构建社会信用体系提升社会主义市场经济效率［J］．知识经济，2014（16）：12，14.

③《社会信用体系建设规划纲要（2014—2020 年）》。

④ 李乖琼．中国社会信用体系建设研究［D］．北京：中共中央党校，2016.

月，国务院印发《社会信用体系建设规划纲要（2014—2020年）》，对社会信用体系作出了一个较为全面的定义：以法律、法规、标准和契约为依据，以健全覆盖社会成员的信用记录和信用基础设施网络为基础，以信用信息合规应用和信用服务体系为支撑，以树立诚信文化理念、弘扬诚信传统美德为内在要求，以守信激励和失信约束为奖惩机制，目的是提高全社会的诚信意识和信用水平。

（三）社会信用体系的内容

对于社会信用体系的内容，可从不同层面来加以分析。① 其一，从信用形式的角度来看，社会信用体系由政府信用、企业信用和个人信用构成的。其二，从信用运行层次来看，社会信用体系是由微观运行体系、宏观调控体系和中观服务体系构成的有机整体。其三，从与市场体系之间的对应关系来看，社会信用体系是指包括信用记录、信用征集、信用调查、信用保证以及信用制度、信用管理在内的以社会为主体的信用系统。针对市场主体的信用活动是信用认证和信用管理；针对市场客体的信用活动是信用记录；针对市场规划的信用活动是信用制度；针对市场中介的信用活动是信用征集、信用调查、信用评价、信用担保等。其四，从信用功能与建设内容来看，社会信用体系是一种社会机制，是由社会信用制度、信用管理和服务系统、社会信用活动、监管与惩戒机制组成的社会系统工程。

可见，要建立一个完善、高效的信用体系，必须将其看作一个包括法律法规、信用服务、政府监管和信息系统建设在内的综合性系统工程。②

1. 法律法规体系

社会信用体系建设需要有相关法律法规体系作为支撑和保障。信用法律法规主要涉及政府信息公开、信息主体权利保护以及信用服务机构的规制等基本内容，在立法宗旨和基本原则上需要考虑政府信息公开与信息主体权利保护之

① 刘建洲．社会信用体系建设：内涵、模式与路径选择［J］．中共中央党校学报，2011（3）：50-53.

② 郭清马．社会信用体系建设：概念、框架与路径选择［J］．征信，2009（5）：10-13.

间的协调，征信行业的市场化运营与征信机构政府监管的协调，信用信息的合理使用和保护与市场公平竞争之间的协调等。① 由于征信在社会信用体系建设中的重要性，建立一个完整的征信法律制度是十分重要的。而征信法律体系的建立至少应包括：关于征信活动的法律制度、关于征信机构的法律制度、关于征信业监管的法律制度、关于政府部门信用信息公开的法律制度、关于信用信息资源共享的法律制度、关于信用主体权益保护的法律制度、关于征信业标准化建设的法律制度。

2. 信用服务体系

信用服务体系是由各类信用服务机构提供的信用相关服务的总称，包含信用调查、信用评估、信用增级、信用保险、信用咨询、信用培训、信用担保和再担保等多方面内容。信用服务机构是提供信用服务的主体，是一个国家社会信用体系的重要组成部分，是信用体系整体发展水平的最重要标志。随着信用服务体系发展，种类繁多的信用服务机构不断涌现，服务产品也从初期为客户提供黑名单，发展为由低端到高端的系列产品组合。根据投资主体和经营目的不同，信用服务机构可被划分为公共信用服务机构和商业信用服务机构两类。信用服务机构的业务侧重点可能不同，有的以收集、整理和销售信用信息为主营业务，有的以信用评级、信用增级、信用担保为主营业务。

3. 信用监管体系

信用监管体系是由政府或政府授权部门依法对信用服务体系和信用市场秩序进行监督管理活动的总称，其目的是实施信用法律法规，规范信用服务行为，促进道德规范建设，保护信用主体的合法权益，并以此维护信用市场的正常秩序。监管的主要范围包括以下几个方面：一是监管信用服务机构的准入与退出，制定信用服务机构的最低资本、高级管理人员、外资比例标准，实行市场准入限制，明确其权利和义务，避免因无序竞争而影响整个信用服务行业的公信力；完善市场退出机制，妥善处理破产机构的信息资料。二是监管有关各

---

① 徐志军．我国信用体系建设中征信立法的基本问题分析［J］．国家行政学院学报，2008（4）：42-45.

方的守法合规情况，包括信用服务机构收集和使用数据的合法性，信息提供程序和方式的合规性，数据库和信用信息传输的安全性，依法处罚各种违法违规行为，对由信用服务产生的纠纷，进行行政裁决。三是鼓励信用服务机构建立行业自律组织，加强行业自律，建立从业人员资格认证制度，保持行业的有序竞争。四是针对信用服务机构实施守信激励与失信惩戒机制。

4. 信用信息系统

完善的社会信用体系需要全国统一、高效的管理信息系统作为技术支持。建立信用管理信息系统，关键在于统一信用信息处理的行业标准，并建立覆盖全国的信用信息数据库。信用信息行业标准，涉及信息采集、传输、识别和产品等方面的统一格式和标识，一般由监管部门或行业自律组织制定，是信用信息数据库建设和信用产品生产的基础。信用信息数据库是指按照一定的数据标准，采集、存储和提供信用信息的数据仓库，从功能上可以分为企业信息数据库、个人信息数据库。

三、社会信用体系的分类

社会信用体系是社会主义市场经济体制和社会治理体制的重要组成部分。它以法律、法规、标准和契约为依据，以健全覆盖社会成员的信用记录和信用基础设施网络为基础，以信用信息合规应用和信用服务体系为支撑，以树立诚信文化理念、弘扬诚信传统美德为内在要求，以守信激励和失信约束为奖惩机制，目的是提高全社会的诚信意识和信用水平。我国社会信用体系的基本框架，按信用主体划分，可以分为政府信用体系、企业信用体系和个人信用体系。

（一）政府信用体系

政府信用体系建设的目的是加强政务诚信。这是落实“四个全面”战略布局的关键环节，是深化简政放权、放管结合、优化服务改革和加快转变政府职能、提高政府效能的必然要求，是社会信用体系建设的重要组成部分，对于进一步提升政府公信力、引领其他领域信用建设、弘扬诚信文化、培育诚信社会具有重要而紧迫的现实意义。

1. 政府信用的概念

政府信用是指社会公众和政府系统内部对政府及其部门履行法定职责、守约践诺的能力、意愿及行为的评价。在法学上将政府信用界定为：公民、法人或其他组织以及政府系统内部对政府及其部门在制定规范性文件、行政决策、行政执法、作出其他与行使行政职权相关的行为以及从事民事活动时，对其信誉状态的一种客观评价。① 政府信用既包括社会公众对政府能力的充分肯定，也包括社会公众对政府整体形象的认知，以及情感、态度、期望和信念等的反映。

政府信用的内涵包括以下几个方面：②

第一，政府信用是政府能力的反映。政府能力是政府履行职能或从事行政活动所拥有的资源及能量。政府能力包括人力、权力、财力、权威、信息、文化等基本要素，这些要素都围绕着特定目标，在不同范围、不同环节所进行的聚合、配置、运用而形成不同能量的外显形式。③ 而政府信用则是从道德层面反映政府能力，也可谓之为政府能力的源泉。因此，政府信用度高，则能力强，政府信用度低，则能力弱。

第二，政府信用在社会信用体系建设中发挥着重要作用。社会信用是一个多维主体、多类型的庞大系统，既包括社会组织信用，又包括公民个人信用。不同信用主体间相互联系、相互作用、相互影响构成社会信用体系，而在这个体系中，政府信用引领着其他主体的信用，决定着其他信用主体的信用发展。因为，政府是社会信用的制定者、执行者和维护者，同时也是社会信用的示范者，政府不讲信用，企业诚信、个人诚信也将受到严重影响。有诚信政府才会有诚信公民、诚信社会。

第三，政府信用是市场经济发展必备的要素。诚实信用是市场经济制度的根基之一，政府诚信缺失会加大市场运转成本，严重影响市场经济的发展，政

① 刘琳，胡慧玲．我国政府信用问题思想理论根源的解析与应对［J］．中共太原市委党校学报，2014（1）：65-67.

② 赵昕．论政府信用：内涵、问题、对策［J］．重庆三峡学院学报，2012（4）：24-28.

③ 刘丹．论信用政府［J］．国家行政学院学报，2003（2）：58-61.

府形象受到损害、公信力下降。政府公信力强，商业诚信度就高，经济就能平稳发展；反之，政府公信力低，商业诚信就会受到影响，经济秩序也将遭到破坏。因此，政府信用也是推动市场经济发展的强大动力。因为，市场经济既是一种法治经济，也是一种诚信经济，市场规则的制定与执行依赖于政府，政府只有诚实守信并为市场主体表率，才可能为公平竞争与有序的市场发展提供保障。

2. 政府信用的形式

政府信用形式是指政府信用的表征形式，即通过什么方式表现政府信用。政府信用的表现形式分为总体表现形式和具体表现形式两个方面，总体表现形式是指通过宪法、法律等规则以及人们对政府的总体评价等综合表征的政府的合法性，称为合法性信用；具体表现形式有两种：一是规则，二是承诺，分别称为规则信用与承诺信用。① 因此，政府信用有三种表现形式，即合法性信用、规则信用与承诺信用。

第一，合法性信用。所谓合法性信用，是指政府基于其存在和活动的正当性、合法性所取得的信用。合法性与政治秩序有关，是指政治统治被社会认可和尊重。哈贝马斯指出："合法性的意思是说，同一种政治制度联系在一起的、被认为是正确的和合理的要求对自身有很好的论证。合法的制度应该得到承认。合法性就意味着某种政治制度的尊严性。"② 任何一种政治统治都要尽力设法把自己标榜为是"合法的"，都要唤起人们对其统治的"合法性"的信仰。"在某种情况下，失去合法性对一个政权来说，具有产生生存危机的结果。"③ 为了证明合法性，统治者往往需要将现行统治及其制度的合法性灌输给人们。

合法性信用的意义：一是树立了政府的权威，当人们缺少足够的信息对政府行为是否值得信任不能做出判断时，通常会选择信任。也就是说，如无相反证据证明政府的某项政策或某种行为是不值得信任的，人们会选择信任政府的

① 王新红. 论政府信用的构成要素 [J]. 中共南京市委党校学报，2012 (1)：34-39.

②③ [德] 尤尔根·哈贝马斯. 重建历史唯物主义 [M]. 郭官义，译. 北京：社会科学文献出版社，2000.

该政策和该行为。二是合法性信用是基于人们对政府一般性的、总体上的信任取得的，不会因为某些具体的失信行为发生改变。合法性信用的存在，使得政府犯错、偶尔的失信、政府官员的败德行为等不会严重损害政府信用。如果政府犯错，人们相信政府会改正错误；如果政府偶尔失信，人们会认为政府是不得已而为之，是可以原谅的；如果官员败德，人们会认为是个别腐败分子的个人行为，与政府无关。

第二，规则信用。规则是政府制定的各种法律、法规、规章和规范性文件。规则必须被信任，即相对人相信规则是会被实施的，相对人才会自觉接受规则的指引。规则信用是指人们相信政府制定的规则是正当的，并且会被执行，从而自觉遵守规则。在法治社会中，政府制定的规则主要是法律。规则被信任后，政府就取得了规则信用，可以通过制定规则来指引相对人的行为，达到政府的目标。相反，如果规则不被信任，通常是难以实施的，政府制定规则的目标也就难以实现。

规则信用受两个方面因素的制约：一是规则的正当性与合法性，如阿蒂亚所说“除非广大公众认为有某种道义上的义务遵守制定的法律，否则，法律就有可能得不到执行”；① 二是规则将被执行的可信性，规则往往涉及利益的调整，人们选择是否遵守规则，除了考虑规则的合法性外，更多的是从自身的利益角度考虑并作出抉择的。如果政府严格执行规则，则主动遵守规则通常是公众最优的选择。规则被信任，规则的实施就更容易，政府投入规则执行中的成本也就越少。

第三，承诺信用。马克思主义从唯物史观出发，在强调国家是阶级矛盾不可调和的产物与国家是阶级统治的工具的同时，也强调了国家履行公共权力与维护公共利益的职能，例如，马克思指出：“只有为了社会的普遍权利，个别阶级才能要求普遍统治。”② 恩格斯也指出：“在每个这样的公社中，一开始就存在着一定的共同利益，维护这种利益的工作，虽然是在全社会的监督之下，

---

① ［英］P. S. 阿蒂亚．法律与现代社会［M］．范悦，等译．沈阳：辽宁教育出版社，牛津大学出版社，1998：155.

② 中国共产党第十八次全国代表大会报告，2016 年 9 月 15 日.

却不能不由个别成员来担当：如解决争端；制止个别人越权；监督用水，特别是在炎热的地方；最后，在非常原始的状态下执行宗教职能……这些职位被赋予了某种全权，这是国家权力的萌芽。”① 自然法学派的政府理论认为，生活在社会中的所有人都具有自然所赋予的权利，在社会生活的发展中，人们通过订立契约、让渡权利而进行各种往来，并通过与政府订立契约将管理公共事务的权力让渡于政府，政府之所以能够获取公共权力，是依靠其在与人们订立契约过程中对于公共利益实现与维护的承诺，因此，在社会契约论的语境下，政府的核心职能就是对公共利益的实现与维护。

在政府信任关系中，政府信用是公众信任政府的基础与前提，在这一关系维度下，政府信用的内涵应包括三个方面的内容：一是政府对公众所作出的承诺；二是政府履行承诺的意愿、能力以及行为效果；三是公众对政府履行承诺情况的认知与评价。在这三个方面的内容中，政府履行承诺的意愿、能力以及行为效果和公众对政府履行承诺情况的认知与评价，都是围绕着政府对公众所作出的承诺而展开的。因此，对政府承诺内容的分析就成为界定政府信用的关键问题。政府向公众作出承诺是一种理论上的假设，在现实状态下，这种承诺具体的表现为政府所应履行的职能。② 国务院《关于加强政务诚信建设的指导意见》提出：“坚持守信践诺。将公平正义作为政务诚信的基本准则，在行政管理和公共服务的各领域贯彻公平正义原则。各级人民政府和公务员要清正廉洁，恪尽职守，敢于担当。要建立健全守信践诺机制，准确记录并客观评价各级人民政府和公务员对职权范围内行政事项以及行政服务质量承诺、期限承诺和保障承诺的履行情况。各级人民政府在债务融资、政府采购、招标投标等市场交易领域应诚实守信，严格履行各项约定义务，为全社会作出表率。”

（二）企业信用体系

企业信用体系是社会信用体系的重要内容之一，是指由企业信用观念与文

---

① 中国共产党十八届三中全会公报，2016年10月28日.

② 李鹏，王维翊．公共性视角下的政府信用问题研究［J］．长春工程学院学报（社会科学版），2017（1）：8-11，15.

化以及企业信用评价与激励、企业信用信息搜集、公示与使用、企业失信行为约束与惩戒等方面机制共同构成的一个完整系统。

1. 企业信用法律规范相继制定

我国形成了较为完整的企业立法体系，与企业信用体系建设诸环节密切相关的法律规范也相继制定，这些都为我国企业信用体系的构建奠定了必要的规则基础。我国制定了《公司法》《合伙企业法》《个人独资企业法》《企业破产法》，形成了较为完整的企业立法体系，为企业信用体系建设奠定了较为扎实的法律基础。此外，我国出台了与企业信用体系建设诸环节密切相关的法律、法规、规章和规范性文件，主要包括：（1）2014 年国务院发布《社会信用体系建设规划纲要（2014—2020 年）》，勾画了这一时期我国社会信用体系的建设思路，并从推进重点领域诚信建设、加强诚信教育和诚信文化建设、加快推进信用信息系统建设和应用、完善以奖惩制度为重点的社会信用运行机制、建立实施支撑体系等五个方面明确了我国社会信用信息体系建设的方向和任务。这一纲领性文件无疑为作为社会信用体系主要分支之一的企业信用体系的建设提供了基本依据和具体指导。（2）2013 年国务院颁布了《征信业管理条例》，对于征信机构设立、终止的条件及其运营的要求，征信机构征集企业信用信息的渠道，信息主体对错误、遗漏信息的异议及投诉，金融信用信息基础数据库建设，监管机构对征信机构的监督与管理，征信违法行为的法律责任等问题作出了系统的规范，为企业信用信息的征集、披露及使用提供了必要的规则依据。（3）2014 年 2 月，国务院发布了《关于废止和修改部分行政法规的决定》，对于原有的《公司登记管理条例》《企业法人登记管理条例》《合伙企业登记管理办法》等均进行了修改。其中最显著的变化，是对上述各类企业信用信息公示系统的建立与使用问题作出明确规定，对于公司、合伙企业等各类企业均要求登记主管机关依法将企业登记、备案信息通过企业信用信息公示系统向社会公示；同时还要求企业法人应当于每年 1 月 1 日至 6 月 30 日，通过企业信用信息公示系统向登记主管机关报送上一年度的财务会计报告，并向社会公示。此后，国务院又于 2014 年 8 月颁布了《企业信息公示暂行条例》，该条例对于企业信息的内涵及公示原则、信息公示的领导与组织、企业信息的公示主体及具体范围、不实公示信息的更正与处理、企业公示信息的抽查与核查、经营异常名录的列入、移除及约束机制、企业信息公示法律责任等均做了较为详尽的规定，从而使得企业信用信息的公示有了更为明确、具体的操作依据。（4）关于企业失信行为的惩戒与追究方面的规定则散见于各种部门法中。《合同法》中关于违约责任的规定，《侵权责任法》中关于侵权责任的规定，《公司法》中对于失信企业发行债券、发行新股、证券上市等所设置的限制性或禁止性规定，《反不正当竞争法》中关于反不当竞争行为法律责任的规定及其他法律法规中的相关规范，均从不同的角度对企业失信行为作了必要的约束和规制，为惩戒失信企业、强化对失信行为的责任追究提供了明确的法律依据。

2. 行政执法机关积极推动企业信用体系建设

一方面，行政执法机关按照法律规定，积极做好企业信用平台的建设。原国家工商总局依据法律的要求建立了全国信用信息公示系统，为公司、合伙企业、农民专业合作社、个体工商户等市场主体信用信息的填报、公示和查询提供了重要的服务平台；北京、上海、广州、浙江、深圳等地的原工商机关还单独或联合税务、质监等其他部门建立了本区域的企业信用信息网站，极大地方便了企业信用信息的公示与查询。另一方面，执法机关加强对市场活动的监督与管理，对于执法过程中所发现的诸如环境污染、生产假冒伪劣产品、偷税漏税、拖欠员工工资等严重失信行为实施严厉的处罚，同时采取媒体曝光、通知限期整改、信用档案记载等多种不同的方式对失信企业进行警示，有助于有效规制企业的失信行为，维护市场经济的合理秩序。

3. 公正司法和司法信息公开有力保障企业信用体系建设

一是通过公正司法，对失信企业应承担的民事责任、行政责任及刑事责任依法进行追究，确保诚实守信者的利益得到切实维护和保障。尤其是对涉及企业诚信的典型案件、重大案件的公正裁判，能够对企业的诚信经营产生良好的示范效果。二是对司法程序中所涉及的失信企业的相关信息进行及时披露，有助于更好约束企业的违法失信行为，营造良好的信用环境。最高人民法院于2013年11月开设了中国裁判文书网，要求各级法院全面、真实、及时地在互联网公布自己的裁判文书。该平台的建立，使得企业的失信行为均曝光于公众的视野之下，对于约束与规制企业的失信行为无疑产生了良好的效果。此外，最高人民法院还于 2013 年开通了“全国法院失信被执行名单公布及查询系统”，社会公众通过该系统可查询 2007 年 1 月 1 日之后新收和此前未结的执行实施案件的被执行人信息。该系统公开的信息十分详细，不仅涉及被执行企业的名称、组织机构代码、法定代表人姓名，而且涉及被执行人履行义务的情况和被执行人失信行为的具体情形，从而让公众能够便捷地了解失信企业，在与其交易时谨慎为之。

（三）个人信用体系

个人信用体系是一套精确记录个人在不同社会经济活动领域所发生的信用活动的记录查询系统，该系统不仅覆盖不同领域反映个人信用状况的历史行为记录和相关财产信息，同时也记录个人失信所受到的相应处罚。[①] 在整个社会信用体系中，个人信用体系处于基础地位，是社会信用的基础。

1. 个人信用体系的含义

个人信用体系是相对于企业信用体系而言的，是运用健全的法律制度和先进的信用管理技术对个人信用进行管理、监督，保障个人信用活动正常运行的综合体制，主要侧重于个人信用信息的采集、加工、评估、报告等行为及其准则，是整个社会信用体系的一个分支。个人信用体系是根据个人的收入与资产、已发生的借贷与偿还、信用透支、发生不良信用时所受处罚与诉讼等情况，对个人的信用等级进行评估并随时记录、存档，以便信用的供给方决定是否对其提供信用和提供多少信用的制度。

个人信用体系可划分为三个层次：一是基于金融活动的个人信用体系；二是基于经济活动的个人信用体系；三是基于社会活动的个人信用体系。不同层次的个人信用体系在金融、经济和社会活动中发挥着不同的功能。建立个人信用体系应循序渐进，逐步健全不同层次的个人信用体系。

2. 加强个人诚信教育

广泛开展诚信宣传。结合春节、国际消费者权益日、国际劳动节、儿童

① 许华荣．论中国个人信用的缺失现状及完善路径［J］．学理论，2010（21）：189-190.

节、网络诚信宣传日、全国信用记录关爱日、诚信兴商宣传月、国庆节、国家宪法日暨全国法制宣传日等重要时间节点和法定节假日，集中宣传信用政策法规、信用知识和典型案例。推动创作中华传统诚信文化与时代价值观相融合的诚信文艺作品、公益广告，丰富诚信宣传载体，增加诚信宣传频次，提升诚信宣传水平。

积极推介诚信典型。充分发挥媒体舆论宣传引导作用，大力发掘、宣传有关部门和社会组织评选的诚信道德模范、优秀志愿者等诚信典型。组织各类网站开设网络诚信专题，经常性地宣传推广各类诚信典型、诚信事迹，推出一批高质量的网络诚信主题文化作品，加强网络失信案例警示教育。支持有关部门和社会组织向社会推介诚信典型和无不良信用记录者，推动实施跨部门、跨领域的守信联合激励措施。

全面加强校园诚信教育。将诚信教育作为中小学和高校学生思想品德教育的重要内容。鼓励高校开设社会信用领域相关课程。支持有条件的高校院所开设信用管理相关专业。推动学校加强信用管理，建立健全 18 岁以上成年学生诚信档案，推动将学生个人诚信作为升学、毕业、评先评优、奖学金发放、鉴定推荐等环节的重要考量因素。针对考试舞弊、学术造假、不履行助学贷款还款承诺、伪造就业材料等不诚信行为开展教育，并依法依规将相关信息记入个人信用档案。

3. 加快推进个人诚信记录建设

推动完善个人实名登记制度。以公民身份号码制度为基础，推进公民统一社会信用代码制度建设。推动居民身份证登记指纹信息工作，实现公民统一社会信用代码全覆盖。运用信息化技术手段，不断加强个人身份信息的查核工作，确保个人身份识别信息的唯一性。以互联网、邮寄递送、电信、金融账户等领域为重点，推进建立实名登记制度，为准确采集个人诚信记录奠定基础。

建立重点领域个人诚信记录。以食品药品、安全生产、消防安全、交通安全、环境保护、生物安全、产品质量、税收缴纳、医疗卫生、劳动保障、工程建设、金融服务、知识产权、司法诉讼、电子商务、志愿服务等领域为重点，以公务员、企业法定代表人及相关责任人、律师、教师、医师、执业药师、评估师、税务师、注册消防工程师、会计审计人员、房地产中介从业人员、认证人员、金融从业人员、导游等职业人群为主要对象，有关部门要加快建立和完善个人信用记录形成机制，及时归集有关人员在相关活动中形成的诚信信息，确保信息真实准确，实现及时动态更新。金融信用信息基础数据库和个人征信机构要大力开展重点领域个人征信信息的归集与服务。鼓励行业协会、商会等行业组织建立健全会员信用档案。

第三节　社会信用法的功能与特征

社会信用法是为了确保社会信用体系建设活动顺利进行，切实保障社会信用主体合法权益而形成的法律规范的总和，主要内容包括：规范信用信息的归集、征集、采集、记录、保存、披露、共享活动的法律规范；规范行政机关、司法机关、法律法规授权履行公共管理职能的组织以及公共企事业单位实施的以信用为核心的监管或管理活动的法律规范；规范信用服务机构的从业行为和信用服务市场的法律规范；与政务诚信建设、司法公信建设和诚信文化建设紧密相关的法律规范。

一、社会信用法的功能

法的功能又称法的作用，是指法对人与人之间所形成的社会关系所发生的一种影响，它表明了国家权力的运行和国家意志的实现。法的作用可以分为规范作用和社会作用。规范作用是从法是调整人们行为的社会规范这一角度提出来的，而社会作用是从法在社会生活中要实现一种目的的角度提出来的，规范作用是手段，社会作用是目的。社会信用法也有自己独特的功能。

（一）保障社会信用体系建设

社会信用法是奠定社会信用体系建设的基石。党的十九大报告指出，推进诚信建设和志愿服务制度化，强化社会责任意识、规则意识、奉献意识。要不断采取各类措施推进社会信用体系建设。加快推进信用立法、完善信用法律法规体系作为社会信用体系建设的基础工程，具有重大而深远的意义。在任何制度体系的构建中，法律制度永远是制度体系建设的基础性保障，社会信用制度的建设必须依靠法制的强制力来向社会推展并保证人们遵守，法律是保障社会信用制度得以顺利建设的根本。当市场经济发展到一定阶段，建立良好的社会信用法律制度，就成为社会发展的必然需求，实现了从道德诚信向契约诚信、从人格诚信向制度诚信的全面过渡，使得社会信用在法制的轨道中平稳运行，形成社会信用体系的有机整体。

推进信用立法有助于完善信用法治体系，构建社会信用体系建设领域的基本规则，助推国家治理体系和治理能力现代化。社会信任是创造经济繁荣的基本前提，市场经济本质上是信用经济。经济领域失信行为严重影响市场经济有序发展，也不利于国际商事交往。简政放权、放管结合、优化服务等新型治理方法的有效运行，迫切需要建立以信用为核心的新型市场监管体制。推进社会信用立法就是要通过立法形式确保以信用为核心的监管体制顺利建成和有效实施，发挥社会信用体系推动经济发展转型升级的作用。

（二）规范社会主体行为

社会信用法直接影响到经济主体行为的规范性、有序性、有效性，涉及经济主体经济活动的具体法律问题以及其社会效益经济效益的成效。社会信用法律制度对社会主体的行为具有规范和引导作用。在社会信用制度建立的过程中，道德力量和社会公义对个人和企业信用行为的约束力有限，要使个人和企业守信，必须依靠法律制度的硬性约束，也只有法律制度可以明确社会主体之间在诚实守信方面的法律关系，明确社会信用主体的权利、义务和责任，保障各类社会主体诚信行为的规范，确保社会信用成为人们强制遵守的行为准则。

法律对行为主体既有静态的行为规范要求，也有动态的行为规范约束，在动和静的状态中维系着法的运转，规范着人们的行为，为人们的信用行为提供适当的行为模式与准则，促进行为主体的信用行为产生良好的个人和社会效果。法律对行为主体的行为进行指引，运用“授权性法律规范、禁止性法律规范和义务性法律规范”告诉人们可以、禁止、必须做什么或者告诉人们无权、不得做什么，这既是法律规范的首要目的，也是对行为主体在活动中如何做到行为信用的规范性要求。把信用纳入法律规范的轨道，也就是赋予了信用的强制性特征。法律的强制内容在于保障法律权利的充分享有和法律义务的正确履行，反映在信用问题上就是对守信者的保障和对失信者的强制约束。同时，通过其规定和实施来影响行为主体的思想，培养和提高人们的他律意识，引导行为主体向着法的方向发展，一方面保护他人免受失信行为的侵害，另一方面通过法律强制性的惩戒，使那些尚未具备自律力、不能自觉遵守信用准则的人放弃、改变其失信的行为，并在活动中受到教育，逐步在法的环境中形成良好的守信习惯。这种“外在—内构”的实践过程成为行为主体活动的外在动力。

（三）维护市场经济有序运转

市场经济是以信用为基础的经济，一方面，完整的信用道德理念是在市场经济运行过程中形成的，包括以契约为基础的信用、信息不对称条件下的信用和完全考虑其他经济主体利益的信用。另一方面，市场经济要充分发挥市场配置资源的作用，依赖于公平、公正和平等的市场交易，依赖于交易双方所提供和掌握的信息相对充分，而这都以信用为基础。从这种意义上说，信用是市场经济条件下的一种资源，这种资源利用的充分与否，影响着市场经济的运行效率。从历史上看，商品交换是以社会分工为基础的劳动产品交换，其基本原则为等价交换，交换双方都以信用作为守约条件，构成互惠互利的经济关系。随着交换关系的复杂化，日益扩展的市场关系便逐步构成彼此相连、互相制约的信用链条，维系着错综复杂的流通过程和正常的市场秩序。可见，从最初的交换到扩大了的市场关系，都是以信用为基本制度和道德准则的。没有信用，就没有交换，没有秩序，就没有市场。

信用在全部经济运行环节中的作用，归纳起来主要是：第一，通过信用可以使全部复杂的经济活动主体和社会关系联系起来，使市场经济、流通过程各个环节上的经济主体都以信用为媒介而存在和活动。第二，信用制度和银行体系加速了商品流通，减少了流通中占用的货币资本，节约了交易成本，同时加速了资本运动和资本形态变化的速度，促进了社会再生产规模的迅速扩大。第三，信用加速了资本积累和资本集中，促成资本所有者的联合，使私人资本逐渐走向联合的股份资本。

社会信用法律制度有利于良好社会经济秩序的建立。通过法律制度对社会主体的违法失信行为进行惩罚和制裁，以保障良好的社会经济秩序的实现，是建设社会信用法律制度的重要目标。缺乏法律制约的经济市场，各市场主体以自身利益为出发点，欺诈、不诚信等问题将会使市场处于无序和混乱的状态，只有建立严格的社会信用法律制度，才能有效制止和打击信用违法、信用欺诈等行为，保护社会信用主体的合法权益，维护市场经济平稳有序运行。

二、社会信用法的特征

传统部门法是根据法律调整对象和调整方法进行划分的。社会信用法不能划归任何部门法，它有自己独特的领域性、综合性和责任性特点。

（一）领域性

当今中国，重大领域的社会经济问题愈加呈现出交叉性、整合性和动态性特征，法学学科系统分工精细化与法律现象复杂化之间的矛盾愈加凸显，以问题为中心的整合性、多维度和一体化的研究范式愈加获得重视。为此“坚持问题导向，不求体系完整和逻辑自洽，完全服务于社会的现实需要”① 的领域法学应运而生。2014 年，党的十八届四中全会通过的《中共中央关于全面推进依法治国若干重大问题的决定》提出要“加强重点领域立法”，“领域”一词的使用与“领域法学”的提法不谋而合，体现了一种更加成熟、融通且开放的立法思路。

领域法以一定经济社会领域为划分标准，以该领域内的各种法律问题、各类法律关系为研究对象，具有综合性、交融性的特点，既可以解决类法律问题，也可避免新兴交叉学科缺乏独立部门法地位的问题，所以领域法的提出是对部门法的突破。不仅有助于解决领域问题，还有助于新学科的培育和健康成长，避免机械划归部门法导致知识结构的僵化和碎片化。传统部门法有其存在的特定时代背景和法律实践基础，对于包括经济法、社会法、环境法等在内的新兴法领域，则迫切需要理论创新。不同层面的有效理论架构，组成完整的理

① 熊伟．法学现代化背景下领域法学之契机［N］．中国社会科学报，2017-01-04.

论解释体系，以回应由于学科壁垒无法独立应对领域问题的部门法解释困境。领域法正好可以突破部门法边界，整体性回应这些问题，进而解决好领域问题，是对部门法的有益补充。①

领域法学是以问题为导向，以特定经济社会领域全部与法律有关的现象为研究对象，融经济学、政治学和社会学等多种研究范式于一体的整合性、交叉性、开放性、应用性和协同性的新型法学理论体系、学科体系和话语体系，具有研究目标的综合性、研究对象的特定性以及研究领域的复杂性等特征。②

社会信用法从其调整对象、调整手段、调整方法来看，不能划归任何部门法中，有明显的领域性。

（二）综合性

一是失信联合惩戒主体具有综合性。由于失信者的触角延伸到多个社会角落，任何部门都无法单独地承担起失信制裁的重责大任。因此，有效的信用制裁必然要采取跨部门、跨地区的联合惩戒形式。国家发展改革委和中国人民银行2014年12月印发的《社会信用体系建设规划纲要（2014—2020年）任务分工》要求建立多部门、跨地区信用联合奖惩机制，从目前已经颁布的51个守信激励与失信联合惩戒备忘录来看，失信联合惩戒实施主体呈现出多部门、多行业共同联动的强烈色彩。如《关于对家政服务领域相关失信责任主体实施联合惩戒的合作备忘录》由28个部门印发，其中既有国家发展改革委、公安部等国家行政机关，又有中央组织部、中央宣传部等党的部门，还有共青团中央、全国妇联等群团组织，更有最高人民法院、铁路总公司等司法机关和国有企业。

二是信用责任具有惩戒手段综合性。③传统三大责任各有其法定限定类型。相比之下，信用责任的类型多元复杂、动态开放，包括拒绝行政许可或行政给付，加大监管力度，从严追究刑责，禁止获取国有资源，禁止申请荣誉奖

① 杨文德．领域法学崛起因应新兴学科挑战［N］．中国社会科学报，2018-11-21.

② 刘剑文．论领域法学：一种立足新兴交叉领域的法学研究范式［J］．政法论丛，2016（5）：3-16.

③ 刘俊海．信用责任：正在生长中的第四大法律责任［J］．法学论坛，2019（6）：5-17.

励，禁止获得金融市场融资，禁止出境等诸多类型，横跨全国乃至全球各地，覆盖多个产业，涉及资本市场、消费品市场与经理人市场等多个要素市场，涉及多个制裁部门和机构。因此，信用责任惩戒手段的外延要比传统三大责任更广，内涵也更丰富。

（三）责任性

在现代市场经济中，信用成为社会经济活动的重要基础。相应地，社会责任本位也应成为现代信用立法的基本原则。社会责任本位强调，在社会信用法中追求社会利益并平衡协调各种利益关系，在对社会负责的基础上，促进各类市场主体之间及其与社会、国家之间的合作，处理好权利（权力）、义务和责任之间的关系。把社会责任本位作为我国信用法的基本特征，具有重要的现实意义。

传统三大责任的规范与理论体系虽已相对成熟，但仍存在着失信收益高、失信成本低、失信收益高于失信成本；守信成本高、守信收益低、守信成本高于守信收益；维权成本高、维权收益低、维权成本高于维权收益的短板。这“三高三低”恰恰是我国市场中失信违约侵权欺诈乃至犯罪乱象的根源。虽然三分法是法律界与法学界的传统共识，但随着诚信中国与法治中国建设步伐的加快，尤其是如火如荼的联合褒奖诚信、联合惩戒失信机制的全面运行，我国法律已经开始长出了第四颗牙齿：信用责任。信用责任的核心特征是贬损失信者的人格信用。无论是将失信者纳入信息共享的失信黑名单，还是褫夺失信者已经取得的荣誉或将来申请国家与社会荣誉称号的资格，抑或剥夺或者限制其开展民商事活动的权利能力与行为能力，都围绕贬损、否定、责难、谴责、批评失信者的人格信用而展开。只不过，人格羞辱存在正当性与合法性，且以失信行为为因。社会报复也是公众与受害者对失信行为的适度理性回应、惩罚与回击。信用责任的导入有利于强化传统三大法律责任制度，消除我国法律责任体系的短板与盲区。

第四节　社会信用法的基本原则

社会信用法的基本原则是指由立法者制定、反映社会信用法的本质属性、贯彻于社会信用体系建设活动之始终、统领社会信用立法和司法活动的根本准则。

由于目前国家层面还没有一部统一的社会信用法，学界对社会信用法的基本内容尚未形成共识，对社会信用法基本原则的讨论也不多。本书将社会信用法的基本原则概括为诚实信用原则、信用体系建设协同原则和公私利益平衡原则。当然，在具体阐述某项制度时，本书还会引用其他一些具体法律原则，如合法原则、比例原则等，这样并不产生矛盾。

一、诚实信用原则

诚实信用原则是民法的基本原则，也应该是社会信用法的基本原则。诚实信用是人们交往活动中的基本道德规范，诚实信用原则是将这一基本道德规范法律化。《民事诉讼法》第十三条规定“民事诉讼应当遵循诚实信用原则”。虽然信用和诚信是两个在内涵、表现形式、建立和维护机制、惩罚机制上都有着严格区别的概念，但信用的基础在很大程度上是靠市场经济条件下诚信的理念与道德规范来维系。秉持诚实、恪守承诺是人们日常遵守社会信用法的基本准则，构建诚信社会、实现全民诚实守信则应当是社会信用法的立法宗旨和终极目标，因而在具体制度设计上，社会信用法也必然应以此为指导原则。

诚实信用原则作为社会信用法的基本原则，主要表现在以下几个方面：

第一，社会信用主体从事社会信用活动应秉持诚实，恪守承诺。社会信用主体即具有完全行为能力的自然人、法人和非法人组织，在社会和经济活动中应正确对待自身负有的法定义务和约定义务，恪守诺言，严格履行各项义务，维护对方的利益，满足对方的正当期待。如果社会信用主体因主观过错，未能遵守法定义务或者履行约定义务，就违背了诚实信用原则，构成失信，应承受包括失信惩戒在内的不利法律后果。

第二，信用信息的归集与使用应以诚实信用原则为指导原则。信用信息是可用以识别社会信用主体守法、履约状况的客观数据和资料。① 归集和使用的

① 罗培新．社会信用法：原理·规则·案例［M］．北京：北京大学出版社，2018：39.

信用信息类型主要包括守信信息和失信信息两类，诚实信用原则即为辨别守信信息和失信信息的根本标准。社会信用主体守法履约的信息为守信信息，被依法收集并作为守信激励的依据；社会信用主体违背诚实信用原则，不履行法定或约定义务的信息为失信信息或负面信息，被依法收集并作为失信惩戒的依据。此外，信用信息的归集主体和使用者也应依据诚实信用原则，遵循法定的归集程序和使用规则，正当地收集、使用信用信息。

第三，信用联合奖惩机制的建立应以诚实信用原则为指导原则。信用联合奖惩主体在设计信用联合奖惩机制时，应充分实现惩罚失信、奖励守信的信用监管模式。具体而言，社会信用主体违背诚实信用原则，未能遵守法定义务或履行约定义务，构成严重失信的，即成为失信联合惩戒的对象；社会信用主体遵循诚实信用原则，恪守诺言，严格遵守法定义务或履行约定义务的，即成为守信联合激励的对象。

第四，各类信用服务机构开展信用服务活动应遵循诚实信用原则。信用服务机构赖以维持的基础就是其自身的信用，因此信用服务机构对外开展信用服务活动时，应遵循诚实信用原则，客观公正地对待各方主体。如债务催收机构应遵守法律法规开展债务催收业务，不得采取非工作时间电话骚扰、人身威胁等侵权性、欺骗性的恶意催收方法。信用修复机构应依法开展信用修复业务，不得采取发布欺骗性商业广告、刻意隐瞒客户真实信用情况、夸大信用修复效果等方法损害客户的利益。

二、信用体系建设协同原则

信用体系建设协同原则是指由政府推动、社会共建社会信用体系。社会信用体系建设是一个系统工程，需要统合全社会之力，不仅要充分发挥政府的组织、引导、推动和示范作用，而且要注重发挥市场机制作用，协调并优化资源配置，鼓励和调动社会力量，广泛参与，共同推进，形成社会信用体系建设合力。

信用体系建设协同原则具体体现在以下几个方面：

第一，信用信息交换与共享的全覆盖。充分发挥行业、地方、市场的力量和作用，加快推进信用信息系统建设，完善信用信息的记录、整合和应用，是信用体系建设协同原则在信用信息归集与使用方面的具体要求。一方面，各地区、各行业应在充分保护隐私、明确责任、确保数据及时准确的基础上，利用已有的信用信息系统基础设施，建立跨地区、跨行业的信用信息交换与共享机制，依法推进各信用信息系统的互联互通和信用信息的交换共享，归集整合各地区、各行业的信用信息，逐步形成覆盖全部信用主体、所有信用信息类别、全国所有区域的信用信息网络。另一方面，要充分发挥市场激励机制的作用，鼓励社会征信机构加强对已公开政务信用信息和非政务信用信息的整合，建立面向不同对象的征信服务产品体系，满足社会多层次、多样化和专业化的征信服务需求。① 2017 年 9 月，国家公共信用信息中心成立，作为全国社会信用体系建设的基础平台，发挥着公共信用信息互联互通的枢纽作用。社会征信机构也可充分利用国家公共信用信息中心已经公开的公共信用信息，将之与自己所归集的市场信用信息整合，研发面向不同对象的征信服务产品，实现更大范围的信用信息交换与共享。

第二，信用联合奖惩机制的实践。信用联合奖惩机制是信用体系建设协同原则在信用监管领域的具体表现，是多个主体通过信用信息的交换与共享，实现多部门、跨地区的信用奖惩联动，使得守信者处处受益、失信者寸步难行。2016 年 5 月，《国务院关于建立完善守信联合激励和失信联合惩戒制度 加快推进社会诚信建设的指导意见》发布以来，有关部门已签署了大量联合奖惩合作备忘录，联合奖惩措施体系也越来越丰富，联合奖惩备忘录的覆盖面和社会影响力越来越大。对于守信者，主要通过树立诚信典型、建立行政审批“绿色通道”、优先提供公共服务便利、优化诚信企业行政监管安排、降低市场交易成本、大力推介诚信市场主体等方式实现奖励；对于失信者，多部门联合发布黑名单，采取多种惩戒措施，使得失信者在申请补助、任职、评优评先、参与政府采购活动、融资授信、税收以及行政许可等具体方面都受到不同程度的限制，并推动对失信行为的市场性、行业性、社会性的约束和惩戒，从而实现

① 《社会信用体系建设规划纲要（2014—2020 年）》。

对失信者“一处失信，处处受限”的惩戒，促使失信者积极弥补过错，纠正失信行为，以尽快恢复信用，并进而激发其他社会信用主体重视诚信、秉持诚信，以免遭受失信联合惩戒。

第三，社会信用服务市场的完善。社会信用体系建设不能仅靠政府，还要注重发挥市场机制作用，鼓励和调动社会力量的广泛参与。社会力量的参与主要集中在信用信息的收集、信用评级、债务催收和信用修复等信用服务业务领域，因此应鼓励和支持社会力量参与社会信用服务市场的建设，这就要求国家制定相关法律法规，为信用服务市场主体开展各项信用服务提供规范的行为准则。

三、公私利益平衡原则

现实社会中，主体之间的利益差别必然决定了利益冲突的存在。法律制度实际上是以调节各种利益冲突为旨归的行为规则体系。社会信用法的立法宗旨是“构建诚信社会”这一最大的公共利益，但在实现过程中不能忽视对社会个体的私人利益的保护。为了公共利益，必然会牺牲一部分私人利益，但这种牺牲应有度，应实现公共利益和私人利益之间的平衡。

公私利益平衡原则主要表现在以下几个方面：

第一，信用信息共享与保护兼顾原则。打破“信息孤岛”要求实现信用信息的交流与共享，这是维护公共利益的需要。征信机构获取信用信息的限制越少，越能有助于信用评价，但与此同时，信用信息与其他个人信息一样又具有人格权属性。因此，出于公私利益平衡的需要，在信用信息收集和使用过程中应强调信用信息共享与保护的兼顾。一是信用信息归集主体必须是具有法定权限的主体。二是信用信息收集对象应限定为具有完全民事行为能力的自然人、法人及其他组织。三是不得过度收集和处理信用主体的信息。公私利益平衡原则要求在公共信用信息共享和隐私保护之间寻找平衡，既要确保信息共享工作的顺利进行，也要实现对私人权益的合理保护。市场信用信息在收集和处理上，就更加需要强调私人权益的保护。由于现有立法对失信行为信息公开的范围没有具体的规定，导致实际操作过程中，公开的范围具有很大的随意性，比如包含失信者的照片、身份证号码、家庭住址、工作单位等，都可能造成对私人利益的过度损害。市场信用信息的收集和处理规则亟须相关立法加以具体明确，不宜不加限制地公开失信者的私人信息，而应以反映失信主体失信情况为限。

第二，失信惩戒机制中的比例原则和不当联结禁止原则。信用惩戒作为社会治理的创新手段，在确保社会信用主体履行义务，构建诚信社会方面发挥了重要作用，是维护公共利益的需要，但与此同时，也引发了一些滥用信用惩戒侵犯公民隐私权等合法权益的担忧。为了平衡公私利益，对于失信行为的联动惩戒，必须遵循比例原则和不当联结禁止原则，惩戒行为必须与行政机关的行政管理事项相关联，同时与失信者违法、违约行为的性质、情节和社会危害程度相适应。比例原则是指行政主体实施行政行为时，应兼顾行政目的的实现和保护相对人的权益，不当联结禁止原则要求行政机关追求一定行政目的之同时，须认真考虑对相对人之限制，是否合理妥当，以保障人民宪法上之基本权利。① 这就意味着在失信惩戒规则制定和实施的过程中，应当以失信惩戒的特定目的为限，惩戒手段与惩戒目的之间应具有合理的关联，不能超越这一边界限制失信被惩戒人的权利。不当联结禁止原则和比例原则极为相似，但也有本质区别，具体来讲，“前者要求目的与手段之间具有合理关联，是一种质的要求，而后者要求的是成比例的关系，是一种量的判断”。②

第三，确保私权救济渠道的通畅。在信用信息的归集与使用活动和失信惩戒等信用监管活动中，都应建立通畅的私权救济渠道，切实保护社会信用主体的私人权益。首先，要有合理的告知程序。告知是保护社会信用主体的知情权，同时也是保障其异议权的必经程序。合理的告知程序要求告知的时间要及时，告知的方式应为书面形式，告知的内容应当包括失信信息本身及信息来源、该主体依法享有的异议权和可提起的事后救济程序。其次，要有通畅的异

---

① 赵义德．析论不当联结禁止原则［M］//城仲模．行政法之一般法律原则：一．台北：三民书局，1994：223.

② 聂帅钧．论失信联合惩戒措施的合法性控制［G］．2019年第二届信用法治·韶山论坛参会论文．

议程序。社会信用主体被告知后，有权向信用信息收集机构和失信惩戒执行机构提出陈述和申辩。信用信息收集机构和失信惩戒执行机构在收到社会信用主体提出的异议后，应及时核查，并根据核查的具体情况采取不同的处理方式。无论采取何种处理方式，在异议处理之前，都应对相关信用信息进行异议标注，并暂停实施惩戒措施。最后，要有独立的事后救济程序。失信惩戒权利救济往往呈现出附属模式，即通过在对基础行政行为救济的同时，一并实现对失信惩戒行为的监督。失信行为与之前的违法行为相比较具有相对的独立性，之前违法行为的救济措施对于失信行为来说不相匹配，两者应当具有相对独立的救济机制，同时也应当增加对于失信惩戒救济措施的告知性条款，为失信人寻求救济提供相应的引导。因此，为了维持失信惩戒与个人权利保护的平衡，确认失信行为、失信惩戒措施应当纳入单独的可复议或可诉讼范畴。

第四，构建完备的信用修复程序。完备的信用修复程序是公私利益平衡原则的必然要求。虽然失信联合惩戒机制追求“一处失信，处处受限”，但信用信息公开和失信惩戒的最终目的并非是公示失信行为、惩戒失信人，而是借助信息公开和失信惩戒机制来恢复被破坏的信任关系，修复被破坏的社会秩序。因此失信受惩戒者的“处处受限”不能是永远受限，有失信惩戒，就应有信用修复，因失信而受惩戒者应当享有信用修复权。规范制定层面，《国务院关于建立完善守信联合激励和失信联合惩戒制度 加快推进社会诚信建设的指导意见》和《国务院办公厅关于加快推进社会信用体系建设 构建以信用为基础的新型监管机制的指导意见》为信用修复程序的构建指明了方向，提供了蓝图，但尚待制度层面的细化。目前，许多失信惩戒只有进入机制，却缺乏完备的退出机制，社会信用主体一旦上了“黑名单”，就很难摆脱黑名单所带来的不利影响。理论研究领域越来越多的关注点已从失信信息披露和失信联合惩戒，转移到了如何构建和完善信用修复机制。具体而言，构建完备的信用修复程序，应就信用修复的申请程序、修复方法、异议程序等作出具体的规定。信用修复既可以是失信人自主进行的信用修复，也可以是在信用修复机构的协助下进行的信用修复，而这些信用修复的进行都应当具备明确的法律引导，信用修复机构的协助行为也应当受到法律的规制。

第二章　我国社会信用法律制度建设的历史进程

根据《社会信用体系建设规划纲要（2014—2020年）》，健全的信用法律法规体系是社会信用体系建设的基础之一，是完善诚信建设长效机制不可忽视的前提性、基础性工作。通过整理国务院有关部门在社会信用体系建设领域制定的法规、规章和规范性文件，[①] 追溯社会信用法律法规体系的探索和成长过程，可以揭示我国对社会信用体系建设在认识和观念上的演变过程，以期对我国社会信用法律制度的体系构成与规范结构有更深刻的理解。

第一节　我国社会信用法律制度建设的探索

一、国家工商行政管理部门在信用监管领域的尝试与转向

（一）尝试：基于合同管理职能的信用监管实践

国家工商行政管理部门是我国社会信用法律制度建设领域的重要部门，由其开创的重合同守信用活动可以说是我国信用监管领域的初步尝试。我国

---

① 自2012年1月1日《陕西省公共信用信息条例》施行以来，截至2021年6月1日，包括陕西在内共有12个省、直辖市出台了社会信用条例、社会信用信息管理条例、公共信用信息条例或公共信用信息管理条例，还有5个省、直辖市发布了社会信用领域省级地方性法规的送审稿或征求意见稿。此外，还有不少省、直辖市出台了征信管理、公共信用信息管理、企业信用信息管理方面的政府规章。地方社会信用立法也是我国社会信用法律制度建设的重要表现。但是，本章重点是从历史的角度把握我国社会信用法律制度建设的发展脉络，揭示制度建设的体系长成与内容演变以及制度建设者在认识和观念上的变化，以获致对社会信用法律制度更深刻的理解，而从地方立法实践中很难抽象出这样的历史线索，因此，本章并未涉及地方社会信用立法的讨论。地方社会信用立法主要是规范信用信息、信用监管、信用服务市场与信用环境建设相关的活动，与国家层面的制度建设内容差异不大，本书其他章节会涉及相关内容的介绍与讨论。

1981年制定的《经济合同法》第五十一条规定："各级业务主管部门和工商行政管理部门应对有关的经济合同进行监督检查，建立必要的管理制度。各级业务主管部门还应把企业经济合同的履行情况，作为一项经济指标进行考核。"1984年，国家工商行政管理总局在全国范围内首次开展重合同守信用活动。[①]1990年，全国申报参加重合同守信用活动的企业已达27万余家，但是，这些企业仅占当时全国现有企业总数的5.4%。[②] 1990年10月发布的《国家工商行政管理局关于进一步开展重合同守信用活动的通知》指出，"有些地方政府为鼓励企业重合同守信用，对被命名为重合同守信用单位的企业制定了一些优惠政策"，"例如，把重合同守信用作为企业升级的条件，对重合同守信用单位优先贷款等，为重合同守信用企业排忧解难"。国家工商行政管理总局开创的重合同守信用活动，是为了落实《经济合同法》第五十一条规定的经济合同监督与管理职责，既考查企业合同管理的规范化，也考查企业的合同履约情况，对考查合格的企业授予"重合同守信用单位"的称号，并给予了特别的优惠措施。这种管理行为实质上具有了信用监管的特征，可以被认为是我国行政机关最早开始的信用监管活动。1991年4月9日全国人民代表大会颁布的《中华人民共和国国民经济和社会发展十年规划和第八个五年计划纲要》，关于"地区经济协作和联合"，提出"在开发横向联合和协作中，要重合同、守信用"。2002年，在《国务院决定取消的第一批行政审批项目目录（789项）》中，"'重合同守信用'企业核准"被列入在内。2003年1月1日，上海市工商局开始启动新的企业合同信用评价体系，即由"具备资信评估资质的评估机构负责对企业合同信用状况进行评估，并出具评估报告；企业合同信用自律组织根据评估报告，认定相关企业的合同信用等级"，工商部门不再对企业合同信用状况进行评价，只保留制定规则、指导、监督的职能。新的体系

① 1990年10月17日发布的《国家工商行政管理局关于进一步开展重合同守信用活动的通知》中提到"重合同守信用活动自一九八四年开展以来"，但未查到1984年开展重合同守信用活动的相关文件。

② 1990年10月17日发布的《国家工商行政管理局关于进一步开展重合同守信用活动的通知》。

“从企业的合同管理水平、合同履约能力、合同履约状况和企业合同社会信誉度等4个方面对企业合同信用进行考察”，“并建立相关数学模型，以定量分析取代传统的定性分析”。①

（二）转向：企业信用分类监管体系的初步构建

2003年10月，国家工商行政管理总局公布并施行《关于对企业实行信用分类监管的意见》，强调了加强企业信用建设的重大意义，将其视为“社会信用体系建设的重要组成部分，是整顿和规范市场经济秩序的治本之策，是建立征信国家的基础”，规定了一套企业信用监管的指标体系和分类标准以及相应的分类管理措施，并初步建立企业信用信息记录和披露制度。② 信用监管指标体系的设计，遵循了工商行政管理职能范围内和职能范围外考察因素的划分模式，既包括工商管理职能范围内的考察因素，也包括工商管理职能范围以外反映企业信用状况的指标。企业信用评价标准的设计则建立在道德范畴和法律范畴相区分的基础上，分为守信标准、警示标准、失信标准和严重失信标准。根据信用评价，实施分类管理，即“以企业登记和各类监管信息为基础，根据企业信用标准将企业相应地分为不同的管理类别”，是企业信用监管体系的重要组成部分。根据评价等级，分别采取激励措施、预警措施、惩戒措施和严重失信淘汰机制。2006年1月，国家工商行政管理总局出台《关于深入开展“守合同重信用”活动的若干意见》，规定申请参加“守合同重信用”活动的企业，应是企业信用分类监管中的守信企业，且无不良信用记录。企业领导具有较高法律意识、合同信用管理机制健全、规范，且“合同履约率达到100%”的企业，可以授予“守合同重信用”企业称号，由工商行政管理机关予以公示。“守合同重信用”企业可以说是国家工商行政管理总局构建的企业信用分类体系中的最高级别。

《关于对企业实行信用分类监管的意见》（以下简称《意见》）的施行迈

---

① 俞丽虹．上海：企业评比“重合同守信用”不再政府说了算［EB/OL］．（2003-01-01）［2020-03-12］．http：//news. sohu. com/34/57/news205395734. shtml.

② 2016年5月31日《工商总局关于公布政策性文件清理结果的公告》（工商办字〔2016〕98号）将《关于对企业实行信用分类监管的意见》废止。

出了“企业信用监管体系建设”的重要一步，确定了“统一标准、联合建设，互联互通、资源共享”的指导方针。企业信用监管体系建设，是一个系统工程，又是一个新生事物，面临的主要难题是信用信息收集、管理和使用的规则与标准的制定。《意见》为制度初创阶段的摸索提供了有一定参考价值的模本。

该《意见》虽然没有对信用信息下定义，但是，依据职能范围内外区分模式构建的信用监管指标体系，既体现了制度设计者对信用所采纳的一种宽泛理解，也事实上决定了信用信息的收集范围。《意见》初步构建的“企业信用信息记录制度”，将企业信用信息划分为“自身业务中生成的企业信用信息”与“相关部门产生的企业信用信息”。对于前者提出了“谁登记，谁录入；谁检查，谁录入；谁处罚，谁录入”的原则和“及时、准确、完整”的记录要求。2005年，国家工商行政管理总局配套出台《企业信用分类监管联网应用管理暂行办法》，对总局和省级工商局进行了职责划分，确定了总局负责全国联网应用工作的组织、协调、技术指导的地位，明确了总局在工商行政管理网主干网的建设和管理、全国企业信用数据库的建设和维护、企业信用分类监管数据规范和技术标准制定上的主导地位，明确了数据采集应当遵循的“一数一源”原则，提出了建立数据质量检查制度和纠错机制的基本要求，并要求各级工商行政管理机关在对市场主体准入、退出及市场经营行为监管中，应当充分使用全国企业信用共享数据，保证市场监督管理和行政执法统一有效。对于“相关部门产生的企业信用信息”，《意见》仅提出要“加强与税务、银行、海关、质检、外汇管理等有关部门的信息沟通和信息交换，及时采集有关部门对企业实施许可证和资质管理的信息、行政处罚信息，以及与信用有关的其他信息，进一步充实企业信用信息”。

然而，在企业信用监管参照指标中，有些并不属于上述“相关部门产生的企业信用信息”，比如资产状况、财产担保情况。其中的“与信用有关的相关信息”也所指不明。除合同履约率外，还有“合同欺诈行为”“经营出现亏损”“严重资不抵债”“严重骗贷行为”，依据这些标准对企业进行信用评价，也必然以获取特定的信用信息为前提，但是，对于这些既不属于工商职能范围也无法通过相关部门来获取的信息，《意见》并没有提供任何制度上的保障。这些信息的收集，不仅面临实际操作的困难，还会面临合法性的质疑。1999年10月，《中华人民共和国合同法》施行，规定“工商行政管理部门和其他有关行政主管部门在各自的职权范围内，依照法律、行政法规的规定，对利用合同危害国家利益、社会公共利益的违法行为，负责监督处理”，该规定明显缩减了工商管理部门合同监督权力的范围，明确取消了对合同履行进行监督与考核的职责，工商行政管理部门基于企业的资产状况和合同履行信息进行信用评价的主体地位，缺乏法律上的明确支撑。《意见》发布后，国家工商行政管理总局反复强调“实施企业信用分类监管不得搞评比、评估、评定”，而且继续施行以企业合同管理意识、能力和合同履约率为考察标准的“守合同重信用”企业认定机制，在制度上既保持该机制与企业信用分类管理的关联性，又体现出了明显的独立性。这种制度安排反映了对上述合法性问题的担忧。

二、中国人民银行在信用信息数据库建设和信用评级领域的制度初创

1993年，按照国务院《关于金融体制改革的决定》，中国人民银行进一步强化金融调控、金融监管和金融服务职责。1995年3月，全国人民代表大会通过《中华人民共和国中国人民银行法》，首次以国家立法形式确立了中国人民银行作为中央银行的地位。

（一）企业和个人信用信息数据库建设与部委间信息共享机制的初步构建

为了更好地履行金融监管的职责，为金融调控和金融服务提供更加可靠的数据和信息支持，1997年，中国人民银行开始筹建银行信贷登记咨询系统（企业征信系统的前身）。1999年8月，中国人民银行颁布《银行信贷登记咨询管理办法（试行）》，建立“以城市为单位，以贷款卡为借款人向金融机构办理信贷业务的媒介，使用现代化通信和计算机网络技术，联结各级金融机构，全国联网的信贷信息管理系统”。2005年，中国人民银行启动了以一级数据库为标志的“企业征信系统”建设。2005年12月30日，中国人民银行发布《关于企业信用信息基础数据库试运行有关问题的通知》（以下简称《通知》）。企业信用数据库在银行信贷登记咨询系统的基础上增加数据采集内

容，扩展系统功能，最终形成覆盖全国的一级集中式数据库。《通知》明确了贷款卡管理的基本规范，对中国人民银行支行与金融机构报送借款人信用信息的内容和基本要求作出了初步的规定。就信用信息的使用，《通知》明确规定“金融机构查询借款人信用信息必须得到借款人的授权”，而且，“金融机构通过企业信用数据库查询的借款人信用信息，应该用于信贷审查、管理，不得用于其他目的”。《通知》还就企业信用数据库异议处理作了简单规定。2006 年试运行范围开始逐步扩大到全国。

1999 年 2 月，中国人民银行发布《关于开展个人消费信贷的指导意见》，为促进和规范个人消费信贷业务的健康有序发展提出一些原则性指导意见，提出要“逐步建立个人消费贷款信用登记制度”，要求“各有关金融机构要先从银行信用记录做起，每一位消费贷款客户建立个人档案，登录有关情况作为历史资料留存，同时要做好信用记录信息共享，为有效地防范信贷中的金融风险创造一定的条件”。2000 年 12 月，中国人民银行发布《关于个人信用征信系统建设有关问题的通知》，在上海市开展个人银行消费信用信息服务业务的试点工作的基础上，指出“由于个人信用征信体系是社会信用制度和金融系统的基础性工作，它的建立必须具有良好的经济条件和社会环境，全国要有统一的规则和标准，以避免重复投资，造成浪费”。该通知明确了中国人民银行总行统一部署推进全国个人信用征信系统建设的职责。2005 年 10 月，《个人信用信息基础数据库管理暂行办法》开始实施，明确由中国人民银行负责设立征信服务中心，承担个人信用数据库的日常运行和管理职责，明确了个人信用信息的范围，规定了商业银行报送个人信用信息的义务和征信服务中心的整理、保存义务，并明确禁止商业银行向未经信贷征信主管部门批准建立或变相建立的个人信用数据库提供个人信用信息。《个人信用信息基础数据库管理暂行办法》实施后，中国人民银行面对实施中出现的问题，反复强调商业银行应严格遵守数据报送、个人信用报告查询和异议处理规则。① 2005 年 12 月，

① 2005 年 11 月 17 日中国人民银行办公厅发布《关于规范商业银行取得个人信用报告查询授权有关问题的通知》，2005 年 12 月 23 日中国人民银行发布《关于落实〈个人信用信息基础数据库管理暂行办法〉有关问题的通知》。

中国人民银行制定了更加具体、细化的《个人信用信息基础数据库异议处理规程》和《个人信用信息基础数据库信用报告本人查询规程》。

2006 年 3 月，经中央机构编制委员会办公室批准，中国人民银行设立中国人民银行征信中心，作为直属事业单位专门负责企业和个人征信系统（即金融信用信息基础数据库，又称企业和个人信用信息基础数据库）的建设、运行和维护。为落实《物权法》关于应收账款质押登记的规定，征信中心于 2007 年 10 月 1 日建成应收账款质押登记系统并对外提供服务。

企业信用信息基础数据库的信用信息，来源于企业作为借款人与包括商业银行、信用合作社、信托投资公司、财务公司、金融租赁公司在内的金融机构的借贷交易记录。个人信用信息基础数据库则仅收录了与商业银行有信贷关系的个人的信用信息。信息来源的有限性，阻碍了企业和个人征信系统在更大的范围内发挥作用，与以征信系统建设为核心构建覆盖全社会的社会信用体系的建设目标有较大差距。2006 年，为贯彻落实党中央、国务院关于社会信用体系建设的指示精神，落实国家信息化领导小组布置的“推动部门间信息资源共享与整合，促进部门间政务协同”的工作任务，加快企业和个人征信体系建设，中国人民银行开始尝试与其他部门构建信息共享机制。2006 年 4 月，中国人民银行、信息产业部联合发布《关于商业银行与电信企业共享企业和个人信用信息有关问题的指导意见》，决定“从共享企业和个人欠缴电信费用信息起步，逐步扩大信息共享范围，发挥征信体系为企业和个人积累信用财富的功能”。同时，该指导意见也明确了“保护用户合法权益，依法使用企业和个人信用信息”的基本原则。2006 年 5 月 5 日，中国人民银行与建设部联合发布《建设部与中国人民银行关于个人住房公积金信用信息共享方案》，明确根据《个人信用信息基础数据库管理暂行办法》确立的信息收集、管理和使用规则，实现公积金贷款发放及还款信息、个人住房公积金缴存信息的共享。2006 年 6 月，中国人民银行又与劳动保障部共同决定开展信息共享试点工作，联合发布《关于开展信息共享试点工作有关事宜的通知》，再次强调了“不得违反有关规定非法使用企业和个人信息”的基本要求。同时，两部门联合出台《劳动保障部与中国人民银行信息共享试点方案》，明确了信息共享的内容和方式。劳动保障部提供单位参保和欠费信息、应参保未参保单位名单、个人参保和缴费信息；中国人民银行提供贷款单位名单、欠费单位和应参保未参保单位的银行结算账户开户银行和账号以及经双方协议可提供的劳动保障部履行监管职能所需的其他信息。同时，该方案还制定了较为完整的共享信息的使用及异议处理规则。2007 年 9 月，质检总局、中国人民银行共同出台《关于将企业质检信息纳入企业和个人信用信息基础数据库方案》，中国人民银行可以共享质检总局提供的“工业产品、食品、特种设备、计量器具生产许可信息、管理体系及产品认证信息、出口食品企业卫生注册登记信息、通关及企业进出口监管信息、企业质量信誉评价信息和行政执法相关信息”。

（二）信用评级法律制度体系的初步形成

信用评级是“第三方信用评级机构对经济主体和金融工具的信用进行评定，以简明的符号揭示信用风险，为投资者、融资者、监管者等广泛的市场参与者服务的一种社会中介活动”。① 信用评级本质上是一种市场行为。受计划经济体制惯性的影响，我国信用评级市场起步较晚，20 世纪 90 年代开始有地方人民银行内部的信用评级委员会开展评级工作，最初以公告的形式出现，达到一定评级的企业可以享受信贷优惠。1993 年，中国人民银行发布《关于企业资信、证券评估机构审批管理问题的函》，确定企业资信、证券评估机构作为金融服务性机构的性质，由中国人民银行负责审批管理。中国人民银行 1996 年出台的《贷款通则》第二十六条规定：“应当根据借款人的领导者素质、经济实力、资金结构、履约情况、经营效益和发展前景等因素，评定借款人的信用等级。评级可由贷款人独立进行，内部掌握，也可由有权部门批准的评估机构进行。”1997 年 12 月，中国人民银行发布《关于中国诚信证券评估有限公司等机构从事企业债券信用评级业务资格的通知》，确定九家机构②的企业债券资信评级资格，并明确“企业债券发行前，必须经中国人民银行总

---

① 封红梅．信用评级法律制度研究［M］．北京：法律出版社，2014：39.

② 这九家机构是中国诚信证券评估有限公司、大公国际资信评估有限责任公司、深圳市资信评估公司、云南资信评估事务所、长城资信评估有限公司、上海远东资信评估公司、上海新世纪投资服务公司、辽宁省资信评估公司、福建省资信评级委员会。

行认可的企业债券信用评级机构进行信用评级。”但是这种由中国人民银行行使信用评级资格审批权的局面并未维持多长时间，“1999 年企业债券管理权移转到发展改革委员会后，此项权利便被搁置”。①

除了确立市场准入规则外，信用评级法律制度的构建还包括信用评级行为及评级结果应用方面的监管。中国人民银行在这个领域出台了不少规定。2004 年 7 月，中国银行业监督管理委员会发布《商业银行授信工作尽职指引》，规定“商业银行应对客户的信用等级进行评定并予以记载。必要时可委托独立的、资质和信誉较高的外部评级机构完成”。2006 年 3 月，《中国人民银行信用评级管理指导意见》发布，适用于中国人民银行对信用评级机构在银行间债券市场和信贷市场从事金融产品信用评级、借款企业信用评级、担保机构信用评级业务的管理和指导，基本确立了我国信用评级法律制度的基本框架与规范体系。2006 年 11 月，中国人民银行颁布《信贷市场和银行间债券市场信用评级规范》。“这是我国第一个关于信用评级的行业标准，其颁布对评级业务的标准化、对信贷市场、债券市场、评级市场的发展具有重大意义。”②

三、国务院其他部门的社会信用法律制度建设

2003 年 7 月，国家税务总局出台《纳税信用等级评定管理试行办法》，依据“纳税人遵守税收法律、行政法规以及接受税务机关依据税收法律、行政法规的规定进行管理的情况”构建了一个信用等级评定的指标体系以及一个较为初步的分值计算规则，分为 A、B、C、D 四个信用等级，规定了评定的组织与程序，设置了分类管理的对应措施体系。主管税务机关根据纳税人的不同等级实施分类管理，对于 A 级纳税人，在税务检查、发票领购、出口退（免）税申报的程序环节给予优惠对待；对于 B 级纳税人加强日常涉税政策辅导、宣传等纳税服务工作，帮助其改进财务会计管理，提高依法纳税水平，提升纳税信用等级；对于 C 级纳税人则加强管理，采取限期改正、列入重点检查对象、

① 封红梅．信用评级法律制度研究［M］．北京：法律出版社，2014：243.

② 封红梅．信用评级法律制度研究［M］．北京：法律出版社，2014：245.

验证环节严格审核、限量供应发票等具体措施；对于D级纳税人，除加强管理之外，还可依照税收法律、行政法规的规定收缴其发票或者停止向其发售发票，还可以停止其出口退（免）税权。许多地方税务主管机关在此文件①的基础上做出了一些补充性的规定，各地税务机关纳税信用管理系统也纷纷建立起来。

质量诚信体系建设是社会信用体系建设的重要组成部分。针对各地开展质量信用登记评价工作的乱象，国家质量监督检验检疫总局于2004年2月发出《关于开展质量信用等级评价工作有关问题的通知》，确定总局统一领导、规划和监管下依法推进、分步实施质量诚信体系建设的原则，并责成质量管理司负责质量诚信体系建设的具体工作。2004年4月，国家食品药品监督管理局、公安部、农业部、商务部、卫生部、国家工商行政管理总局、国家质量监督检验检疫总局、海关总署联合发布《关于加快食品安全信用体系建设的若干指导意见》，确定2004—2008年为“全面推进我国食品安全信用体系建设的五年”，在制度规范上，要“初步建立起食品安全信用的监管体制、征信制度、评价制度、披露制度、服务制度、奖惩制度等，使食品安全信用体系建设的主要方面有法可依，有章可循。”2004年9月，国家食品药品监督管理局发布《药品安全信用分类管理暂行规定》，建立药品、医疗器械生产经营企业和研制单位的信用信息档案，根据信用等级标准划分信用等级，并按照信用等级给予相应的奖惩。信用信息档案既包括登记注册信息，也包括日常监管信息，即“食品药品监督管理部门对药品、医疗器械生产、经营企业和研制单位在开发、生产、经营药品、医疗器械的日常监管中，发现的违反药品、医疗器械监督管理法律、法规、规章和政策规定的行为”。药品安全信用等级分为守信、警示、失信、严重失信四级，采用动态认定的方法。确定药品安全信用等级，以是否有因违反药品、医疗器械监督管理法律、法规和规章等而被处以刑事或者行政处罚作为信用等级划分的主要标准；以违法行为情节的轻重和主观过错的大小作为信用等级划分的辅助标准。在已有的信用监管体系中，这是第一个

① 2014年7月4日国家税务总局发布《纳税信用管理办法（试行）》，自2014年10月1日起施行，《纳税信用等级评定管理试行办法》同时废止。

将主观态度纳入信用评价的部门规章。《药品安全信用分类管理暂行规定》也构建了一个较为简单的分类监管措施体系，对被认定为守信等级的，给予政策支持；对被认定为警示、失信或者严重失信等级的，采取防范、提示、加强日常和专项监管等措施予以惩戒。

2004 年 9 月，科学技术部出台《关于在国家科技计划管理中建立信用管理制度的决定》，把科技信用界定为“从事科技活动人员或机构的职业信用，对个人或机构在从事科技活动时遵守正式承诺、履行约定义务、遵守科技界公认行为准则的能力和表现的一种评价”，视为社会信用的重要组成部分。“国家科技计划信用管理与评价的依据包括项目合同、计划任务书与委托协议书、项目预算书等正式承诺、国家科技计划相关管理制度与政策法规以及科技界公认行为准则等。”这是第一个提出“职业信用”概念的规范性文件，意味着主管部门主导的信用管理活动，不再局限于对管理对象履行法定义务和约定义务的状况所进行的评价，对特定职业领域“公认行为准则”的遵守状况，开始被纳入信用评价的指标体系。与约定义务履行状况的评价一样，① 基于职业准则遵守状况进行的信用评价，也面临着主管机关管理权限的合法性担忧。科技部希望建立一个专门的科技信用管理机制，而科技信用评价指标体系是这一管理机制的核心，科技信用信息又是科技信用评价指标体系能够被应用起来的基础和前提。因此，该文件同时初步构建了科技计划信用信息的收集、记录与使用需遵守的一般原则，确定了积极推进、分步骤实施的初步工作方案，并在注意到科技信用评价所具有的专业性特征的基础上，强调要“充分尊重科技活动自身规律，有利于形成科技界自我约束与自我调节的机制”，在强调发挥政府主导作用的同时，还提出了“鼓励专业机构参与”的设想。总体来看，与之前的信用管理机制建设构想比较，科技部构想的科技信用管理机制有了新的发展，也遇到了新的难题。由于评价依据的范围扩张，导致信用信息收集范围随之扩大，科技信用管理的专业性又要求专业信用服务机构的参与，管理上的

---

① 前文提到：“工商行政管理部门基于企业的资产状况和合同履行信息进行信用评价的主体地位，缺乏法律上的明确支撑。”

难度与可能面临的合法性质疑（包括主管机关自身权力范围的合法性质疑，也包括专业信用服务机构参与信用管理的合法性质疑）也会随之增加。这些都构成了科技信用管理机制的建设者们需要去破解的难题。

四、小结

2002 年的《政府工作报告》中提出"切实加强社会信用建设"的原则要求，也提出了建立"信用档案""使有不良记录者付出代价""广泛采用现代化监管手段""实现互联互通、信息共享"的任务目标。《中共中央关于完善社会主义市场经济体制若干问题的决定》提出"以道德为支撑、产权为基础、法律为保障"作为社会信用制度建设的基本要求。2004 年的《政府工作报告》则明确提出了"信用信息征集体系""信用市场监督管理体系"和"失信惩戒制度"这三个方面的具体建设任务。这些文件初步勾勒出社会信用体系建设的基本框架。正是在这些原则要求和基本框架的范围内，国家工商行政管理总局、中国人民银行、国家税务总局、国家质量监督检验检疫总局、商务部、科学技术部等部门开始着手社会信用方面的制度设计和规则制定工作。

总体上，这一阶段的社会信用法律制度体现了以下四个方面的特征。

首先，信用信息归集与共享平台的建设工作受到特别的重视，也取得了一定的成效，尤其是国家工商行政管理总局的企业信用信息平台、中国人民银行的基础金融信息平台的建设。这既是出于对社会信用体系建设的基本共识的理解，也是出于对高层提出的信用档案、信用信息征集体系建设这些非常具体的任务指示的直接回应。国家工商行政管理总局尚未找到相应的办法，也未建立相应的规则来解决参照指标体系所指向的信用信息的收集问题，比如来自其他主管部门的执法信息、企业资产状况和履约状况等方面的信息。这造成了信用评价指标体系与信用信息归集机制之间的制度缺口。中国人民银行与其他行业主管部门则开启了共享信息的尝试，构建了一个初步的规则体系，为破解"信息孤岛"难题提供了可资借鉴的范本。"不得违法使用企业和个人信用信息"的观念也被初步确立起来，信息主体的异议权、查询权、更正权也在具体规则上有了初步的体现，但是，由于信息保护的上位法并不明确，"依法"

“违法”的表达欠缺明确的指向。部门社会信用立法的初步实践，彰显了信息归集与共享机制的构建难题，也指出了今后努力的方向。

其次，信用监管体系的创建是本阶段有关部门探索的一大亮点。以信用信息为基础、以信用评价指标和标准体系为支撑的分类管理，构筑了初期信用监管模式的基本框架。除了专门以构建信用监管体系为目的的规章制度外，监管部门出台的其他规章中也开始大量引入信用管理的专门条款，信用监管作为一种具有一定普遍性的措施嵌入了各种监管规范之中。但是，在新的监管措施与传统监管措施之间的关系问题上，在信用监管的权限和合法性问题上，初创的信用监管体制并未给予足够的关注。国家工商行政管理总局引入道德范畴的信用评价标准，科学技术部将法律规定、合同约定之外的“公共行为准则”作为科研信用管理的评价依据，国家税务总局将具有“涉税犯罪嫌疑，已依法移送公安机关，尚未结案的”情形直接作为最严重失信等级来对待，这些做法容易引发合法性质疑。在社会信用体系建设缺乏一个权威的框架性文件的情况下，出台新的制度，表达改革的意识和决心，显然是上述部门在建章立制过程中最主要的考量，对深层次的问题似乎还没来得及去做更深入的思考。

再次，虽然国务院提出了建设“失信惩戒制度”这样明确的任务指示，也在制度实施效果上预设了“使有不良记录者付出代价”这样明确的目的导向，但是，初创时期，制度建设者们面对失信惩戒制度这样新鲜的事物，制度设计的立足点仍局限在部门执法权力的范畴，仅在行政执法的频次、力度和处罚措施的严厉程度上体现出监管上的区别对待，并没有设计出超越传统监管措施的新型惩戒措施。“联合惩戒”或与之类似的观念，既没有反映在具体的信用监管措施的设计中，也没有在制度设计的基本指导原则和指导思想中得到提及。

最后，信用服务市场的培育是社会信用体系建设的一个重要内容，但是，高层发出的原则性指示中，并没有特别提及这方面的内容。除了中国人民银行在信用评级机构与评级行为的规制上构建了一个初步的规则体系之外，市场力量是否可以参与信用信息征集体系的建设，信用服务机构是否可以介入信用监管体系的运行，均未被提及。科技部在构建科研信用管理机制的制度体系中，也仅仅是提出“发挥政府主导作用，鼓励专业机构参与”这样的原则意见，并未为信用服务机构介入科研信用管理设置任何制度上的接口。

第二节　我国社会信用法律制度建设的突破

我国《国民经济和社会发展第十一个五年规划纲要》（以下简称《“十一五”规划纲要》）提出“以完善信贷、纳税、合同履约、产品质量的信用记录为重点，加快建设社会信用体系，健全失信惩戒制度”。作为牵头部门，面对“恶意拖欠和逃废银行债务、逃骗偷税、商业欺诈、制假售假、非法集资等现象屡禁不止”的残酷现实，国务院办公厅于2007年3月发布《关于社会信用体系建设的若干意见》，以《“十一五”规划纲要》提出的完善信用记录和2007年全国金融工作会议提出的信贷征信体系建设为重点，提出了“统一思想，明确任务，加强协调”的建设思路，明确了社会信用体系建设的指导思想，也更明确地表达了建设目标，并强调要坚持“统筹规划、分类指导，政府推动、培育市场，完善法规、严格监管，有序开放、维护安全”的基本原则。

《关于社会信用体系建设的若干意见》释放出了一系列明确的信号。第一，也是最为重要的，表达了建立健全信用法律法规体系的重要性，除了强调“以法制为基础”的基本要求，还明确提出“完备的法律法规和国家标准体系，是信用行业健康发展的保障”。在信用信息归集与共享问题上，明确提出“要严格区分公共信息和企业、个人的信用信息，妥善处理好信息公开与依法保护个人隐私、商业秘密和国家信息安全的关系，切实保护当事人合法权益”。此外，在信用监管体系建设、信用服务市场规制等方面也都强调了“依法”的重要性。第二，明确了信用服务市场培育与发展的政策导向，在征信市场的完善、信用服务资源的整合、信用服务产品应用范围的扩大、政府信息公开与信用服务市场培育之间的关系等方面指明了方向、提出了要求。第三，使用了“行业信用建设”这个新的提法，认为“行业信用建设是社会信用体系建设的重要组成部分，对于促进企业和个人自律，形成有效的市场约束，具有重要作用。”行业信用建设，既要继续完善行业主管部门主导的以信用记录、分类管理、信用信息披露为核心的信用监管体系建设，也要“发挥商会、协会的作用，促进行业信用建设和行业守信自律”。第四，明确提出要“逐步建设和完善以组织机构代码和身份证号码等为基础的实名制信息共享平台体系，形成失信行为联合惩戒机制”，真正使失信者“一处失信，寸步难行”。第五，明确由国务院办公厅牵头建立国务院社会信用体系建设部际联席会议制度，这成为我国社会信用体系建设在管理机制上一个重要分水岭。基于统一领导、综合监管的原则，强调了落实监管责任、监督和管理信用服务机构、防止非法采集和滥用信用信息的重要性。

在总结初期探索阶段我国社会信用领域制度建设与管理创新实践经验的基础上，《关于社会信用体系建设的若干意见》在理念和认识层面有了新的体现，为“统一思想”奠定了基础，也为新一阶段制度建设的瓶颈突破提供了更为具体、明确的指引。

一、信用信息平台建设制度保障的新构想

《关于社会信用体系建设的若干意见》提出“要严格区分公共信息和企业、个人的信用信息”，并明确指出“政府信息公开是信用服务市场发展的基础”。2008 年 5 月 1 日起施行《中华人民共和国政府信息公开条例》，开启了透明政府建设的新历程，将政府信息定义为“行政机关在履行职责过程中制作或者获取的，以一定形式记录、保存的信息”，明确将“充分发挥政府信息对人民群众生产、生活和经济社会活动的服务作用”作为立法目的之一，将“行政机关应当及时、准确地公开政府信息”作为一项基本原则。该条例确立了主动公开与依申请公开两种基本的方式，并根据行政机关的级别分别列举了主动公开的政府信息中应重点公开的信息的类型，还就政府信息公开的途径和程序、信息公开工作的监督与保障机制作出了明确的规定。政府信息公开法律制度的建立，为促进公共信用信息共享、推动社会信用体系建设提供了更加坚实的制度基础。

2008 年 12 月，交通运输部发布《水运工程建设市场信用信息管理办法

(试行)》，规定“主要当事责任主体”包括从事水运工程建设的建设单位、勘察设计单位、施工单位、监理单位和试验检测单位，实施信用管理。这是第一部以信用信息管理作为核心来构建信用管理机制的部门规章。该文件将信用信息分为基本情况信息、良好行为记录信息和不良行为记录信息。这里的记录信息，不仅是关于“行为事实”的描述，而是直接体现为信用评价结果。基于这一基本分类，文件明确了不同类型信用信息的采集、审核、汇总、上报和发布规则，明确了信用信息不同处理环节的责任主体。除了通过在信息平台发布上述信息以产生奖励和惩戒效果之外，对于其他信用分类管理措施，该办法规定由省级交通运输主管部门在水运工程建设市场准入、招标投标管理、工程担保、表彰评优等方面，建立和完善激励和惩戒机制。文件第一条列举了五项上位法，这在信用管理方面的部门规章中应是第一部。① 文件的最大特点是明确了部省两级机构之间的职责分工，交通运输部负责制定管理制度与标准、建立和完善部水运工程建设市场信用信息管理平台，而信用信息的归集、审核工作由省级交通运输主管部门负责。这一分级负责的模式，能够使更高级的部门集中力量解决信用信息管理制度与平台的统一性和集中化难题，信息归集与核实问题则交由地方主管部门去解决。这种模式确实能够基本应对信息平台统一性与集中化需要与信息来源的分散性和多样性之间的紧张关系。但是，受限于部门管理权限，对于行业协会的奖励与表彰信息，对于受到其他有关行政主管部门处罚的信息，《办法》并未规定相应的信息提供规则，甚至连最基本的构思都没有提出来。这不能不说是一个较为明显的缺陷。从实施情况来看，根据交通运输部2011年1月下发的《关于进一步加快水运建设市场信用体系建设的通知》，“全国水运工程建设市场信用信息管理系统”（部级平台）已于2010年8月15日正式上网运行，截至通知发布之日，有八省（区、市）省级

① 《水运工程建设市场信用信息管理办法（试行）》第一条：“为贯彻落实党中央、国务院关于加快社会信用体系建设的精神，加强水运工程建设市场管理，进一步规范水运工程建设市场，维护公平竞争的市场秩序，促进行业自律，根据《中华人民共和国港口法》、《中华人民共和国合同法》、《中华人民共和国招标投标法》、《中华人民共和国安全生产法》、《建设工程质量管理条例》和《政府信息公开条例》等有关法律法规，制定本办法。”

平台实现了与部级平台互联互通，还有部分省完成了省级平台建设。

2009 年 11 月，交通运输部出台《公路建设市场信用信息管理办法》，采用了一个更广泛的信用信息的定义，使用了“能够反映信用状况的各类信息”这样的表达，既包括主管部门和机构履行职责中产生的信息，也包括公路行业社团组织和司法机关履行职责过程中产生的信息，还包括从业单位和从业人员在工作过程中产生、记录、归集的信用信息。该办法明确规定了信用信息管理应遵循的客观、公正的原则，以确保信息的真实性、完整性、及时性和准确性，也明确规定了“信用信息发布应保守从业单位商业秘密和从业人员个人隐私，不得侵犯其合法权益。从业单位基本账户等商业信息仅供交通运输主管部门市场管理用，不对外公布”。该办法将公路建设市场信用信息分为公路建设从业单位基本信息、表彰奖励类良好行为信息、不良行为信息和信用评价信息。不良行为信息不仅包括受处罚的信息，也包括受到通报批评的信息，还包括“司法机关、审计部门认定的违法违规信息”。信用评价信息是省级及以上交通运输主管部门或其委托机构按照国务院交通运输主管部门制定的公路勘察设计、施工、监理、试验检测等企业信用评价规则，对公路建设从业单位从业行为状况的评价结果。在信用信息的征集方法上，除了明确部门内机构负有信息提供义务之外，针对奖励表彰类信息，增设“附相关表彰奖励确认文件”的要求；针对来源于其他部门的信息，明确规定“省级交通运输主管部门应当加强与其他政府监督部门、司法机关、金融机构的联系，逐步建立信用信息互联互通、资源共享的渠道”。在信用信息发布与管理方面，有发布平台、信息管理系统对接、发布期限、虚假信息处理、错误信息更正等方面的基本规则。无论如何，该办法在信用信息管理制度的建设上有了新的突破，针对更广泛来源的信用信息征集难题，尝试突破部门管辖范围的限制，开始构建与其他部门之间的信息共享机制。

2009 年 11 月，水利部出台《水利建设市场主体信用信息管理暂行办法》，适用于水利建设市场主体信用信息采集、审核、发布、更正和使用的管理。水利建设市场主体涵盖参与水利工程建设活动的建设、勘察、设计、施工、监理、咨询、供货、招标代理、质量检测、安全评价等企（事）业单位及相关执（从）业人员。明确信用信息管理应遵循依法、公开、公正、准确、及时的原则，应维护水利建设市场主体的合法权益，保守国家秘密，保护商业秘密和个人隐私。该办法构建了一套与交通运输部《水运工程建设市场信用信息管理办法（试行）》相似的部省两级分工管理机制，采用了与其相同的信用信息划分模式，在信息平台建设、信息报送与审核、公告期限、异议与更正方面也作了初步的规定。但是，《水利建设市场主体信用信息管理暂行办法》对不良行为记录信息的定义中采用了“行政处理”而非“行政处罚”的表达。不良行为记录信息还包括虽未受到行政处理但造成不良影响的行为所形成的信用信息，但对于这种信息，并不在公告之列，仅在公告平台后台保存备查。针对行政处理决定经行政复议、行政诉讼以及行政执法监督被依法变更或撤销的情形，该文件规定“不良行为记录将及时予以变更或撤销，并在信息平台上予以公告。”在信息共享问题上，只是强调水利系统内部的共享平台建设，规定了水利部、流域管理机构和省级人民政府水行政主管部门“推进信用信息平台的互联互通，实现网络互联、信息共享和实时发布”的职责，对于跨部门、跨系统的信息共享，未作任何规定。

国家工商行政管理总局2011年9月出台《关于进一步加强企业信用分类监管的意见》，在信用监管方面，提出了一些新的举措，主要体现在监管分类上。该文件在2003年开始实行的将企业分为A、B、C、D四类的基础上，构建了一个新的分类监管体系，在按照遵守工商行政管理法律法规的情况设置守信企业、警示企业、失信企业、严重失信企业的同时，又分别按照行业风险程度设置重点、热点行业企业；按照区域重要程度设置重点区域企业；按照动态警示情况设置预警企业，从而“将企业守法诚信、行业风险、区域重要程度、动态警示等情况纳入企业信用分类监管指标体系，实现科学多维分类”。这种新的设想，在信息平台支撑上提出了新的要求，因此，《关于进一步加强企业信用分类监管的意见》更为引人注目的方面，是其认识到“加强企业信用分类监管”与“加强信息化建设”两者之间紧密结合、有机统一的关系，将“以信息共享、互联互通为重点”作为企业信用分类监管体系建设的指导思想，从而在信息共享问题上提出了新的工作思路。这主要体现为企业信用信息内联应用与外联应用的同时推进。内联应用强调工商部门内部不同业务系统间企业监管信息的内联互通，消除信息“孤岛”，通过整合监管执法资源，形成一个综合监管业务平台，实现静态的市场主体基础信息与动态的监管执法信息的相互关联、有机统一，增强监管执法的针对性和有效性。同时，加强政府部门间企业监管信息的外联应用，即加强与政府其他部门的沟通协调，积极向有关部门提供企业信用监管信息，充分运用政府其他部门提供的监管信息，不断扩大部门间监管信息共享的范围，逐步建立数据交换和信息共享长效机制，增强企业信用激励和信用约束机制的整体效应。此外，该意见明确提出“将企业登记基本信息作为主动公开的政府信息，通过政府网站面向企业和社会公众提供便捷的查询服务，加大企业信用信息综合运用服务力度，努力提升信息综合运用服务能力和水平”。虽然更多的是提出设想和基本思路，在具体制度构建和规则设计上有待进一步细化、具化，但它反映了国家工商行政管理部门在认识上的深化，对社会信用体系建设的整体性和宏观性有了更为透彻的理解，体现了一个更具综合性和开放性的信用信息平台的重要性和必要性。信息联通才能监管联动，监管联动才有信息联通，只有意识到这两者互为前提的关系特质，才能找到有效的途径，从根本上解决信息的静态本质与监管的动态要求之间的矛盾。

2012 年 9 月，国家发展改革委、中国人民银行、工业和信息化部、商务部、卫生部、工商总局、食品药品监管局联合发布《关于进一步加强药品安全信用体系建设工作的指导意见》。[①] 这是我国第一次由多个部门就一特定行业信用体系建设联合出台指导意见，在适用范围和建设内容上，相比国家食品药品监督管理局 2004 年制定的《药品安全信用分类管理暂行规定》，涵盖更为广泛，特别是在药品行业信用信息资源整合上，提出要“依托现有国家电子政务网络资源，逐步建立完善部门间与地区间公共信用信息的互通和共享”；在信用分类监管机制的建立健全上，提出“以药品企业静态登记信息和

① 根据 2016 年 1 月 1 日中华人民共和国国家发展和改革委员会令第 31 号的附件《国家发展改革委决定废止的规范性文件目录》，《关于进一步加强药品安全信用体系建设工作的指导意见》（发改财金〔2012〕2829 号）被废止。

动态监管信息为基础，按照守法诚信度、行业风险度、区域重要度和动态警示度指标体系，对药品企业信用实现科学多维分类，建立守信企业激励机制、警示企业预警机制、失信企业惩戒机制、严重失信企业淘汰机制”。在信息互联互通与多维分类监管体系这两个方面，该文件承继了《关于进一步加强企业信用分类监管的意见》提出的基本思路。

2013 年 12 月，环境保护部、国家发展改革委、中国人民银行、银监会联合出台《企业环境信用评价办法（试行）》，构建了一套由环保部门主导的、针对企业环境行为即企业在生产经营活动中遵守环保法律、法规、规章、规范性文件、环境标准和履行环保社会责任等方面的表现，进行信用评价的管理机制。虽然环境信用评价所依赖的信息是以环保部门通过现场检查、监督性监测、重点污染物总量控制核查，以及履行监管职责的其他活动制作或者获取的企业环境行为信息为基础，但同时，该评价办法为其他来源的信息纳入环境信用评价提供了制度上的接口，如评价部门可以综合考虑企业自行监测数据、排污申报登记数据，公众、社会组织以及媒体提供的企业环境行为信息，经核实后，也可以作为企业环境信用评价的依据，评价部门还可以向发展改革部门查询和调取参评企业项目投资管理方面的信息，也可以向银行业监管机构查询和调取参评企业申请和获取信贷资金方面的信息。这种制度接口，大大扩充了部门信用监管的信息来源，监管主体不再局限于部门的职责范围来考察监管对象的信用状况。同时，该评价办法还明确规定“企业环境信用评价结果在环保部门和发展改革、中国人民银行、银行业监管机构及其他有关部门之间，实现信息共享。具备条件的地区，应当将企业环境信用评价结果，纳入本地区社会信用信息公共平台”。这意味着，信用监管信息的互联互通有了确切的落实机制，为全国统一的公共信用信息平台建设勾勒了雏形。

二、信用监管体系制度建设的新发展

《关于社会信用体系建设的若干意见》关于行业信用建设的新要求，激发了各行业主管部门的热情，更多的行业主管部门加入了信用监管制度建设的行列。

2007 年 5 月，铁道部出台《关于加快推进铁路信用体系建设的意见》，提出“到 2010 年，建立起规范完善的铁路信用管理制度，信用体系运行有法可依、有章可循；建立起科学合理的信用评价和奖惩机制”。2008 年 9 月 5 日生效的《铁路建设工程施工企业信用评价暂行办法》是铁道部建设管理司制定的一个规范性文件，针对铁道部投资的铁路大中型建设项目的施工企业，铁道部工程质量安全监督机构、建设单位根据对施工企业的日常检查情况和不良行为记录情况，对其信用等级进行评价。该办法确立了一套以“日常检查评分表”为基础管理工具的日常检查评分机制，就建设单位对检查中发现的问题和有关参建方反映后经过确认的问题进行评分，制定了相应的评分审查和核实规则。该办法以及同时发布的《施工不良行为认定、公布期限和扣分标准》，针对“不良行为记录”（即“在铁路建设过程中，对施工企业及人员违反有关工程建设的法律、法规、规章或强制性标准行为的记录”），建立了一套核实、确认、公示、申诉规则，并明确了企业和从业人员不良行为各自的公布期限。依据项目日常检查扣分、不良行为扣分、抢险加分等因素，对企业进行每半年一次的信用评价，信用评价结果分为 A、B、C 三个等级，企业信用评价结果在铁道工程交易中心网和铁道部办公网公布。针对不同信用等级的企业，在项目投标、整改要求、资质管理、市场准入等方面制定了相应的分类管理措施。

为了保证 2008 年发布的《水运工程建设市场信用信息管理办法（试行）》能够得到有效的实施，该试行办法构建了一个部省两级机构之间明确分工的信用管理体制，交通运输部负责制定管理制度与标准、建立和完善部水运工程建设市场信用信息管理平台，而信用信息的归集、审核工作以及分类管理措施的设计和实施则全部由省级交通运输主管部门来负责。设定和采取具体分类管理措施的权力，则全部交由省级交通运输主管部门来行使，只设定了一个基本限制，即“严禁设置市场壁垒和地方保护等垄断行为”。这种做法体现了立法部门对信用管理措施的合法性的一种担忧。交通运输部 2009 年出台《公路建设市场信用信息管理办法（试行）》，也在管理体制上沿用了 2008 年《水运工程建设市场信用信息管理办法（试行）》确立的部省两级分工模式，并在信用分类监管措施上规定了更多可能的选项，包括对信用好的从业单位在参与投标数量、资格审查、履约担保金额、质量保证金额等方面给予优惠和奖励，对信用等级低和不良行为较多的从业单位要重点监管，根据不同情节提出限制条件；发现勘察、设计、施工、监理、试验检测等单位的人员、业绩等指标低于相关资质、资格标准要求的，应对该单位提出整改预警，整改后仍不符合要求的，可采取限制投标的措施，直至依法降低其资质等级。交通运输部于2012年12月颁布《公路水运工程监理信用评价办法》，并配套公布了相应的信用评价标准和相关计算公式，对依据有关法律法规和合同文件等对监理企业和监理工程师从业承诺履行状况进行信用评定作出规范，根据监理企业和监理工程师的从业范围确立部省两级评价主体，根据监理的行业特征以及"从业承诺履行状况"评定的实际需要，明确了作为信用评价采信的基础资料的范围和形式，并就评价的基本程序、评价周期、等级划分、评价结果录入、公告与查询等作出了规定。此后，交通运输部于2013年颁布《公路设计企业信用评价规则（试行）》、2014年颁布《水运工程设计和施工企业信用评价办法（试行）》，并配套公布了相应的信用评定标准和相关计算方法，建立了一个"AA、A、B、C、D五个等级"划分的信用评价体系，确立了对相关企业从业行为信用评价的基本规则和程序。这三套信用评价办法在完善交通运输行业信用监管体系的同时，也解决了交通运输部主导构建的信用信息平台中信用评价信息的形成与录入问题，使得交通运输行业形成了一个较为完整的行业信用体系。这种信用信息管理与信用评价管理分别建章立制但又能紧密结合的模式，也为其他部门和行业信用体系建设提供了可资借鉴的经验。然而，由于局限于交通运输部的管理职责范围，信用信息的归集范围相对较为有限，信用评价结果也仅是为交通运输主管部门提供决策依据，信用分类监管措施的采取也被局限在部门管理权限内，未能在联合奖惩机制上有所突破。

2014年1月，国家质检总局执行《出入境检验检疫企业信用管理办法》，废止了2009年的《出入境检验检疫企业信用管理工作规范（试行）》。依据该文件，检验检疫机构建立统一的信用管理平台，通过信用管理平台对企业信用信息进行记录、处理、使用和公开形成的数据，共同构成企业的质量信用档案。予以记录并作为信用等级评价依据的企业信用信息，包括遵守检验检疫法律法规及相关违法、违规等情况，也包括企业质量管理能力信息（企业质量管理体系的建立及运行等情况）、产品质量信息（企业产品检验检疫合格率、国外通报、退运、召回、索赔等情况）、检验检疫监管信息（企业遵守检验检疫相关管理规定、执行技术规范和标准等情况）以及社会对企业信用评价信息（政府管理部门情况通报、媒体报道及社会公众举报投诉等情况）。[①] 该文件根据信用分值设定了五个信用等级（AA、A、B、C、D 五级），但仅规定了 AA 级企业评定的条件和程序和严重失信企业审核认定的程序，以及这两类企业向社会公布的基本规则。规定的分类监管措施也仅限于职责范围，在联合奖惩问题上，也仅规定“检验检疫机构可根据社会信用体系建设的需要，与地方政府以及商务、中国人民银行、海关、税务、工商、外汇等部门建立合作机制”。

前文述及由国家发展改革委、中国人民银行、工业和信息化部、商务部、卫生部、工商总局、食品药品监管局 2012 年联合发布的《关于进一步加强药品安全信用体系建设工作的指导意见》，针对药品研制、产品质量、流通体系、招标采购、临床使用、广告诸环节的信用监管体系建设，特别是在“建立科学规范的药品招标采购机制”方面，明确提出“建立和完善药品行业诚信记录和市场清退制度，对采购过程中提供虚假证明文件，恶意竞标，中标后拒不签订合同，供应质量不达标药品，未按合同规定及时配送供货，向采购机构、医疗机构和个人进行贿赂和变相贿赂的，及时在网上公示并同相关部门实现数据交换，建立失信行为联合惩戒机制”。此外，为了扩大信用信息的应用范围，要求“各地区要对本地区各部门、药品行业等领域的信用信息进行整合，形成统一平台，实现对药品行业等领域失信行为的协同监管。”“联合奖惩”“协同监管”的概念提出，为行业信用监管体系乃至覆盖全社会的社会信用体系建设确立了新的努力方向。

---

① 《出入境检验检疫企业信用管理办法》第三条。

环境保护部、国家发展改革委、中国人民银行、银监会于 2013 年联合出台的《企业环境信用评价办法（试行）》，开始在联合奖惩机制构建方面设计了更具操作性的规则。对环保诚信企业，除了规定在环保主管部门的职权范围内提供优待，还规定一系列的推荐性措施，如“建议财政等有关部门在确定和调整政府采购名录时，将其产品或者服务优先纳入名录”“建议银行业金融机构予以积极的信贷支持”“建议保险机构予以优惠的环境污染责任保险费率”“将环保诚信企业名单推荐给有关国有资产监督管理部门、有关工会组织、有关行业协会以及其他有关机构，并建议授予环保诚信企业及其负责人有关荣誉称号”。对环保警示企业规定的约束性措施，包括建议严格贷款条件、建议提高保险费率、建议暂停授予荣誉称号等。对环保不良企业规定的惩戒性措施，除前述约束性建议之外，还特别规定“建议银行业金融机构对其审慎授信，在其环境信用等级提升之前，不予新增贷款，并视情况逐步压缩贷款，直至退出贷款”。使用“建议”这一表达，是“小心谨慎”的结果，在联合奖惩机制缺乏更高位阶法律依据的情形下，是不得已而为之。然而，信用奖惩机制本质上是一种声誉机制，“建议”规则的设置，在解决信用监管信息互联互通的同时，也能够产生一定的激励与惩戒效果。这是部门主导下的信用监管体系建设历程中非常可喜的一个进步，也体现了对依法行政的敬畏与对机制创新的渴望。

三、信用服务市场培育的新起点

2007 年国务院《关于社会信用体系建设的若干意见》特别强调了信用服务市场的培育对于社会信用体系建设所具有的重要意义，为信用服务市场的培育与发展明确了政策导向，提出了更具体的任务要求，主要体现在：第一，明确提出“建立全国范围信贷征信机构与社会征信机构并存、服务各具特色的征信机构体系”，为征信市场的培育确定了基本的方向；第二，将“促进信用信息共享”与“整合信用服务资源”相提并论，作为“建设企业和个人信用服务体系”的基本手段；第三，明确提出“要鼓励扩大信用产品使用范围，培育信用服务市场需求，支持信用服务市场发展”；第四，基于“政府信息公开是信用服务市场发展的基础”这一全新的认识，强调“依法公开在行政管理中掌握的信用信息”的同时，明确地方政府充分利用信用记录、改善地方信用环境的职责要求。

在2006年建成全国集中统一的企业征信系统和个人征信系统之后，中国人民银行征信中心于2009年4月开始进行硬件升级，2011年2月又启动了二代征信系统建设。2014年完成二代业务制度升级规划初稿，同时开展制度梳理和标准制定等配套基础工作，制定征信术语和征信数据元等系统标准。全面采集有助于反映信息主体信用状况的信用信息并及时更新，始终是征信系统建设的主要目标，关系征信系统的核心竞争力。征信系统采集的信息，从信息来源上分为两类，金融信息与非金融信息。金融信息的采集范围已经扩大到商业银行以外，包括了非银行金融机构提供的信息。非金融信息，又被称为“反映信用状况的其他信息”，主要是指法院、税务、环保、公积金管理中心等公共部门提供的信息。从信息内容来分，征信系统采集的信息包括基本信息和行为信息。企业基本信息的采集，既有“被动式”的，即企业主动提交后由中国人民银行分支机构或金融机构审核后录入征信系统的方式；也有“主动式”的，即商业银行在与企业发生信贷业务时采集企业基本信息。这意味着，中国人民银行征信中心主导的企业信息系统尚未与国家工商行政管理总局建立企业信息的共享机制。个人基本信息的采集渠道主要有两个：一是从社会保险经办机构或住房公积金管理中心采集身份和职业信息；二是商业银行与个人发生信贷业务时，采集个人基本信息，报送给个人征信系统。反映信用状况的其他信息的采集方式主要有三种：一是采取行政手段与政府部门进行合作采集，直接与数据源单位进行数据交换；二是通过市场化手段与数据源单位签订协议的方式进行合作采集，直接与数据源单位进行数据交换，来源于市场机构的企业非金融负债信息采集就采用这种方式；三是征信分中心从当地数据源单位获取数据再报送至征信中心，如征信分中心与当地公积金管理中心合作采集住房公积金缴存信息等。

在这一时期，我国并未制定专门的法律来规范个人信息的收集和使用，国务院2013年制定的《征信业管理条例》虽然是针对征信机构信息采集和使用而制定的行政法规，但却开创了我国个人信息保护的先河。征信中心也非常重视信息主体权益保护的问题，通过制定内部工作规程的方式，《征信业管理条例》切实维护信息主体的知情权、同意权、异议权和重建信用记录权等合法权益，对待个人信息，完全不同于企业信息。《征信业管理条例》并未给“个人信息”下一个定义，只是明确将“企业的董事、监事、高级管理人员与其履行职务相关的信息”排除在个人信息之外。《征信业管理条例》在规定“采集个人信息应当经信息主体本人同意，未经本人同意不得采集”这个一般原则的基础上，根据不同类型的信息规定了不同的采集规则，包括公开信息例外、禁止采集的信息、经特别同意方能采集的信息。针对采用格式合同条款取得个人信息，《征信业管理条例》规定了足以引起注意的提示和明确说明义务。为保护信息主体的知情权和异议权，《征信业管理条例》规定了较为详细的查询规则、异议和更正规则。

在信息的使用问题上，《征信业管理条例》规定了一个较为明确的“授权查询规则”，征信中心也建立了相应的工作规范。一是要求金融机构通过合同来取得信息主体书面同意查询。严格规范金融机构查询行为，督促金融机构完善查询内控制度。二是对于非本人查询信用报告的，规范查询授权管理，严格查询材料的审查，防范信息泄露风险。三是建立企业和个人信用报告违规查询监测系统和监测机制，及时发现违规查询行为并采取措施制止，更好地保护信息主体权益，维护金融市场和征信市场的稳定。

然而，这个“初级”版本的“个人信息保护法”，有些方面的规定值得商榷。首先，在采集主体的适用范围问题上，同意规则的规定并未限定其适用的主体范围，但禁止采集的规定和特别同意规则明确仅适用于征信机构的采集行为。这是行业立法难以避免的尴尬。信息问题毫无疑问是征信行业面临的瓶颈问题，但这个问题又显然不是一部行业立法能从根本上予以解决的。其次，《征信业管理条例》在信息采集行为与信息提供行为的关系问题上，存在模糊处理的嫌疑。该条例第十五条规定：“信息提供者向征信机构提供个人不良信息，应当事先告知信息主体本人。但是，依照法律、行政法规规定公开的不良信息除外。”征信本质上是一种信息的采集和加工活动，被加工的信息源于征信活动之外，征信机构为加工的目的而采集的信息必然来自信息提供者，因此，信息提供者向征信机构提供信息，只是征信机构采集信息的另一种表达而已。如果将同意规则与该第十五条结合起来解释，结论就是：征信机构采集不良信息之外的个人信息，只需遵守同意规则、禁止采集规则和特别同意规则，不良信息的采集还需遵守“告知信息主体”的义务。对于正面信息的采集，则只需遵守同意规则。从理论上来说，将负面信息与正面信息区别对待，确实是在征信的行业需求与个人信息和隐私保护之间进行平衡的结果。正如尼古拉·杰因茨在其著作中指出的，“有些信息的财产权可以较好地定位给数据主体以控制信息的披露和使用。不过，其他一些事实的财产权，如有关个人的负面信息（破产信息），就最好不要定位给个人，因为当事人有一种掩盖这种信息的强烈倾向，而不管这类信息总体上看却对社会有利的基本事实”。① 这种理论立场也实际上成为一些国家信息保护法律制度的基本立场。“在负面数据从银行向征信机构转移的情况下，消费者实际上不能行使选择出口的权力，因为人们经常争论，与个人隐私利益相比，银行体系的稳定性是一个级次更高的公共利益。因此，在英国、法国和德国，消费者仅仅被告知其数据被传播。”②依此政策考量，《征信业管理条例》第十五条可以被解释为：征信机构采集不良信息，只需要信息提供者告知信息主体即可，而无须征求信息主体的同意。由此，该条规定构成同意规则的例外，而非增设新的义务。再次，从实践的层面来看，《征信业管理条例》所规定的同意规则，并未明确征求同意的义务主体。从《征信业管理条例》第十九条的规定来看，采用格式合同条款取得个人信息主体的同意，是一种可以采取的方式。而且，该条规定的采集主体，包括信息提供者，也包括征信机构。依《征信业管理条例》第十四条第二款的规定，征信机构采集个人的收入、存款、有价证券、商业保险、不动产的信息和纳税数额信息的，应“明确告知信息主体提供该信息可能产生的不利后果，

① ［德］尼古拉·杰因茨．金融隐私：征信制度国际比较［M］．万存知，译．北京：中国金融出版社，2009：29.

② ［德］尼古拉·杰因茨．金融隐私：征信制度国际比较［M］．万存知，译．北京：中国金融出版社，2009：134.

并取得其书面同意”。然而，征信机构如何取得信息主体的同意、征信机构如何与信息主体建立合同关系、信息主体是否在其信息被采集之前就与征信机构签订合同、如果征信机构并未与信息主体建立合同关系，征信机构如何认定向其提供信息的部门和机构已经取得了信息主体的同意，也许，这些问题还需通过征信机构之间在业务开展上的竞争活动来解决。最后，《征信业管理条例》第十六条规定了征信机构对个人不良信息的保存期限，超过 5 年的，应当予以删除。这个规定的目的与上述负面信息特别采集规则存在冲突，毕竟，即使经过 5 年，不良信息的参考价值并未丧失，信息采集都无须征求信息主体的同意，设置保存期限显然反映了立法者们在立场上的不确定。

《征信业管理条例》明确了国家设立金融信用信息基础数据库的职责，为信用信息共享平台的建设提供了非常扎实的制度支撑，也确立了征信市场的准入规则，明确了企业征信机构和个人征信机构的设立条件，随后出台的《征信机构管理办法》细化了征信机构审批的条件和程序，为落实《关于社会信用体系建设的若干意见》提出的“建立全国范围信贷征信机构与社会征信机构并存、服务各具特色的征信机构体系”的任务目标奠定了制度的基础。然而，由于《征信业管理条例》明确规定“国家机关以及法律、法规授权的具有管理公共事务职能的组织依照法律、行政法规和国务院的规定，为履行职责进行的企业和个人信息的采集、整理、保存、加工和公布，不适用本条例”，《征信业管理条例》也没有为政府信息公开机制与信用服务市场培育建立制度上的接口，征信机构可以获取的公开信息的范围和方式，取决于《政府信息公开条例》的规定。包括征信在内的信用服务行业，是一个以信息收集和加工为主要业务内容的行业。由于专门的信息保护立法的欠缺，《征信业管理条例》既可以被看作是一个新的起点，也可以被认为是一个新问题的提出者。

四、小结

《“十一五”规划纲要》和《关于社会信用体系建设的若干意见》这两份纲领性文件，更为清晰地表达了社会信用体系作为“市场经济体制中的重要制度安排”的基本定位。社会信用体系建设的基本思路、框架结构和运行机制等，也是第一次在国家层面上被较为完整地勾勒出来。信用信息、信用监管和信用服务，成为具有一定统领作用的基本概念。总体来看，这段时期的部委社会信用立法的探索和努力取得了不少成果，但更多的是将一些重点难点问题暴露出来。

首先，“行业信用建设”的概念提出，为行业主管部门加快行业信用体系建设进程吃了一个定心丸，但同时，“部级平台”建设模式也事实上加剧了“信息孤岛化”的趋势，部门之间联合共建共享的努力，虽有一定的创新，但仍然无法从根本上解决全国统一信用信息平台的建设问题。当时由国家工商行政管理总局主导的企业信息平台和中国人民银行主导的金融信息平台，仍然处在“各自为政”的状态，这意味着只有建立更高级别的协调机制才能走出这种困境。2007 年成立的国务院社会信用体系建设部际联席会负责统筹协调社会信用体系建设工作，研究拟订重大政策措施；协调解决推进社会信用体系建设工作中的重大问题；指导、督促、检查有关政策措施的落实。但是，在 2012 年联席会改组之前，联席会并未以联席会的名义发布任何规范性文件。

其次，行业主管部门主导下的信用监管体系，即使在指标体系的涵盖范围、信用等级的量化形式上有所不同，但仍然形成了一些基本的共识，以评价的指标和标准体系构建信用评价机制，以信用评价为基础构建分类监管机制，包括异议与更正规则在内的程序机制进一步规范化，评价结论的公示和应用范围也呈逐步扩大的趋势，联合奖惩机制也有了新的突破。但是，与传统监管相比较而言，信用监管的特征是其动态性和综合性，这不仅要求信用信息共享机制在空间上的扩张和时间上的持续，也要求监管职责在空间上的延伸与时间上的延续，这种纵横交错的监管格局需要更高位阶的立法支撑。部委立法模式很难满足这种监管格局的需求，在制度构建问题上，跨部门的合作机制仍然困难重重。

最后，《征信业管理条例》的出台，是这段时期的尾声，也是一个新阶段的开始。《征信业管理条例》奠定了公共征信机构与市场化征信机构齐头并进的制度基础。作为信用服务市场的排头兵和主力军，我国征信市场有望迎来大发展的局面。然而，无论是公共征信机构还是市场化征信机构，都不得不面对征信体系建设与社会信用体系建设的关系、信用信息立法与社会信用立法的关系问题。在第十一届全国人民代表大会第五次会议主席团交付审议的议案中，有代表提出“制定社会信用法”的议案，对此，中国人民银行认为，“现阶段社会各界对信用信息的概念仍有不同理解，在保护个人隐私、企业商业秘密和扩大信用公开等方面仍存在较大争议，制定统一的社会信用法时机尚不成熟。”中国人民银行正在推动制定《征信业管理条例》《个人征信信息保护暂行规定》等法规规章。全国人大财经委员会同意中国人民银行的意见。[①] 从立法背景来看，《征信业管理条例》是“制定社会信用法”进程中的一个阶段性成果，体现了我国一贯遵循的“成熟一个，制定一个”的立法思路。依循这种立法思路，社会信用立法将会是一个相当漫长的过程。

第三节　我国社会信用法律制度建设的拓展

2013年11月，党的十八届三中全会通过《中共中央关于全面深化改革若干重大问题的决定》，将市场在资源配置中的“基础性作用”修改为“决定性作用”，首次提出“使市场在资源配置中起决定性作用和更好发挥政府作用”。2014年6月，国务院发布《关于促进市场公平竞争维护市场正常秩序的若干意见》，着力解决市场体系不完善、政府干预过多和监管不到位问题，同时，坚持放管并重，实行宽进严管。该意见从加快市场主体信用信息平台建设、建立健全守信激励和失信惩戒机制、积极促进信用信息的社会运用三个方面，提出了夯实监管信用基础的具体要求，并明确了牵头负责的部门。

2014年国务院发布的《社会信用体系建设规划纲要（2014—2020年）》是我国社会信用体系建设的首部国家级规划，也是当前和今后一个时期社会信用体系建设的指导性纲领性文件。该文件拓展了社会信用体系的功能定位，将其作为“社会主义市场经济体制和社会治理体制的重要组成部分”“完善社会

① 《全国人民代表大会财政经济委员会关于第十一届全国人民代表大会第五次会议主席团交付审议的代表提出的议案审议结果的报告》（2012年10月26日第十一届全国人民代表大会常务委员会第二十九次会议通过）。

主义市场经济体制、加强和创新社会治理的重要手段”，并首次明确应“以法律、法规、标准和契约为依据”。该文件的出台，意味着我国社会信用法律制度建设进入一个新的阶段。

一、信用奖惩制度体系与实施机制的不断完善

信用奖惩制度体系与实施机制的不断完善是本阶段一个非常重要的特征，制度建设成果显著，也产生了良好的社会效果。但是，随着信用奖惩措施适用范围不断扩大，尤其是失信惩戒措施的运用，有泛化的倾向，失信行为认定依据、惩戒措施的合理性等问题受到了越来越多的关注。2020 年 12 月，国务院办公厅出台《关于进一步完善失信约束制度 构建诚信建设长效机制的指导意见》，强调“依法依规实施失信惩戒”“提高社会信用体系建设法治化、规范化水平”“坚持遵循法治轨道”，提出“依法依规、保护权益、审慎适度、清单管理”的总体思路和“严格依法依规”“准确界定范围”“确保过惩相当”“借鉴国际经验”四项原则。我国信用奖惩机制的法治化发展将迎来新的历史阶段。

（一）《规划纲要》关于信用奖惩机制的功能定位

《规划纲要》指出，“守信激励和失信惩戒机制直接作用于各个社会主体信用行为，是社会信用体系运行的核心机制”。部门主导的信用监管体系建设中，基于信用评价的分类监管，也具有信用奖惩的效果。但是，由于受到部门管理权限的限制，信用分类监管措施的选择空间受到了限制，而且，这种机制在本质上并未脱离传统监管的概念框架，只是传统监管措施的运用建立在管理对象的“信用状况”的基础上而已，而且该“信用状况”也只是根据部门权限范围内的管理活动所获得的信息来予以评价的。信用信息共享平台的构建，在解决信用评价基础的全面性和完整性问题的同时，实际上也能够解决“信用评价信息”的跨部门、跨领域传播和利用的问题。守信联合激励与失信联合惩戒机制（以下简称信用联合奖惩机制）是一种“多部门、跨地区信用联合奖惩机制”，是“通过信用信息交换共享，实现多部门、跨地区信用奖惩联动，使守信者处处受益、失信者寸步难行”。与部门主导的信用监管体系相比较而言，信用联合奖惩机制可以被简单地理解为部门信用监管体系在空间范围

上的扩张，在整个行政管理领域扩张的同时，向其他公共生活领域扩张。但是，根据《规划纲要》的设想，信用联合奖惩机制不仅是适用范围在空间上的扩张，还包括了奖惩措施上的扩张。比如，《规划纲要》提出针对失信主体可以采取的约束和惩戒措施，包括行政监管性、市场性、行业性和社会性的约束和惩戒措施，不仅要充分利用现有的监管力量与服务资源，还要进一步挖掘市场交易、行业自律、社会舆论中的约束性力量，真正形成“一处失信、处处受限”的局面。

（二）国务院两份纲领性文件对联合奖惩制度的框架构建

2016 年 5 月，国务院发布《关于建立完善守信联合激励和失信联合惩戒制度 加快推进社会诚信建设的指导意见》。这是指导和规范守信联合激励、失信联合惩戒工作的一个重要文件，也是我国社会信用体系建设的一项重要顶层设计。① 该意见明确了“依法依规运用信用激励和约束手段，构建政府、社会共同参与的跨地区、跨部门、跨领域的守信联合激励和失信联合惩戒机制”的指导思想，从多渠道选树诚信典型、探索建立行政审批“绿色通道”、优先提供公共服务便利、优化诚信企业行政监管安排、降低市场交易成本、大力推介诚信市场主体六个方面提出了健全褒扬和激励诚信行为机制的具体目标和措施，明确了实施联合惩戒的四个重点领域，② 分别就行政性、市场性、行业性和社会性约束和惩戒的内容作出了更加具体、明确的规定，并特别规定了“完善个人信用记录，推动联合惩戒措施落实到人”的具体要求。③ 其中关于实施联合惩戒的四个重点领域的规定，一方面，确立了一个基本的导向，即联合惩戒不适用于一般的失信行为，作为信用惩戒体系中力度最强的一项措施，

---

① 连维良．联合实施信用奖惩 共建共享信用中国［N］．经济日报，2016-06-23（8）．

② 这四个重点领域，一是严重危害人民群众身体健康和生命安全的行为，二是严重破坏市场公平竞争秩序和社会正常秩序的行为，三是拒不履行法定义务，严重影响司法机关、行政机关公信力的行为，四是拒不履行国防义务，拒绝、逃避兵役，拒绝、拖延民用资源征用或者阻碍对被征用的民用资源进行改造，危害国防利益，破坏国防设施等行为。

③ 对企事业单位严重失信行为，在记入企事业单位信用记录的同时，记入其法定代表人、主要负责人和其他负有直接责任人员的个人信用记录。在对失信企事业单位进行联合惩戒的同时，依照法律法规和政策规定对相关责任人员采取相应的联合惩戒措施。通过建立完整的个人信用记录数据库及联合惩戒机制，使失信惩戒措施落实到人。

其适用范围应受到严格的限制；另一方面，从该规定中“严重危害”“严重破坏”“恶意”“故意”“严重影响”的措辞，可以概括出“严格限制”的基本标准，即“严重性标准”，既有主观恶性程度意义上的严重性，也有法益侵害后果意义上的严重性。

此外，该意见还从建立触发反馈机制、实施部省协同和跨区域联动、建立健全信用信息公示机制、建立健全信用信息归集共享和使用机制、规范信用红黑名单制度、建立激励和惩戒措施清单制度、建立健全信用修复机制、建立健全信用主体权益保护机制、建立跟踪问效机制九个方面提出了“构建守信联合激励和失信联合惩戒协同机制”的具体要求。

2016年6月27日，中央全面深化改革领导小组会议通过了《关于加快推进失信被执行人信用监督、警示和惩戒机制建设的意见》，中共中央办公厅和国务院办公厅于2016年9月25日联合发布。该文件指出“人民法院通过司法程序认定的被执行人失信信息是社会信用信息重要组成部分”，将“坚持合法性”作为一项基本原则，即“对失信被执行人信用监督、警示和惩戒要严格遵照法律法规实施”，规定了十一大类的限制，即从事特定行业或项目限制，政府支持或补贴限制，任职资格限制，准入资格限制，荣誉和授信限制，特殊市场交易限制，限制高消费及有关消费，协助查询、控制及出境限制，加强日常监管检查，加大刑事惩戒力度，鼓励其他方面限制，共计37项具体的限制性措施。该文件还就信息公开与共享、提高执行查控工作能力、完善失信被执行人名单制度、完善党政机关支持人民法院执行工作制度作出了具体、明确的规定。

《关于建立完善守信联合激励和失信联合惩戒制度 加快推进社会诚信建设的指导意见》和《关于加快推进失信被执行人信用监督、警示和惩戒机制建设的意见》分别代表着信用联合奖惩的两种模式，即行政机关主导的和司法机关主导的联合奖惩模式，“这两种模式从整体上组成了我国联合惩戒的基本结构”。[①] 这两份文件，对于联合惩戒规则体系进行了细化和具体化，所体现出

① 李佳飞．论信用联合惩戒的运行逻辑与立法建议［G］//谭曼，顾敏康．首届“信用法治·韶山论坛”优秀论文集．北京：法律出版社，2019：418.

的规则设计原则有着十分重要的指导价值，有些规则甚至可以直接上升为未来社会信用立法中的联合惩戒规则。

（三）联合奖惩备忘录的广泛签署及其意义

在部委主导的信用监管体系建设过程中，制度设计者们了解信用信息广泛传播、广泛利用可能带来的巨大影响力，也一直在努力开创制度上的接口，实现信息共享与奖惩机制上的联动，但是，由于部门管理和立法权限的局限，这种制度突破的力度和范围也非常有限。行政机关之间的合作是行政机关之间横向关系的一种表现。部际关系是行政机关之间横向关系的主要形式。① 行政机关之间横向关系的调整应属行政组织法范畴。然而，“行政机关之间横向关系组织法规则的缺失是各国普遍存在的现象，解决的路径是创设承担相应组织法功能的行为法规范”。我国也是通过行为法机制来弥补组织法缺陷，承担起组织法功能的。行为法机制中，行政机关间直接的横向沟通是无须借助第三方而实现沟通的类型，包括征求意见机制、报送备案机制、共同行政行为、相对集中行政权、职务协助。行政机关间直接的横向沟通，还有为调整区际关系而发展出来的行政协议、协商条款和联席会议制度。② 信用联合奖惩机制的成长历程，走的也是行为法机制弥补组织法缺陷的道路。社会信用体系建设联席会议机制催生了一批联合信用奖惩备忘录，就是这条道路上最引人注目的制度建设成果。

2014 年 12 月 30 日，国家发展改革委、国家税务总局等 21 家单位签署《关于对重大税收违法案件当事人实施联合惩戒措施的合作备忘录》。这是我国第一个失信惩戒领域的部际联合备忘录，“也是体系最为完整的一个范例”。③ 截至 2020 年 1 月，国家层面共签署 51 个备忘录，包括 43 个惩戒备忘录、5 个激励备忘录以及 3 个激励与惩戒备忘录；单个备忘录中，签署主体最少为 8 个、最多达到 51 个。51 个信用联合奖惩备忘录涵盖了除国防部、国家民族事务委员会、退役军人事务部以外的其他 23 个国务院组成部门，非常重

①② 叶必丰．行政组织法功能的行为法机制［J］．中国社会科学，2017（7）：109-130，206-207.

③ 何玲，岁正阳．奖惩杠杆撬动信用中国：国家发展改革委协同联动全力推进联合奖惩备忘录工作纪实［J］．中国信用，2017（10）：16-31.

视信用监管体系制度建设的国家市场监督管理局、国家税务总局、海关总署、中国证监会都有着很高的参与度。一直希望通过联合惩戒解决执行难问题的最高人民法院签署了26个备忘录。①

联合信用奖惩备忘录的正文部分有三项核心内容：一是奖惩对象，二是奖惩措施，三是实施方式。奖惩对象的名单及其信息由备忘录确定的部门来负责提供，通常负责的部门是对备忘录所确定的奖惩对象或者奖惩对象守信或失信行为享有管理职权的部门。奖惩对象的确定依据，一般是该负责部门依其管理职责所执行的法律法规和规章。奖惩措施会广泛地涉及《规划纲要》《关于建立完善守信联合激励和失信联合惩戒制度 加快推进社会诚信建设的指导意见》和《关于加快推进失信被执行人信用监督、警示和惩戒机制建设的意见》所明确的奖惩措施。奖惩措施的实施方式一般会明确具体措施的落实机构，针对较为复杂的情形还会明确措施实施的基本程序，包括信息交流反馈机制。除了正文之外，联合信用奖惩备忘录还会附上一份附件，较为详尽地列举奖惩对象确定和奖惩措施实施的法律依据。正是由于信用联合奖惩备忘录的这种文本结构，有学者认为，"在信用联合惩戒措施的运用上，备忘录本身并不能作为法律依据，只是在法律法规框架内做了一个联合惩戒的梳理与链接而已"。②

根据上文提到的"行为法机制弥补组织法缺陷"的理论解释，信用联合奖惩备忘录是部际横向合作关系的一种规范形式。与其说联合备忘录在确立新的信用监管规则，还不如说只是通过一种联合发文的形式明确"职务协助"的内容和途径，③ 只是确保由其他规范性文件所确立的奖惩措施能够在更广泛的范围内得到落实。联合备忘录表达了两种不同性质的备忘录签署主体不同的愿望。一种是备忘录发起主体，即确定对奖惩对象或其行为享有管辖权的部门，希望通过备忘录的签署获得其他部门或机构提供"职务协助"的承诺，

---

① 吴堉琳，刘恒．信用联合奖惩合作备忘录：运作逻辑、法律性质与法治化进路［J］．河南社会科学，2020（3）：11-20.

② 罗培新．社会信用法：原理·规则·案例［M］．北京：北京大学出版社，2018：107.

③ "职务协助，是指行政机关对某一事务无管辖权时，依法请求有管辖权行政机关运用职权予以协助的制度。"引自叶必丰．行政组织法功能的行为法机制［J］．中国社会科学，2017（7）：109-130，206-207.

放大守信或失信行为可能引发的奖惩后果，来增强其管理行为的影响力，促使管理对象提高对其管理规范的遵从度。另一种签署主体就是在特定奖惩措施的实施上享有管理权限或其他决定权的部门或机构，签署备忘录表达了他们愿意提供协助的承诺，这种主体被称为提供协助的主体。对于作为备忘录发起主体的主管部门所认定的守信或失信的主体及其行为，如果没有明确的法律规定，在是否以及如何采取特定的奖惩措施问题上，提供协助的主体享有裁量的权力。备忘录的签署，意味着提供协助的主体作出了“必须”根据备忘录的规定采取相应措施的承诺。这种承诺，实际上还表达了对发起主体的行政行为或决定（守信或失信行为的认定）的权威性的认可。因此，发起主体与提供协助主体之间的这种关系，本质上是一种契约关系。

就某一个特定的备忘录而言，发起主体与提供协助的主体之间并不存在一个对等的权利义务关系，发起主体可以基于提供协助主体的承诺，获得更大范围内制度约束与管理资源的使用，大大扩张其行政行为和决定的影响范围，而提供协助的主体则只是被动地贡献出原属自己裁量支配的力量和资源。但是，如果备忘录的涵盖范围足够广泛，那就意味着，在最广泛范围的备忘录网络体系中，每个主体都既是发起主体也是提供协助主体。这样的结果也就体现了信用奖惩大格局的真正面貌，即“一处守信，处处奖励”“一处失信，处处受限”。因此，联合奖惩备忘录所构造的一个制度体系，本质上仅产生对签署主体的约束力。这种机制既实现了行政机关之间的直接沟通，又基本上没有加重公民的负担。只是兼具组织法功能，不属于法律保留事项。宪法和组织法赋予了中央政府对全国各级各类行政机关的领导权，以及上级行政机构对下级行政机关的领导权。因此，中央政府或上级机关创设这些行为法机制即使涉及组织法功能，也并不违法。①

二、重点领域社会信用法律制度建设的继续发展

《规划纲要》既从总体、宏观的层面明确了社会信用体系的基本结构，也

① 叶必丰．行政组织法功能的行为法机制［J］．中国社会科学，2017（7）：109-130，206-207.

针对具体、微观的行业领域提出了具体的建设要求，为有关我国社会信用法律制度建设的探索提供了新的努力方向，也提供了更为明确的政策依据。重点领域社会信用法律制度建设的进一步拓展，既表现在对已有部委规章的修订，也体现在新的部门规章和规范性文件的密集出台。

（一）市场监管领域社会信用法律制度的修订与完善

根据《国务院关于机构设置的通知》（国发〔2018〕6号），设立市场监管总局，为国务院直属机构。国家市场监管总局内设信用监督管理司，职责包括拟订信用监督管理的制度措施；组织指导对市场主体登记注册行为的监督检查工作；组织指导信用分类管理和信息公示工作，承担国家企业信用信息公示系统的建设和管理工作；建立经营异常名录和“黑名单”，承担市场主体监督管理信息和公示信息归集共享、联合惩戒的协调联系工作。国家市场监管总局“是在推进‘大部制’的背景下成立的，是按照‘整体型政府’理论，‘对碎片化’政府管理模式进行反思和重构的结果”。[①] 这既是我国市场监管体制的一个重大改革，也是我国信用监管体系构建历程中的一个重大变化。市场监管领域信用体系建设，[②] 既面临着新制度构建的难题，也面临着旧制度的清理与整合难题。

2003年《关于对企业实行信用分类监管的意见》和2011年《关于进一步加强企业信用分类监管的意见》是国家工商行政管理总局构建信用监管体系的基础性规范，但是这两份文件于2016年被废止。在产品质量监管领域，食品安全信用监管体系在制度构建上一直没有建树。2004年国家食品药品监督管理局发布的《药品安全信用分类管理暂行规定》和2012年国家发展改革委、中国人民银行、工业和信息化部、商务部、卫生部、工商总局、食品药品

---

① 蓝麒，王成竹，谭明波. 对市场监管逻辑框架的思考［J］. 中国质量技术监督，2019（12）：40-42.

② 在政策层面，市场监管有广义和狭义之分。广义的市场监管是我国政府五大职能之一，包括对消费品市场、金融市场、文化市场、能源市场、交通运输市场等领域的监管；狭义的市场监管则特指消费品市场监管（含有形产品和服务）［见胡颖廉. 中国式”市场监管：逻辑起点、理论观点和研究重点［J］. 中国行政管理，2019（5）：22-28.］。本文对“市场监管”采用狭义理解，主要是为了从部门的角度，将国家市场监管总局的市场监管职能视为一个整体，来勾勒这个领域的信用体系建设状况。

监管局联合发布的《关于进一步加强药品安全信用体系建设工作的指导意见》，构成了药品安全信用分类管理制度的规范基础。2014 年国家质检总局施行的《出入境检验检疫企业信用管理办法》，初步形成了检验检疫领域企业信用管理制度。《规划纲要》按照政务诚信、商务诚信、社会诚信和司法公信的分类，分别就针对政务主体、商务主体、社会成员、政法部门提出了重点领域诚信建设推进的具体要求。其中，市场监管领域诚信建设主要体现在商务诚信和社会诚信两个方面，具体涉及安全生产、产品质量、商贸流通、竞争执法、检验检疫、价格监督、电子商务、中介服务、会展和广告、药品安全、知识产权等，主要从信息披露与信用奖惩两个方面提出制度建设和加强执法的要求。

基于国家工商行政管理总局在企业信息平台建设和企业信用分类监管实践所形成的经验，2014 年 8 月，国务院第 57 次常务会议通过了《企业信息公示暂行条例》，“强化企业信用约束”被明确为立法目的之一，明确由国家工商行政管理部门“组织企业信用信息公示系统的建设”，但国家局和地方局在这个问题上的职责关系并不清楚，关于该公示系统的功能定位比较模糊。2017 年 6 月，国家工商行政管理总局发布了《国家企业信用信息公示系统使用运行管理办法（试行）》，明确了公示系统作为信息归集公示平台、市场监管操作平台、政府部门间协同监管工作平台“三位一体”的功能定位，与 2018 年提出的“一网归集、三方使用”的系统建设总体要求遥相呼应。该文件还规定“公示系统部署于中央和各省，各省级公示系统是公示系统的组成部分”，明确了工商总局与省局的职责关系，规定了其他政府部门归集、获取信息的保障机制，并且更加突出了公示系统的应用，延续了工商总局一直强调的“内联应用与外联应用的同时推进”的工作思路。2018 年 2 月发布的《工商总局关于加强国家企业信用信息公示系统应用和管理的通知》特别提出要进一步完善和拓展公示系统功能，强化与各相关政府部门的协同联动、资源共享、无缝衔接，特别强调了公示系统的应用的“五个精准”，即“形成企业信用精准画像”“实现政府部门精准监管”“推进重点问题精准治理”“推动精准治理和靶向式监管”“推动监管风险精准预警”。这些制度建设，为全国统一的信用信息平台建设提供了可自借鉴的模式，也更深刻、更形象地刻画了信用监管体系建设的未来蓝图。

《企业信息公示暂行条例》延续了两个企业信用分类管理意见的基本思路，突破工商登记的职能限制，将企业信息的归集范围扩展至政府部门在履行职责过程中产生的能够反映企业状况的信息，勾勒出“公共信用信息”的概念雏形。虽然，从立法语言表述来看，相比之前“将工商行政管理职能以外反映企业信用状况的指标”所涉及的信息范围，该暂行条例在信息范围上有所缩减。这种缩减，既可能是因为合法性担忧，也可能是考虑到信息收集能力上的局限。应公示的企业信息中，工商职能范围的信息被限制在明确列举的范围，其他政府部门应当公示的企业信息，也限制在行政许可、行政处罚和其他依法应公示的信息三种情形。相对于《政府信息公开条例》过于抽象的规定，该暂行条例基本实现了 2011 年《关于进一步加强企业信用分类监管的意见》提出的“将企业登记基本信息作为主动公开的政府信息”的目标。为适应信息管理的动态性要求，《企业信息公示暂行条例》构建了企业年报制度，明确规定了企业年度报告的内容，规定了强制公示和选择公示两种方式，[①] 企业信息公开的范围进一步扩大。除了规定信息核查职责与异议处理机制之外，该暂行条例还规定了工商部门“抽查和核查相结合”的工作机制，可以采取书面检查、实地核查、网络监测等方式，甚至可以委托专业服务机构，对企业信息公示义务的履行情况及信息真实性进行监督、检查。

此外，《企业信息公示暂行条例》不仅解决了企业信息归集与公示问题，还将之前的企业信用分类监管机制进行改造，只保留了其中较为核心的部分，形成“经营异常名录”和“严重违法失信企业名单”制度，大大简化了企业

---

① 《企业信息公示暂行条例》第九条：“企业年度报告内容包括：（一）企业通信地址、邮政编码、联系电话、电子邮箱等信息；（二）企业开业、歇业、清算等存续状态信息；（三）企业投资设立企业、购买股权信息；（四）企业为有限责任公司或者股份有限公司的，其股东或者发起人认缴和实缴的出资额、出资时间、出资方式等信息；（五）有限责任公司股东股权转让等股权变更信息；（六）企业网站以及从事网络经营的网店的名称、网址等信息；（七）企业从业人数、资产总额、负债总额、对外提供保证担保、所有者权益合计、营业总收入、主营业务收入、利润总额、净利润、纳税总额信息。”“前款第一项至第六项规定的信息应当向社会公示，第七项规定的信息由企业选择是否向社会公示。”“经企业同意，公民、法人或者其他组织可以查询企业选择不公示的信息。”

信用分类的指标体系和类型划分。[①] 国家工商行政管理总局于 2015 年 12 月配套出台了《严重违法失信企业名单管理暂行办法》。这两项制度所确立的信用评价机制，相比之前的企业信用分类机制，评价所依据的信息来源和评价标准都被严格限定在工商行政的职责范围内。未及时履行企业信息公示义务或者有隐瞒真实情况、弄虚作假的企业，会被纳入"经营异常名录"。被列入经营异常名录届满 3 年、因欺诈取得的公司登记被撤销的、违反工商行政管理法律、行政法规情节严重的，会被纳入"严重失信企业名单"。

从制度设计的角度来看，新机制不乏亮点。其一，决定名单的列入与移出的主体、内容都有非常明确的规定，可操作性很强，执行的时间限制也是相当严格。其二，经营异常名录和严重违法失信名单的分工非常清晰，递进式结构安排，体现了一种层次化的构造，较好地反映了信用分类监管的本质特征。其三，严重违法失信的界定标准颇具创新性，反映了一种将违法与失信严格区别出来的努力，纳入严重违法失信名单的企业，要么是长期（长达 3 年）不履行信息公示义务，这种信息披露上的消极状态确实已经不是一种单纯的法定义务之不履行的状态；要么是采取欺诈手段取得公司变更或者注销登记且该登记被撤销，欺诈本质上就是失信的恶劣表现，何况是在非常重要的事务上采取欺诈手段；要么是符合了"两年三次"的量化标准，多次违法的事实，显然与一次违法的事实有着本质的区别，数量上的递增，不单纯是"违法事实"的

---

① 《企业信息公示暂行条例》第十七条："有下列情形之一的，由县级以上工商行政管理部门列入经营异常名录，通过企业信用信息公示系统向社会公示，提醒其履行公示义务；情节严重的，由有关主管部门依照有关法律、行政法规规定给予行政处罚；造成他人损失的，依法承担赔偿责任；构成犯罪的，依法追究刑事责任：（一）企业未按照本条例规定的期限公示年度报告或者未按照工商行政管理部门责令的期限公示有关企业信息的；（二）企业公示信息隐瞒真实情况、弄虚作假的。""被列入经营异常名录的企业依照本条例规定履行公示义务的，由县级以上工商行政管理部门移出经营异常名录；满 3 年未依照本条例规定履行公示义务的，由国务院工商行政管理部门或者省、自治区、直辖市人民政府工商行政管理部门列入严重违法企业名单，并通过企业信用信息公示系统向社会公示。被列入严重违法企业名单的企业的法定代表人、负责人，3 年内不得担任其他企业的法定代表人、负责人。""企业自被列入严重违法企业名单之日起满 5 年未再发生第一款规定情形的，由国务院工商行政管理部门或者省、自治区、直辖市人民政府工商行政管理部门移出严重违法企业名单。"

简单叠加，更反映了行为主体意志层面的“恶”的惯性。

与旧机制相比较，新机制遏制住了之前的扩张冲动，严重违法失信的认定被严格限定在“违反工商行政管理法律、行政法规”的情形，分类监管措施的配置也被压缩至非常有限的范围，关于信息共享和联合惩戒的问题也只是作出了原则性的规定。这样处理的目的应是为了避免受到合法性质疑。但从信用监管机制本身的发展要求来看，这无疑是一种退缩，但这种退缩可以归于上位法的缺失。这再次说明，在信用监管机制的构建过程中，政府作为信用评价的主体，始终都会面对“合法性”的挑战，包括从评价主体的权力边界、信用信息的获取途径、评价标准的设定、监管措施的配置等方面可能提出的合法性挑战。如果没有符合《立法法》规定的立法权限范围内的法律依据，合法性难题始终都是绕不开的。

在产品质量监管领域，早在 2012 年 2 月，国务院印发的《质量发展纲要（2011—2020 年）》就明确指出，政府加强质量监督管理的一项重点任务是推进质量诚信体系建设。“质量诚信体系建设属于社会信用体系建设中商务诚信领域的诚信体系建设范畴。”质量诚信体系建设是以产品生产企业和提供商业化服务的企业建立自律性质量诚信管理机制为主体，以用户、消费者及消费者保护类组织和政府监管部门作为参与方形成质量诚信体系的外部监督机制为补充。“企业质量诚信管理是对企业质量管理体系的补充和完善。”① 国家质检总局、国家标准化管理委员会发布了国家标准《企业质量诚信管理实施规范》（GB/T 29467—2012）。为进一步加强质量诚信体系建设，推进企业建立质量诚信自律机制，2013—2014 年，国家质检总局又联合各省（自治区、直辖市）质量技术监督局，连续两年在全国范围内组织动员企业主动发布企业质量信用报告。

我国 2009 年 6 月 1 日起施行的《中华人民共和国食品安全法》第七十九条就明确地在食品安全领域引入了信用监管机制，要求县级以上各主管部门建立“食品生产经营者食品安全信用档案”，以“记录许可颁发、日常监督检查

---

① 周莉．《企业质量诚信管理实施规范》解读［J］．中国质量技术监督，2014（4）：18-21.

结果、违法行为查处等情况”，并“对有不良信用记录的食品生产经营者增加监督检查频次”。虽然，这是我国食品安全领域信用监管机制的最简单版本，但它具备了信用档案与分类监管这两个最基本的制度要素。2015 年 10 月《食品安全法》的修订版施行，该法有两个条文涉及食品安全信用监管，第一百一十三条是对原第七十九条的修订，增加了“依法向社会公布并实时更新”食品安全信用档案和“对违法行为情节严重的食品生产经营者，可以通报投资主管部门、证券监督管理机构和有关的金融机构”的规定。新增加的第一百一十四条，针对存在食品安全隐患且未及时采取措施消除的食品生产经营者，引入了“责任约谈”这种新的监管方式，并明确规定“责任约谈情况和整改情况应当纳入食品生产经营者食品安全信用档案”。这个相对较为复杂的版本，扩展了信用档案的记录范围，意识到了信用信息公示本身所具有的影响力，在分类监管上新增“严重违法”的类型，并针对性地配置了真正具有“信用约束”效应的措施。这说明，全国人大常委会对信用监管机制已经具有了最基本但却最核心的认识和了解。

2016 年 8 月，国家食品药品监管总局发布《食品安全信用信息管理办法》，这是食品安全领域的第一个专门的信用管理部门规章。虽然，“食品安全信用信息”比“食品安全信用档案”的语义范围更加广泛，但这并不影响《食品安全法》为该部门规章所提供的立法依据的充分性。这部规章明确了食品安全信用信息系统的建设职责分工，食品安全信用信息的涵盖范围的规定，体现了对《食品安全法》第一百一十三条、第一百一十四条规定的广义理解，行政处罚信息并不局限于食品安全管理的职能范围。[①] 但是，对于其他政府部

① 《食品安全信用信息管理办法》第五条：“食品安全信用信息包括食品生产经营者基础信息、行政许可信息、检查信息、食品监督抽检信息、行政处罚信息等。”第六条：“食品生产经营者基础信息包括食品生产经营者名称、地址、法定代表人（负责人）、食品安全管理人员姓名、身份证号码等信息。”“行政许可信息包括食品生产经营者许可、许可变更事项等应当公示的各项许可事项相关信息。”“检查信息包括日常检查、专项检查、飞行检查和跟踪检查发现问题、整改情况及责任约谈等信息。”“食品监督抽检信息包括合格和不合格食品的品种、生产日期或批号等信息，以及不合格食品的项目和检测结果。”“行政处罚信息包括食品生产经营者受到的行政处罚种类、处罚结果、处罚依据、作出行政处罚的部门等信息，以及作出行政处罚决定的部门认为应当公示的信息。”

门作出行政处罚的信息，并未规定明确的归集机制，归集责任没有落实到人。

在信息公开问题上，2015 年修订的《食品安全法》明确规定“依法向社会公布并实时更新”，2007 年的《政府信息公开条例》明确将“环境保护、公共卫生、安全生产、食品药品、产品质量的监督检查情况”作为主动公开信息中的“重点公开”信息，《企业信息公示暂行条例》也已经将企业注册信息作为公开信息来对待，根据《食品安全信用信息管理办法》的规定，“属于主动公开范围的食品安全信用信息，应当按总局规定及时予以公开。法律法规另有规定的，从其规定”。这意味着，只有属于“应当主动公开的”食品安全信用信息，才会予以公开，而哪些属于“应当主动公开”的信息，并未有明确的规定，这导致了信息公开问题上很大的不确定性，《食品安全法》希望通过信息公开来强化监管的目标也受到了影响。

信用信息共享和应用问题上，《食品安全信用信息管理办法》的规定也十分简单，甚至其具体化程度与可操作性还不如《食品安全法》的规定。[①] 国务院 2019 年 12 月施行的修订后《食品安全法实施条例》第六十六条，明确了国务院食品安全监督管理部门的两项重要职责，即“会同国务院有关部门建立守信联合激励和失信联合惩戒机制”和“结合食品生产经营者信用档案，建立严重违法生产经营者黑名单制度，将食品安全信用状况与准入、融资、信贷、征信等相衔接，及时向社会公布”的职责。食品安全信用监管体系建设，是一个简单到复杂的过程，虽然制度要素方面渐渐丰满、完整，但是在实施机制上还有待更加具体、更具可操作性的规则，有些问题可能只是制度设计者的主观努力不足，比如信息公开的问题；但有些问题仍然是社会信用立法所面临的瓶颈问题、共性问题，尤其是联合惩戒机制的问题，上位法根据的缺失，严重遏制了制度建设者的权力空间，造成社会信用法律制度建设的碎片化。

（二）纳税信用管理体系的进一步完善

税务领域信用建设是“商务诚信建设”这一重点领域中的一项具体内容，

---

① 《食品安全信用信息管理办法》第十二条：“县级以上地方食品药品监督管理部门应当对检查、抽检发现问题并作出处罚的食品生产经营者增加检查和抽检频次，并依据相关规定，将其提供给其他相关部门实施联合惩戒。”第十三条：“县级以上食品药品监督管理部门根据本行政区域信用征信管理的相关规定，向有关部门提供信用信息。”

《规划纲要》对此提出了一系列的建设要求，包括："建立跨部门信用信息共享机制。开展纳税人基础信息、各类交易信息、财产保有和转让信息以及纳税记录等涉税信息的交换、比对和应用工作。进一步完善纳税信用等级评定和发布制度，加强税务领域信用分类管理，发挥信用评定差异对纳税人的奖惩作用。建立税收违法黑名单制度。推进纳税信用与其他社会信用联动管理，提升纳税人税法遵从度。"国家税务总局 2014 年 7 月发布《纳税信用管理办法（试行）》，突破职责范围限制，[①] 纳税信用评价的指标包括税务内部信息和外部评价信息，外部信息包括外部参考信息和外部评价信息。外部参考信息包括评价年度相关部门评定的优良信用记录和不良信用记录；外部评价信息是指从相关部门取得的影响纳税人纳税信用评价的指标信息。外部信息主要通过税务管理系统、国家统一信用信息平台、相关部门官方网站、新闻媒体或者媒介等渠道采集。《纳税信用管理办法（试行）》更加重视夯实纳税信用评价的合法性基础，一改之前直接将有涉税犯罪嫌疑的确定为最低信用等级的做法，明确规定只有"经判决构成涉税犯罪的"才能定为 D 级，而且将"因涉嫌税收违法被立案查处尚未结案的；被审计、财政部门依法查出税收违法行为，税务机关正在依法处理，尚未办结的；已申请税务行政复议、提起行政诉讼尚未结案的"三种情形排除在本期评价之外。在评价结果公示共享问题上，《纳税信用管理办法（试行）》改变了旧规章较为保守的做法，依据"分级分类原则，依法有序开放"，明确规定："主动公开 A 级纳税人名单及相关信息；""根据社会信用体系建设需要，以及与相关部门信用信息共建共享合作备忘录、协议等规定，逐步开放 B、C、D 级纳税人名单及相关信息。"针对重大税收违法案件信息，国家税务总局另行制定《重大税收违法案件信息公布办法（试行）》，就案件标准、信息公布的内容和方式作出了明确的规定。在内部实施分类管理的同时，对于 D 级纳税人，"将纳税信用评价结果通报相关部门，建

---

① 2003 年的《纳税信用等级评定管理试行办法》规定纳税信用等级的评定内容为纳税人遵守税收法律、行政法规以及接受税务机关依据税收法律、行政法规的规定进行管理的情况，包括税务登记、纳税申报、账簿、凭证管理、税款缴纳和违反税收法律、行政法规行为处理的情况。

议在经营、投融资、取得政府供应土地、进出口、出入境、注册新公司、工程招投标、政府采购、获得荣誉、安全许可、生产许可、从业任职资格、资质审核等方面予以限制或禁止；税务机关与相关部门实施的联合惩戒措施，以及结合实际情况依法采取的其他严格管理措施。”国家税务总局制定的《纳税信用评价指标和评价方式（试行）》于2014年10月1日起施行。国家税务总局办公厅2015年8月发布《关于落实国务院统一社会信用代码建设方案调整相关信息系统的通知》，规定自2015年10月1日起，新登记注册的法人和其他组织的纳税人识别号采用统一社会信用代码，为建设全国统一的信用信息平台、加快推进信用信息共享提供了技术上的可能性。2015年12月，国家税务总局发布《关于明确纳税信用管理若干业务口径的公告》，就纳税信用管理的适用范围、信息采集、起评分、评价范围、名单发布等作出了更具可操作性的规定，为纳税信用管理机制的有效实施提供了制度保障。

2014年12月，国家发展改革委、国家税务总局等21家国家机关、事业单位和社会团体联合签署《关于对重大税收违法案件当事人实施联合惩戒措施的合作备忘录》，就阻止出境、限制担任相关职务、金融机构融资授信参考、禁止部分高消费行为等一系列惩戒措施的适用情形、法律和政策依据、实施部门、操作程序作出了明确的规定。2016年7月，国家发展改革委和国家税务总局牵头，联合其他27个单位签署了《关于对纳税信用A级纳税人实施联合激励措施的合作备忘录》。2017年12月，国家税务总局出台《涉税专业服务信用评价管理办法（试行）》。2018年2月，国家税务总局发布《关于纳税信用评价有关事项的公告》，将“从首次在税务机关办理涉税事宜之日起时间不满一个评价年度的企业”纳入信用评价的范围，并“增设M级纳税信用级别，纳税信用级别由A、B、C、D四级变更为A、B、M、C、D五级”。2019年8月，国家发展改革委办公厅、税务总局办公厅联合发布《关于加强个人所得税纳税信用建设的通知》，提出了以个人所得税申报信用承诺制为基础建立健全个人所得税纳税信用记录和自然人失信行为认定机制以及完善守信联合激励和失信联合惩戒机制的具体目标，并规定了较为具体的失信修复规则。2019年11月，国家税务总局发布《关于纳税信用修复有关事项的公告》，并配套出台《纳税信用修复范围及标准》，纳税人补办相关手续、缴纳或补缴相应税款、滞纳金和罚款、依法解除非正常户状态的，可以申请信用修复。至此，以信用评价为核心、以更广范围信用信息共享为基础，分类管理与联合奖惩并举，并配套了相应的信用修复机制，国家税务总局主导构建的“纳税涉税信用管理体系”完整地覆盖了税务行政管理的全部领域，成为行业信用管理体系建设的一个范本。

（三）证券期货市场诚信监督管理制度的发展与进步

早在2008年，中国证监会就启动了证券期货市场诚信档案数据库的建设工作，失信行为信息包括行政处罚、市场禁入、纪律处分、监管措施、司法裁决、立案调查、刑事侦查七大类别，涵盖了证监会监管执法和交易所、协会等单位自律管理的大部分工作内容。① 2011年，中国证监会升级证券期货市场诚信档案数据库系统，在主要记录市场机构和人员因违法违规被采取处罚处理和自律管理措施两大类负面信息的基础上，进一步扩大诚信信息的覆盖面，并开始与中国人民银行征信系统实现联网共享。2012年9月1日，中国证监会开始施行《证券期货市场诚信监督管理暂行办法》，该文件是第一部专门适用于我国资本市场的诚信监管行政规章。2018年7月，中国证监会出台《证券期货市场诚信监督管理办法》，扩大了纳入诚信档案的信息主体范围和诚信信息的范围。2020年3月，中国证监会根据最新修订的《证券法》的规定，对《证券期货市场诚信监督管理办法》进行了修正。②

由于证券期货市场本身的复杂性及其向其他经济、社会生活领域的辐射能力，参与证券期货市场活动的主体范围十分广泛，而且具有很强的流动性。在

① 2008年11月14日，中国证监会召开“证券期货市场诚信建设暨诚信档案启动运行工作会议”。中国证监会主席尚福林指出，证券期货市场建立以来第一个统一的诚信档案启动，标志着证券期货市场诚信建设迈上了新的台阶。

② 本次修正内容为：第八条增加一项，作为第（八）项，即违反《证券法》第一百七十一条的规定，由于被调查当事人自身原因未履行承诺的情况。第十五条第一款增加一项，作为第（六）项，即“经责令改正仍逾期不履行《证券法》第八十四条规定的公开承诺”；增加一款作为第三款，即中国证监会对有第（五）、（六）项情形的市场主体，统一归集至全国信用信息共享平台安排公示的，按照相关规定办理。

适用范围问题上，与 2012 年《证券期货市场诚信监督管理暂行办法》相比较，《证券期货市场诚信监督管理办法》适用的领域，从主板市场扩展到了创业板、新三板、私募基金、区域股权、资产支持证券、债券、期货等市场与领域，除传统的交易活动外，还将融资融券、债券质押回购、约定购回等融资等交易活动都囊括其中，实现了新领域、新活动、新主体的全覆盖。这次修订“表明我国资本市场管理进入到以信用为核心的新时代”。①

《证券期货市场诚信监督管理办法》适用的机构范围，既包括上市公司和其他层次资本市场挂牌企业等融资主体，也包括投资机构和服务机构；所适用的服务机构，既包括会计师事务所、律师事务所、保荐机构、财务顾问机构、资产评估机构、投资咨询机构、信用评级机构、基金服务机构、期货合约交割仓库以及期货合约标的物质量检验检疫机构以及提供存管、托管业务的商业银行等直接参与证券期货交易过程的专业服务机构，也包括“为证券期货业提供信息技术服务或者软硬件产品的供应商”和“为发行人、上市公司、全国中小企业股份转让系统挂牌公司提供投资者关系管理及其他公关服务的服务机构”等间接参与证券期货市场活动的机构，甚至包括证券期货传播媒介机构等可能影响证券期货市场的机构。适用的人员范围，既涵盖了证券期货领域的专业从业人员，也涵盖了证券期货市场投资者、交易者，还包括证券发行人和资本市场挂牌企业的董事、监事、高级管理人员、主要股东、实际控制人以及各种投资机构、专业服务机构和中介机构的投资管理人员和代表。

与适用的机构和人员范围的广泛性相对应，根据《证券期货市场诚信监督管理办法》收集和管理的诚信信息也十分广泛。首先，诚信信息是违背诚实信用原则的行为信息，以负面信息为主。正面信息仅包括省部级主管部门和全国性证券期货市场行业组织作出的表彰、奖励、评比信息；中国证监会及其派出机构作出的行政许可决定；公开承诺已如期履行的情况。其次，2012 年《证券期货市场诚信监督管理暂行办法》所规定的负面信息主要局限于违法违

① 吴晶妹．证监会新修订市场诚信监督办法取得四大突破［N］．证券时报，2017-12-19（A03）．

规类信息，其他只包括“发行人、上市公司、全国中小企业股份转让系统挂牌公司及其主要股东、实际控制人，董事、监事和高级管理人员，重大资产重组交易各方，及收购人未履行或未如期履行公开承诺”的情形。《证券期货市场诚信监督管理办法》则不仅扩大了违法违规信息的范围，而且大大扩展了违反承诺、违约的情形。① 再次，《证券期货市场诚信监督管理办法》规定的违法违规信息，既包括因违法违规而承担行政责任的情形，也包括受到内部处分的情形。违法违规信息中，既包括有明确结论性依据的情形，也包括因涉嫌违法而被调查及采取强制措施、涉嫌犯罪被移送处理的情形。最后，违反承诺与违约类的负面信息，除了上述提到的发行人或资本市场挂牌企业、重大资产交易方、收购人未履行或未如期履行公开承诺的情形和因违约而被判决承担较大民事赔偿责任的情形以外，2018 年《证券期货市场诚信监督管理办法》增加了三种情形，即拒不履行已达成的证券期货纠纷调解协议；债券发行人未按期兑付本息等违约行为、担保人未按约定履行担保责任；融资融券、转融通、证券质押式回购、约定式购回、期货交易等信用交易中的违约失信信息。2020 年 3 月的修正版又增加了一种情形，即“违反《证券法》第一百七十一条的规定，由于被调查当事人自身原因未履行承诺的情况”。根据《证券法》第一百七十一条的规定，在涉嫌违法的调查过程中，被调查人向调查机构作出主动纠正违法、赔偿损失、消除影响的承诺以换取中止调查。因此，在这种情况下，如果被调查人因自身原因不履行承诺，不仅会导致调查程序的恢复，而且这种不履行承诺本身会被作为一种负面信息记入诚信档案。

宽泛的信息主体范围，多元的诚信信息类型，不仅在技术上提出了不少挑战，管理上也需要一个强有力的配套机制。面对技术和管理上的难题，《证券期货市场诚信监督管理办法》在信用信息（与诚信信息同义）的收集、公开、

① 从证监会自己的统计口径来看，违法失信行为包括市场违法失信行为、内控管理违法失信行为、业务经营违法失信行为、市场交易违法失信行为和其他违法失信行为。《证监会通报 2018 年证券期货市场诚信情况》指出：“从违法失信行为情况看，市场违法失信行为中信息披露违法失信行为仍然高居首位，占比 50.1%，内控管理违法失信行为占比 18.4%，业务经营违法失信行为占比 16.4%，市场交易违法失信行为占比 13.8%，其他违法失信行为占比 1.3%。上市公司责任主体的违法失信行为主要是信息披露违法。”

应用方面的制度建设，既有缺点，也有亮点。

首先，《证券期货市场诚信监督管理办法》规定了信息主体主动申报信息、负有采集职责的机构提供信息、公开途径采集。总体来看，这种规定方式的简单程度与其所面临的信息收集问题的难度很不相称。事实上，该办法关于信息收集的规定确实存在着不少缺点。主动申报的情形一般只能解决正面信息的采集问题。违法违规类信息的采集问题，通过明确负有采集职责的机构及其采集和记入诚信档案的职责，也确实能够得到有效的解决。违反公开承诺与违反向中国证监会及其派出机构的承诺，这两种信息的收集都明确由中国证监会及其派出机构负责，从技术上来说，因为后者是发生在中国证监会及其派出机构主导的调查程序中的，被调查人是否履行承诺会被及时发现。然而，向市场作出的公开承诺是由信息主体主动披露的，如果存在一个即时的跟踪检测系统，及时地对公开承诺的内容与实际的状态进行比对，或者存在一个强大的举报机制，能够及时地将不履行公开承诺的信息反馈给中国证监会及其派出机构，那么，不履行公开承诺的信息收集也不会成为一个难题。这意味着，诚信监督管理机制与其他的证券期货市场监督管理机制一样，信息披露与违法违规行为的发现机制都是最核心的部分。这是证券期货市场的“信息本质”所决定的。信息不对称不仅困扰着市场交易方，也困扰着市场监管者。违约信息中，因违约被判决承担较大民事赔偿责任的信息是最容易被收集到的，尤其是在我国裁判文书网系统运行之后。因为实践中负责证券期货纠纷调解的是“证券期货监管机构、行业组织等发起设立、实际管理的调解组织”，所以，“拒不履行已达成的证券期货纠纷调解协议”的信息也是比较容易采集的。①对于“债券发行人未按期兑付本息等违约行为”，因为这种信息很容易被市场捕捉并迅速传播，所以，这种信息的采集也无须多虑。“融资融券、转融通、证券质押式回购、约定式购回、期货交易等信用交易中的违约失信信息”，已明确规定“由相关证券期货市场行业组织、证券期货经营机构采集并记入诚

① 《最高人民法院 中国证监督管理委员会关于在全国部分地区开展证券期货纠纷多元化解机制试点工作的通知》（法〔2016〕149号）。

信档案”，这应该是证券期货市场诚信档案建设中面临的最难的一个信息收集问题，既取决于交易过程本身的复杂程度以及交易方在信息披露（特别是负面信息披露）上的积极性，也取决于针对不同交易所采取的监管措施的合理性和有效性。总而言之，由于信息不对称问题相对于证券期货市场而言所具有的特别重要性，诚信档案建设制度保障不仅是考验信用立法与信用监管领域的创新，实际上也是对证券期货市场监管机制本身的重大考验。

其次，根据2012年《证券期货市场诚信监督管理暂行办法》的规定，一般违法失信信息，在诚信档案中的效力期限为5年，但因证券期货违法行为被行政处罚、市场禁入、刑事处罚的违法信息，其效力期限为10年。该规定第一次提出了失信信息的“效力期限”这个概念。2018年《证券期货市场诚信监督管理办法》进一步明确了效力期限届满的意义，即“超过效力期限的违法失信信息，不再进行诚信信息公开，并不再接受诚信信息申请查询”，当然，信息主体申请查询自己信息的除外。一般违法失信信息效力期限调整为3年，情形较为严重的违法失信信息效力期限调整为5年。这个调整可能受到了《征信业管理条例》的立法影响。① 根据期限届满的法律效果表现，不公开、不接受查询，并不意味着该信息消失了，只是对于公众而言，获得信息的难度增加了，即使信息会被复制、传播而可得，但信息的权威性证明已经无法获得了。但是，《证券期货市场诚信监督管理办法》关于违法失信信息效力期限的规定，并未区分企业信息和个人信息，也未区分应当公开的信息和可以不公开的信息。这会导致法律适用的冲突。《征信业管理条例》仅就个人不良信息规定了保存的期限，目的是为了防止个人信用评价受到5年前的信息的影响，②

① 《征信业管理条例》第十六条第一款：“征信机构对个人不良信息的保存期限，自不良行为或者事件终止之日起为5年；超过5年的，应当予以删除。”

② 特别是考虑到《证券期货市场诚信监督管理办法》关于“查询义务”的规定，“效力期限”规定的这种法律效果就尤为明显。比如，《办法》第三十五条的规定：“证券登记结算机构、证券公司、期货公司等机构在为投资者、客户开立证券、期货相关账户时，应当查询投资者、客户的诚信档案，按照规定办理相关账户开立事宜。”据此，如果3年前、5年前的违法失信信息因效力期限届满而无法被查询到，此时请求办理相关账户开立的投资者、客户就不会受到这种违法失信信息的影响了。

立法者的假设是这种信息过于陈旧，不应该作为个人信用评价的信息基础。虽然这种信息事实上仍然具有“利用的价值”，但是，与个人不同的是，企业的生命周期在逻辑上是无限的，企业成长中的每一步，对于企业信用状况的评价都具有相应的价值，如何对待陈旧的信息，理应交给信用评价主体自己去判断，法律上无须过多干预。而且，2019 年 5 月 15 日起施行的最新修订的《政府信息公开条例》明确“以公开为常态、不公开为例外”的基本原则，并未规定政府信息的保存期限或效力期限，《企业信息公示暂行条例》也没有作出这样的规定，而《证券期货市场诚信监督管理办法》所规定的多数违法失信信息属于政府信息，也属于企业信息，而且是两者都明确规定应予公开的信息。所以，如果效力期限届满后，这样的信息“不再公开”，会涉嫌违反前述两个信息公开方面的行政法规。因此，信用信息的效力期限或保存期限问题，理论上还有待进一步论证，以澄清法律应予特别规定的理由，提出并论证法律进行特别规定的最优方式。

再次，证券期货市场诚信监督管理机制，确实以诚信档案数据库建设为基础，但其最终目的并不只是做一个信息记录者和档案保管者，而是希望通过实施诚信约束、激励与引导，促进证券期货市场健康稳定发展。声誉约束是诚信约束的重要表现。证券期货市场诚信档案被广泛传播和利用，才能充分发挥诚信档案声誉约束的效应。《证券期货市场诚信监督管理办法》规定奖励表彰等正面信息、违反公开承诺、中国证监会及其派出机构作出的行政许可决定、行政处罚、市场禁入决定和采取的监督管理措施以及证券期货市场行业组织实施的纪律处分措施和管理措施等信息属于依法公开的信息。同时，还就严重违法失信市场主体专项公示进行了规定，这就是证券期货市场的“黑名单”制度。① 其他信息都属于申请查询才会提供的信息。《证券期货市场诚信监督管理办法》就发行人、上市公司查询拟任高管、重大交易对方、拟委托服务机构及人员以及投资机构和服务机构查询委托方及人员、拟任高管等方面的信息的查询条件和程序作出了明确的规定，并规定了授权同意规则。所有信息，一

① 《证券期货市场诚信监督管理办法》第十五条第一款。

律适用授权同意规则，可能与信息公开的职责相抵触，也与为鼓励诚信档案应用而作出的查询义务的规定相冲突。① 这样的规定确实可以增加诚信档案的应用场景，促进诚信信息的传播，提高诚信意识，有助于证券期货市场的重要交易主体在合同管理和人员聘任上更加规范、严谨。但是，如果没有足够的市场压力或法律实施层面的强制力，表面上相互冲突的规定，容易成为“脱法”的借口。如果交易对方或拟聘人员不同意也不主动提供诚信档案，发行人、上市公司、投资机构、服务机构会不会履行查询义务并据此选择拒绝交易，是不确定的。

最后，《证券期货市场诚信监督管理办法》构建了一个较为简单的信用分类管理机制。除了充分调动市场的积极性，扩大诚信档案的应用场景、提高应用效率之外，负有监管职责的主管部门自身如何充分利用诚信档案提高监管的效率，是另一个非常重要的问题。该管理办法提出要对主要市场主体实施“诚信积分制度”以及“实行诚信分类监督管理”，中国证监会及其派出机构在办理行政许可、证券期货市场行业组织在履行登记、备案、注册、会员批准等工作职责以及证券交易场所在依法审核公开发行证券及上市交易或挂牌转让申请的时候，必须“查阅申请人以及申请事项所涉及的有关当事人的诚信档案”。如果发现申请人以及申请事项所涉及的有关当事人有未履行或者未如期履行承诺的信息，或者有违法失信信息的，且该信息所反映的情形“属于法定不予许可条件范围的”，② 中国证监会及其派出机构应当依法作出不予许可的决定。这个规定解决了信用分类监管制度与行政许可制度之间的衔接问题，防止信用监管超越法定权限。同时，《证券期货市场诚信监督管理办法》还规定：“申请人以及申请事项所涉及的有关当事人的诚信信息虽不属于法定不予许可条件范围，但有关法律、行政法规和规章对行政许可法定条件提出诚实信

① 《证券期货市场诚信监督管理办法》第三十五条、第三十六条、第三十七条、第三十八条。

② 比如《证券法》第一百零三条关于不得担任证券交易所的负责人的情形的规定；第一百零四条关于不得招聘为证券交易所从业人员的情形的规定；第一百一十八条关于设立证券公司应当具备的条件就包括“主要股东及公司的实际控制人具有良好的财务状况和诚信记录，最近三年无重大违法违规记录；”“董事、监事、高级管理人员、从业人员符合本法规定的条件。”

用要求、作出原则性规定或者设定授权性条款的，中国证监会及其派出机构可以综合考虑诚信状况等相关因素，审慎审查申请人提出的行政许可申请事项。”这个规定是一个进步，反映了一种创新的尝试，希望通过扩大信用监管的授权范围，在信用评价上的综合性、灵活性要求与法律评价上的针对性、标准化要求之间进行权衡考量，以求正当化信用分类监管。这种思路也体现在中国证监会及其派出机构审查业务创新试点申请、进行行政处罚、实施市场禁入和采取监督管理措施的决策过程之中。

（四）其他领域社会信用法律制度建设的发展

在2014年之前，工程建设领域部门社会信用立法的主体是铁道部、交通运输部和水利部，分别针对铁路、公路和水运、水利等建设市场主体出台了相应的信用管理办法，初步构建了一套信用评价指标、信用等级、分类管理措施的制度体系。2014年以来，工程建设领域部门社会信用立法的发展主要体现在住房与城乡建设部2017年12月出台的《建筑市场信用管理暂行办法》，适用于房屋建筑和市政基础设施工程建设活动中建筑市场各方主体信用信息的认定、采集、交换、公开、评价、使用及监督管理。各方主体，既包括建设单位以及从事勘察、设计、施工、监理活动的企业，也包括注册建筑师、勘察设计注册工程师、注册建造师、注册监理工程师等注册执业人员。该暂行办法也构建了一个以部省两级分工为基础的管理体制，住房与城乡建设部更多是一个宏观指导机构，“省级建筑市场监管一体化工作平台”是建筑市场各方主体的信用信息认定、采集、审核、更新和公开的中坚力量，地方各级住房城乡建设主管部门都会将基本信息、优良信息和不良信息汇集到省级平台。各级主管部门分别负责与其他部门联系解决信用信息的互联互通问题，分别实施守信激励与失信惩戒措施，也分别根据所规定的条件各自制作并公布“建筑市场黑名单”。信用评价工作则由省级住房城乡建设主管部门负责，包括评价指标的制定和评价结果的应用。

2014年11月，国家发展改革委、交通运输部、商务部、国家铁路局、中国民用航空局、国家邮政局、国家标准委联合发布《关于我国物流业信用体系建设的指导意见》，物流信用服务机构培育和监管、信用记录建设共享和应用、建立守信激励和失信惩戒机制、完善物流信用法律法规和标准、企业诚信制度建设和行业诚信文化建设、政务诚信建设、发挥行业协会作用等提出了原则性的意见和建议，并就专业物流领域信用建设试点工作的开展做出了较为明确的部署，提出将选择冷链物流、危险品物流、汽车物流等条件相对成熟的物流领域开展信用建设试点。交通运输部 2015 年 5 月发布了《关于加强交通运输行业信用体系建设的若干意见》，要求“根据法律和行政法规规定，及时将较为成熟的信用记录、档案、评价、监督、奖惩、应用等机制及信用信息采集、共享、公开、管理等制度写入相应的法规规章，逐步完善交通运输行业信用体系建设制度。”同时，该意见还提出“结合行业特点，分领域制定信用评价办法及评价标准”“建立行业统一的信用等级”“建立完善交通运输行业失信行为目录”等具体任务。2017 年 9 月交通运输部办公厅出台《水路运输市场信用信息管理办法（试行）》，明确了水路运输市场从业单位及有关从业人员的信用信息归集、共享、应用规则，确定由国务院交通运输主管部门组织制修订全国水路运输市场信用信息管理规章制度和相关标准以及建立和完善部级水路运输市场信用信息管理系统，就良好行为信息、失信行为信息的内容和严重失信行为的认定标准和程序作出了明确的规定。①

三、信用服务市场培育与规制的制度发展

《规划纲要》将培育和规范信用服务市场作为社会信用体系运行机制的一个组成部分，具体内容包括：发展各类信用服务机构、推进并规范信用评级行业发展、推动信用服务产品广泛运用、建立政务信用信息有序开放制度、完善信用服务市场监管体制、推动信用服务机构完善法人治理、加强信用服务机构自身信用建设、加强信用服务行业自律。但是，相比部门主导的信用监管体系建设和联合奖惩机制建设，信用服务市场培育与规制的制度建设成果不是很丰富。

征信机构是信用服务机构的主力军。《征信业管理条例》出台之后，中国

① 《水路运输市场信用信息管理办法（试行）》第八条、第九条、第十条。

人民银行征信中心是我国公共征信机构的主体，覆盖全国的、集中统一的金融信用信息基础数据库建设有了巨大的发展。截至 2020 年 7 月末，全国共有 22 个省（市）的 133 家企业征信机构在中国人民银行分支行完成备案。① 虽然《征信业管理条例》已经明确了个人征信机构设立条件与审批程序，但是，我国个人征信业务的市场化进展缓慢。2015 年 1 月，中国人民银行印发《关于做好个人征信业务准备工作的通知》，要求八家机构做好个人征信业务的准备工作。② 为贯彻落实习近平总书记关于建立覆盖全社会的征信系统和推动实施国家大数据战略的重要讲话精神，在总结个人征信业务试点经验的基础上，中国人民银行指导 8 家市场机构联合中国互联网金融协会，组建了百行征信有限公司。2018 年 1 月 31 日，中国人民银行向百行征信有限公司发放个人征信牌照。百行征信有限公司成为我国第一家持有个人征信牌照的市场化个人征信机构。这是防范系统性金融风险的新举措，是互联网金融整顿的新成果，是征信领域发挥“政府+市场”双轮驱动的新优势，是加强个人信息保护的新闸口，是降低社会交易成本、服务实体经济、改善普惠金融、提高社会信用服务水平的新设施，是个人征信领域强强联合的新范式。征信市场格局迈入了一个新的阶段。

《规划纲要》指出“培育发展本土评级机构，增强我国评级机构的国际影响力”“规范发展信用评级市场，提高信用评级行业的整体公信力”的具体建设要求。然而，监管缺失和多头监管问题，一直是我国信用评级市场存在的突出问题。③ 在信用评级市场开放、简政放权和评级市场化发展的背景下，如何构

---

① 中国人民银行征信管理局．全国企业征信机构备案数量［EB/OL］．（2020-08-07）［2020-10-29］．http：//www.pbc.gov.cn/zhengxinguanliju/128332/128352/2875623/index.html.

② 这八家机构是：芝麻信用管理有限公司、腾讯征信有限公司、深圳前海征信中心股份有限公司、鹏元征信有限公司、中诚信征信有限公司、中智诚征信有限公司、拉卡拉信用管理有限公司、北京华道征信有限公司。

③ “从 1992 到 2003 年，我国金融业逐渐确立了分业经营、分业监管的格局，债券市场的管理被分割为三家：银行间债券市场管理归属于中国人民银行；公司债券管理归属于证监会；企业债券业务由发改委负责管理。对信用评级行业的监管也呈现出多主体、多层次的模式，这一点集中体现在不同的监管主体各自负责评定、发布允许市场准入的信用评级机构名单。”引自刘凤．我国信用评级行业监管问题研究［J］．西南金融，2017（8）：72-76.

建我国的信用评级监管构架和模式，也已成为金融稳定发展的重要议题。为了规范信用评级活动、保护当事人合法权益、促进信用评级业健康发展，2016 年 10 月，中国人民银行会同国家发展改革委、中国证券监督管理委员会起草了《信用评级业管理暂行办法（征求意见稿）》。2019 年 12 月 26 日，中国人民银行、国家发展改革委、财政部、中国证券监督管理委员会联合制定的《信用评级业管理暂行办法》开始施行。该文件明确了信用评级与信用评级业务的定义，① 采取了行业管理与业务管理分离的监管模式，确定中国人民银行是信用评级行业主管部门，发展改革委、财政部、证监会为信用评级业务管理部门。行业主管部门负责制定行业准入规则与行业发展政策，主管信用评级机构及其分支机构设立、退出的备案审查工作。信用评级行业主管部门和业务管理部门都有权根据《信用评级业管理暂行办法》规定的信用评级程序及业务规则、独立性要求和信息披露要求，履行对信用评级机构的监督管理职责，就备案信息与实际情况的一致性；信用评级业务与评级模型、程序、方法的一致性；内部管理情况；独立性管理情况；信息披露情况；执行信用评级行业主管部门、业务管理部门信用评级管理规定情况；以及信用评级行业主管部门、业务管理部门认为有必要检查的其他内容进行现场检查。此外，信用评级行业主管部门、业务管理部门，都应在各自职责范围内，分别建立信用评级机构信用档案和信用评级机构高级管理人员信用档案，并将信用评级机构及高级管理人员信用档案信息、评级业务信息、检查及行政处罚等信息纳入全国信用信息共享平台；都应建立信用评价机制，定期对信用评级机构及信用评级从业人员的违法失信行为等开展信用评价，并将信用评价结果纳入信用评级机构信用档案。对信用评价较低的信用评级机构，可以采取向市场公开通报等惩戒措施。信用评级行业主管部门还应会同业务管理部门健全守信联合激励和失信联合惩戒机制，建立信用评级机构及信用评级从业人员“失信联合惩戒对象名单”管理制度，并根据失信严重程度采取不同惩戒措施，情节严重的，可依法依规实施暂停业务或市场禁入措施。②

① 《信用评级业管理暂行办法》第二条第二款和第三款。

② 《信用评级业管理暂行办法》第七条、第六十二条。

政务信息的开放，是信用服务市场发展的一个重要条件。《规划纲要》规定明确政务信用信息的开放分类和基本目录，有序扩大政务信用信息对社会的开放，优化信用调查、信用评级和信用管理等行业的发展环境。2019 年 4 月 3 日，国务院公布了修订后的《政府信息公开条例》，“以公开为常态、不公开为例外”被确立为行政机关公开政府信息应当坚持的一项基本原则。目前，以中国人民银行征信中心为主体的公共征信系统、以《企业信息公示暂行条例》为依据的国家企业信用信息公示系统和国家公共信用信息中心主办的信用中国网站构成了我国国家层面的三大公共信用信息平台，初步实现了《规划纲要》提出的“以信用信息资源共享为基础的覆盖全社会的征信系统基本建成”的目标。但是，政务信用信息的交换与共享、政务信用信息系统与征信系统间的信息交换与共享机制的构建，还需要从制度与标准基础的夯实、管理与技术支撑的强化等方面继续努力。

《规划纲要》指出，要推动信用服务产品广泛运用，拓展信用服务产品应用范围，加大信用服务产品在社会治理和市场交易中的应用。作为社会信用体系建设联席会议的牵头单位，国家发展改革委在《规划纲要》颁布之后，为培育和发展信用服务市场，推动信用服务产品开发创新和广泛运用，激发信用服务市场活力做了大量的工作。2014 年 10 月，国家发展改革委发布《关于贯彻落实社会信用体系建设规划纲要 加强当前社会信用体系建设的通知》，强调要深化信用记录和信用报告应用在行政管理事项中广泛使用信用记录和信用报告，加快建立在招标投标领域、政府采购、公共资源交易、政府资金补助等重点领域使用第三方信用服务机构出具的信用报告相关制度。针对重点行业领域社会信用体系建设，国家发展改革委联合相关部门发布了一系列行业信用体系建设的指导意见，特别强调信用服务机构参与行业信用体系建设的意义及具体路径，比如《关于我国物流业信用体系建设的指导意见》中，就明确要求“加强物流信用服务机构培育和监管在保障信息安全的前提下向社会信用服务机构有序开放。同时，鼓励社会信用服务机构、行业协会结合物流业实际，发挥自身优势，加强信用记录建设，逐步形成覆盖物流业所有法人单位和个体经营者的信用信息档案物流相关政府部门要带头在履职过程中使用信用记录和信用报告”。《关于全面加强电子商务领域诚信建设的指导意见》则更明确地提出，要“引导和规范征信机构依法采集、整合电子商务领域交易主体信用信息”“支持信用服务机构以需求为导向，依法采集电子商务平台、交易主体及其物流等相关服务企业的信用信息，加大信用产品研发力度，提供信用调查、信用评估、信用担保、信用保险等信用产品和服务”。《关于加强交通出行领域信用建设的指导意见》就信用服务机构参与行业信用信息平台建设、采集和使用信用信息、开发行业领域信用产品等提出明确的政策导向。2018 年 2 月，国家发展改革委办公厅发布《关于充分发挥信用服务机构作用 加快推进社会信用体系建设的通知》，明确提出“信用服务机构是社会信用体系建设的重要力量。社会信用体系建设的大发展离不开信用服务机构和信用服务市场的大发展”。此外，在部门主导构建的信用监管制度体系中，越来越多的部门将第三方评价及其应用纳入其中。交通运输部《关于加强交通运输行业信用体系建设的若干意见》明确提出“注重发挥市场机制作用，鼓励和调动社会力量广泛参与信息系统建设和第三方评价应用”。“发挥行业学会协会等中介组织作用，引导和规范第三方机构参与信用评价。”《建筑市场信用管理暂行办法》第十九条第二款规定“鼓励第三方机构开展建筑市场信用评价”。

四、小结

党的十八大以来，我国最高立法机构的立法和修法活动，大量加入“信用”的元素，先后在 20 余部立法修改中明确规定了与信用密切相关的内容，具体有五种方式，即：（1）规定了国家促进信用体系和信用制度建设的内容；[①]（2）规定了国家支持或鼓励信用服务市场发展的内容；[②]（3）规定政府

---

① 这主要体现在《中小企业促进法》第七条和《电子商务法》第三条的规定中。相对而言，《电子商务法》规定较为简单，仅规定国家“推进电子商务诚信体系建设”。《中小企业促进法》第七条规定较为具体，即：“国家推进中小企业信用制度建设，建立社会化的信用信息征集与评价体系，实现中小企业信用信息查询、交流和共享的社会化。”

② 《电子商务法》第三十九条，《中小企业促进法》第二十三条、第四十六条。

建立信用管理系统的职责；[①]（4）规定相关行业协会的职责或权力中要求“建立会员信用档案”并将相关信息记入信用档案；[②]（5）规定主管部门实施信用管理的职责。其中，关于主管机关或部门实施信用管理的职责的规定，是最重要的方式，对于我国社会信用体系建设，尤其是行业主导的信用体系建设具有十分重要的作用，能够为相关行业部门社会信用体系建设和社会信用立法提供直接的法律依据。[③] 这种规定方式有两种不同的结构安排：一是将信用管理的内容规定在监督管理或具有相似性质的章节；二是规定在法律责任章节。这体现了立法者对信用管理的法律性质有着不同的理解。规定在监督管理或相似性质章节，意味着立法者将信用管理手段看作是一项管理方式，而非责任追究方式。这种理解更贴近日前我国对信用监管的性质的理解，即将信用监管作为一种具有创新性质的、区别于传统监管手段的管理方式，而非法律责任的简单延伸。此外，多数法律都明确了将相关信息记入或纳入信用记录或信用档案或其他信用信息系统的责任主体，明确应该记入或纳入信用信息系统的信息主要限于违法信息，并明确了这些信息应予公示的法律性质。这意味着，主管机关或部门向信用信息系统提供相关违法信息将成为一项普遍性的义务或职责。这也为未来的社会信用立法明确公共部门归集和公开公共信用信息的义务或职责提供了广泛的支持。国务院职能部门主导下展开的社会信用法律制度建设以及党的十八大以来立法修改中的信用元素，反映出了我国目前社会信用法律制度建设的碎片化特征。这种特征恰恰与信用信息互联互通的具体要求和社会信用体系建设“覆盖全社会”的目标之间存在着矛盾，这也是我国社会信用法律制度未来进一步发展、完善必须解决的问题。

---

① 《文物保护法》第五十七条第一款。

② 《资产评估法》第三十六条，《种子法》第五十一条，《食品安全法》第九条第一款，《广告法》第七条。

③ 《文物保护法》《网络安全法》《旅游法》《标准化法》《反不正当竞争法》《广告法》《外商投资法》《港口法》《消费者权益保护法》《商标法》《慈善法》《电影产业促进法》《食品安全法》《环境影响评价法》《土壤污染防治法》《民办教育促进法》这16部法律都规定了有关主管机关或部门实施信用管理的职责。

第三章 社会信用法体系

第一节 社会信用法体系概念

一、法的体系

所谓体系，泛指一定范围内或同类的事物按照特定秩序或内在联系组合而成的整体。体系可以帮助把握全局，也有利于建立体系内各个子系统的逻辑关系。社会信用体系建设最终要靠形成体系的法律规定作为基础保障和建立长效机制。社会信用法不仅要在我国法律体系中占据合适的位置，也必然要建立自己独特的子法律体系。

任何一个国家的法律，不论其表现形式如何，都具有一定的体系。但是，每个国家又因为其不同的历史传统、民族特点和文化发展水平，法的体系又往往表现出各自的特点。一国法的体系又与法的调整对象密不可分，“因为法的调整对象决定了法的特殊性质和特殊调整方法，因而也决定了法的部门的划分，以及法体系的变化发展”。①

我国法的体系按法律效力或位阶排列大致可以描述如下：宪法、法律、法律解释、行政法规、地方性法规、自治条例、单行条例和规章等。

社会信用法就是根据宪法要求而制定的基本法律制度，作为部门行政法规和地方性立法的指引。由此也可以看出社会信用法在我国法的体系中的位阶所在。在我国法的体系中，社会信用法应该是由全国人大制定的基本法律，② 是

---

① 颜俊．论法的规范体系［J］．当代法学，1991（4）：18-23，27.

② 根据《宪法》第六十二条的规定，基本法律只能由全国人民代表大会制定。

与民法、刑法或行政法相同位阶的法律。[①]

本书认为制定独立的社会信用法十分必要，同时也必须指出其他立法模式的不足。

（一）信用权立法模式的不足

主张信用权立法模式（以民法为本、其他单行法为辅的立法模式）的人士认为，“应该比较和借鉴西方国家信用利益的保护模式，采用民法典立法和单行立法直接保护方式。”“除此之外，我国还应积极借鉴美国和德国的经验，通过制定相应的信用单行法律和法规，细化和强化信用权的法律保护，构成一套体系严密、科学有效的社会信用制度体系”。[②] 我国《民法通则》第四条规定了诚实信用原则，已废止的《民法总则》和现行的《民法典》第七条又规定了诚信原则，体现出我国民法对诚信原则的高度重视。民法的诚信原则与社会信用存在基本联系，但不尽相同。诚实信用原则始于民法，“被奉为民法的最高原则，有‘帝王条款’之称”。[③] 但诚实信用原则也是处于变动状态之中，有人因此断言：诚实信用原则“不仅从道德上升为法律，而且从最初仅作为债之履行规则，扩展至私法上一切权利义务履行之规则，从仅仅规制当事人权利义务关系的法律原则，扩展至调整当事人与整个社会利益的平衡，现在已经延伸到公法领域。”[④] 能够支持这种观点的依据可以参照《中华人民共和国民事诉讼法》第十三条的“诚信原则”（即民事诉讼应当遵循诚实信用原则）。《民法典》有几个条文与社会信用有关，直接规定“信用”的有三个条文。一是《民法典》第一千零二十四条[⑤]，该条明确将对民事主体的“信用”的社

---

① 李凌志，梁永军．诚信建设，肩负着广大群众的期望：首都师范大学信用立法与信用评估研究中心主任石新中访谈实录［EB/OL］．（2018-08-01）［2020-03-15］．http：//www.cnu.edu.cn/jdxw/mtsj/153427.htm．

② 尚国萍．民法典编纂中信用权保护模式的立法选择［J］．河南师范大学学报（哲学社会科学版），2015（6）：51-56．

③ 郑雅方．论诚实信用原则［J］．当代法学，2003（8）：18-20．

④ 吴兆祥．论诚实信用原则在民法中的功能及适用［J］．山东审判，2017（2）：4-9，19．

⑤《民法典》第一千零二十四条规定：“民事主体享有名誉权。任何组织或者个人不得以侮辱、诽谤等方式侵害他人的名誉权”；“名誉是对民事主体的品德、声望、才能、信用等的社会评价”。

会评价，作为民事主体之“名誉”，纳入“名誉权”的保护之下。学界曾经提出的将“信用权”作为一项独立的民事权利的设想，并未为《民法典》所采纳。二是第一千零二十九条[①]，根据该条规定，民事主体对其他主体作出的“信用评价”，并不享有某种“支配性”的权利。该条只是从事后救济的角度为民事主体规定了提出异议的权利和请求采取更正、删除等必要措施的权利。该条既没有为民事主体“依法查询”信用评价提供法律基础，也没有就信用评价是否“不当”的判断提供任何标准。三是第一千零三十条[②]，根据该条规定，《民法典》关于“个人信息保护”的规定，并非调整“民事主体与征信机构等信用信息处理者之间的关系”的唯一法律规定。采用信用权立法模式，显然没有注意到这样一个事实：社会信用立法是涵盖公法与私法的特殊立法，尤其是作为法律的后盾——联合惩戒已经大大超出了民法责任的范畴。可见，虽然诚信原则已经从民法规定延伸到其他公法规定，虽然《民法典》的有些条文涉及社会信用，但是，以民法典为立法模式规范整个社会信用领域，显然不是一种理想的建议。

（二）数据保护法或个人信息保护法的不足

主张数据保护法或个人信息保护法立法模式的人士忽视了社会信用法适用范围上的广泛性和特殊性。社会信用法不仅涵盖四大重点领域（政务诚信、商务诚信、社会诚信和司法公信），而且涵盖社会信用信息平台、联合奖惩、信用修复和社会信用中介服务机构培养和监管。由此可见，数据保护法或个人信息保护法的立法模式显然范围过于狭窄，无法实现社会信用法的宏大使命。

（三）行业立法模式的不足

主张行业立法模式（美国模式）的人士则未能考虑社会信用体系建设中

---

① 《民法典》第一千零二十九条规定：“民事主体可以依法查询自己的信用评价；发现信用评价不当的，有权提出异议并请求采取更正、删除等必要措施。信用评价人应当及时核查，经核查属实的，应当及时采取必要措施。”

② 《民法典》第一千零三十条规定：“民事主体与征信机构等信用信息处理者之间的关系，适用本编有关个人信息保护的规定和其他法律、行政法规的有关规定。”

的政府主导作用。政府主导推动是我国社会信用体系建设的特色和亮点。况且，行业立法模式无法涵盖对个人与政府的信用监管。综合考虑社会信用法在现实需求与体系构成上的特殊性，最好的立法模式就是制定专门的社会信用立法。

二、社会信用法的体系

（一）社会信用法应当是人大制定的基本法律

在讨论社会信用法体系之前，应该先厘清社会信用法是指由全国人大及其常委会制定法律、由全国人大及其常委会授权国务院根据实际需要先制定行政法规，还是国务院根据宪法和法律制定行政法规。目前，主要有以下四种观点。

1. 强调制定一部法律

有学者考虑降低立法成本，提出我国社会信用立法应当采用集中立法模式，建议由全国人大制定一部专门的信用信息管理法。① 并且认为“制定一部中国的社会信用基本法（暂名“社会信用法”），系统构建信用建设的基本法律规则，已是当务之急”②。而其中一个重要考虑，就是通过专门立法来保障“黑名单”执行的法律环境。③

2. 强调行政法规为主和部门规章作补充

有学者在对比法律和行政法规的基础上，认为行政法规的立法程序相对简单、立法周期相对较短，进而提出国家层面进行规定时以行政法规为主，通过行政法规解决黑名单制度中的一些共性问题和基本问题，其他的问题留待地方立法或部门规章去解决。④

---

① 杨福忠．诚信价值观法律化视野下社会信用立法研究［J］．首都师范大学学报（社会科学版），2018（5）：57-67.

② 王伟．制定社会信用法刻不容缓［N］．学习时报，2016-10-06.

③ 孙倩，何坪华．中国食品安全黑名单制度的执行困境及完善建议［J］．世界农业，2017（2）：190-195.

④ 连建彬．市场监管视角下的黑名单制度研究［D］．苏州：苏州大学，2016.

3. 法律和行政法规均可

有学者关注对相对人权益的保护，认为立法要注重与《立法法》的衔接，主要关注《立法法》第八条和第八十二条。在没有法律、行政法规、地方性法规作为依据的情况下，地方政府规章不得设定减损公民、法人和其他组织权利或者增加其义务的规范。同时也强调需区分效力性规范与管理性规范，“只要不触及根本权利，不涉及对民事行为效力的评价，应属合法”。① 言下之意，法律和行政法规均可以成为法律基础。②

本书认为，社会信用法不仅要独立制定，而且应该是国家的基本法律之一，理由有三个。

首先，社会信用体系建设主要体现了我国政府管理方式的本质转变。诚如有学者所言，“社会信用体系建设是当代中国完善国家治理体系的伟大实践，是史无前例的信用经济社会管理模式变革”。③ 社会信用体系建设作为一项长期且富有创新性的系统工程，几乎涉及经济社会的各个领域。因此，可以说，“加强社会信用体系建设，完善守法诚信褒奖激励机制和违法失信行为惩戒机制，加大失信被执行人信用监督、威慑和惩戒力度”与“大力培育和践行社会主义核心价值观，运用法律法规和公共政策向社会传导正确价值取向，把社会主义核心价值观融入法治建设”是相辅相成的。根据全面推进依法治国的战略，社会信用体系建设当然要被纳入法治轨道，务必令社会信用体系建设更加规范、透明和有效。如此浩大的立法工程在某种程度上已经超越了民法、刑法、行政法等基本法律的立法工作，因此，与其他基本法律相提并论也是必然。

其次，社会信用法是一种特殊的法律，必须对国务院及各部委以及地方信

---

① 罗培新．遏制公权与保护私益：社会信用立法论略［J］．政法论坛，2018（6）：170-180.

② 范伟．行政黑名单制度的法律属性及其控制：基于行政过程论视角的分析［J］．政治与法律，2018（9）：93-104.

③ 构建信用体系建设蓝图 践行民族品牌责任与担当：专访大公国际信用［EB/OL］.（2016-11-02）［2020-05-13］．http：//blog. sina. com. cn/s/blog_13baf04b90102whfo. html.

用立法发挥统领作用，扮演基本法律的角色。目前国家层面的信用法规和地方层面的信用立法逐渐增加，但均缺乏一个统一的上位法作为依据，导致法规之间出现多样性和不一致性。推动社会信用法实施的后盾是联合惩戒，涉及信用主体的权益减损；而联合惩戒的依据主要是“黑名单”，如果没有一部具有统领性的基本法律，就会在全国出现“黑名单”归集标准的不统一。例如，国务院早在 2016 年就规定“对重点领域和严重失信行为实施联合惩戒”,[①] 重点包括四项：一是严重危害人民群众身体健康和生命安全的行为，二是严重破坏市场公平竞争秩序和社会正常秩序的行为，三是拒不履行法定义务，严重影响司法机关、行政机关公信力的行为，四是拒不履行国防义务，拒绝、逃避兵役，拒绝、拖延民用资源征用或者阻碍对被征用的民用资源进行改造，危害国防利益，破坏国防设施等行为。但是，部委与地方立法是否以此为门槛进行联合惩戒呢?《旅游市场黑名单管理办法（试行）》规定的“因侵害旅游者合法权益，造成游客滞留或者严重社会不良影响的”属于以上哪一类呢？不少地方立法在这四类外加一个兜底条款：“国家和省规定的其他严重失信行为”。[②] 可见，即使有国务院的指引，仍然存在“违章建筑”的情况。因此迫切需要国家层面的基本法律来统一规定严重失信行为的范围，否则社会信用法体系也无法有效建立。

最后，社会信用法属于领域法学（Science of field law)，是以问题为导向，以特定经济社会领域全部与法律有关的现象为研究对象，融经济学、管理学、政治学、社会学和信息工程等多种学科研究为一体的整合性、交叉性、开放性、应用性和协同性的新型法学理论体系、学科体系和话语体系，具有研究目标的综合性、研究对象的特定性以及研究领域的复杂性等特征。[③] 这种特性表明了社会信用法从其调整对象、调整手段、调整方法来看，不能划归任何部门

---

① 《国务院关于建立完善守信联合激励和失信联合惩戒制度 加快推进社会诚信建设的指导意见》。

② 《宿迁市社会信用条例》第二十七条。

③ 刘剑文．论领域法学：一种立足新兴交叉领域的法学研究范式［J］．政法论丛，2016（5）：3-16.

法中。

（二）社会信用法的体系结构

社会信用法的体系是调整对政府部门、司法机关、企业组织和个人信用评价，以及信用奖惩的规则体系。无论是社会信用法律、法规，还是地方立法，其共同指向的目标是信用信息、信用监管和信用责任。

社会信用法的体系实际上与社会信用法的定性或定位是密切相关的。如果将社会信用法定位为行政性法律，那么就必须加入行政性的救济措施，如行政复议等内容。如果仅将社会信用法定位于对市场经济的信用监管，那么，社会信用法主要涵盖商务诚信和个人诚信。如果将社会信用法定位为对整个社会的信用监管，那么，社会信用法不仅要涵盖商务诚信和社会诚信，还应该涵盖政务诚信和司法公信。

本书认为社会信用法是涵盖整个社会的信用监管，包括《社会信用体系建设规划纲要（2014—2020年）》所指向的四个重要领域，即政务诚信，商务诚信、社会诚信（主要是个人诚信）和司法公信。社会信用法作为基本法律将对社会信用的四大领域作出比较原则的规定，并通过部委法规或地方立法的具体规定形成比较完善的体系。

具体而言，未来的社会信用法体系将呈现纵向与横向的结构形态。纵向结构包括宪法中关于诚信的条款、社会信用法、部委行政法规和地方信用条例。横向结构包括个人信用立法、企业信用立法、政府信用立法和司法公信立法。

当然，由于在社会信用法体系中，有关失信惩戒和守信激励措施应该是核心内容。因此，从惩戒和激励角度区分，还可以将社会信用法分为失信惩戒立法和守信激励立法的体系结构。无论是社会信用法的纵向结构体系与横向结构体系，均需要失信惩戒和守信激励作为支撑，因此与社会信用法纵向与横向体系形成十分紧密的关系。关于这两个特殊的体系构建，将在最后一节讨论。

第二节　社会信用法体系的构建

一、夯实社会信用法的基础

毫无疑问，社会信用法应当以宪法原则或规定为依据，对信用信息归入、信用监管、信用争端解决、信用中介服务培育和管理等领域问题作出基本规定。如有必要，可以根据实际需要，在社会信用法之下制定一些具体的法规或实施细则，如关于社会信用信息分类及归集的基本法律制度。

应该说，作为社会信用法的上位法——宪法没有对社会信用问题作出直接和明确的规定。如果一定要找宪法依据的话，也可以先试下有关条文的间接指引。

宪法第五条第一款规定："中华人民共和国实行依法治国，建设社会主义法治国家"。这表明社会信用立法是必须的。根据法律保留原则，必须由立法机关通过法律规定，行政机关不得代为规定。即使按照流行说法将社会信用法归入领域法，但也不能排除其行政性立法的性质。因此，社会信用法在规定联合惩戒涉及对信用主体的权利减损时，就要严格按照《立法法》第八条之规定，即"对公民政治权利的剥夺、限制人身自由的强制措施和处罚"只能制定法律。

宪法第二十四条第一款规定："国家通过普及理想教育、道德教育、文化教育、纪律和法制教育，通过在城乡不同范围的群众中制定和执行各种守则、公约，加强社会主义精神文明的建设。"诚实守信是中华民族的传统美德，是每个公民的基本道德规范，是个人的立身之本，也是信用经济发展的必然要求。社会信用法就是要将一部分道德要求法律化，从而用刚性的法律手段促使信用主体遵守基本信用道德。

宪法第二十四条规定"国家倡导社会主义核心价值观"，社会主义核心价值观是富强、民主、文明、和谐，自由、平等、公正、法治，爱国、敬业、诚信、友善，其中的诚信是与社会信用体系建设密切相关的。

可见，把社会主义核心价值观融入法治建设既基本符合宪法第五条的规定，也基本符合第二十四条的规定。

宪法第三十八条规定：“中华人民共和国公民的人格尊严不受侵犯。禁止用任何方法对公民进行侮辱、诽谤和诬告陷害。”这条规定也应该成为社会信用法的立法依据。社会信用法必然涉及将严重失信人纳入“黑名单”进行联合惩戒。虽然对于联合惩戒而言，“黑名单”只是一个载体，但是，公布“黑名单”在一定程度上也会构成对信用主体的声誉影响。因此，根据宪法第三十八条的规定，必须对“黑名单”的失信主体纳入和公布持谨慎小心的态度。

二、创新社会信用立法的规制

在国家立法层面，社会信用法已被全国人大列为第三类立法，这表达了两层意思：一方面，这说明社会信用立法是一个巨大的工程，其立法条件还不完全具备，需要继续研究论证的立法项目；另一方面，社会信用法已经引起全国人大的高度重视，立法只是一个时间问题。由于社会信用法的特殊性，在立法方面需要创新和突破，只有这样，才能制定好具有中国特色的社会信用法。

制定社会信用法没有先例可循，需要在传统征信立法的基础上进一步超越，从而制定一部带有“中国创造”烙印的社会信用法。①

社会信用体系建设由政府推动和社会共建，但这并不意味着政府是超脱的，可以不受信用监督。社会信用体系建设的核心就是诚信政府的建设，这应该是重中之重。公民对政府的信任感是政府合法性的关键所在。政府讲诚信，就会产生榜样的力量，就会在治理社会诚信和企业诚信方面更具说服力。这方面法律规定健全了，就是对中国特色社会信用法的贡献之一。

从目前一些地方立法看，对政务诚信这个领域缺乏规管的问题比较突出，导致治理者无人治理的局面。未来的社会信用法应该有所创新和突破，规定对政府施政的公众监督机制。所谓公众监督是指公民依据宪法和法律规定的权利

---

① 王伟．制定《社会信用法》的逻辑与架构［M］//中国行为法学会企业治理研究会．中国企业信用建设报告2016．北京：中国法制出版社，2017：301．

对公共机构及其成员的监督、检查、督促，并且形成一定规模的行为。据学者研究，我国目前在公众监督保障机制、公众监督激励机制、公众监督配套机制等方面均存在较大缺陷。[①] 因此，公众监督的法律规定也需要创新思维，突破行之无效的传统规定。

现有研究仍然停留在传统的信用监管手段和信用服务模式的研究上，对于失信约谈、信用承诺、信用鉴定等创新方式，以及信用服务机构参与信用监管等创新模式涉及不多，社会信用法应该回应这些创新方法。

（一）失信约谈

失信约谈的对象主要是违法失信行为被列入经营异常名录和严重违法失信企业名单的企业，在它们申请移出名单和信用修复时，对失信企业的法定代表人或负责信用工作的负责人开展守信约谈的一种措施。[②] 目前的一些地方规定中对失信约谈作出尝试，值得被社会信用法吸收。失信约谈属于主动信用监管，被约谈者如果置若罔闻会有法律后果。对无故不参加约谈或不认真落实约谈要求的生产经营单位，因约谈事项不落实或落实不到位而引发重大经济损失或严重社会影响，将依法追究被约谈人的法律责任。

当然，失信约谈的对象也可以是已经进入法院失信被执行人名单中的失信政府机构，“即约谈失信政府机构主要负责人，以及其所在地区省级社会信用体系建设牵头部门的主要负责人，明确整改要求，压实整改责任”。[③] 例如，国家发展改革委提出惩戒失信政府机构分三步走：约谈、通报、降级，说明失信约谈的重要性。

（二）信用承诺

信用承诺是构建以信用为核心的新型市场监管机制的重要内容，是创新社

---

① 常健，等．社会治理创新与诚信社会建设［M］．北京：中国社会科学出版社，2016：28-35.

② 杨博文．失信企业法人将被“信用约谈”［EB/OL］．（2019-11-29）［2020-05-12］．http：//wb. qdqss. cn/html/qdzb/20191129/qdzb418031. html.

③ 国家发改委：惩戒失信政府机构分三步：约谈、通报、降级［EB/OL］．（2018-11-19）［2020-05-12］．https：//www. creditchina. gov. cn/toutiaoxinwen/201811/t20181117_131579. html.

会治理方式、加强事中事后监管的重要举措。2014年《规划纲要》提出“逐步建立行政许可申请人信用承诺制度，并开展申请人信用审查”。2019年《国务院办公厅关于加快推进社会信用体系建设构建以信用为基础的新型监管机制的指导意见》指出应当在事前、事中以及事后监管机制中，分别建立健全审批型信用承诺制度、主动公示型信用承诺制度以及修复型信用承诺制度。并鼓励行业协会商会建立会员信用记录，完善行业自律型信用承诺制度。许多地方也在《规划纲要》和《指导意见》的指导下对此展开了试点。这些信用承诺的展开显然有助于国家推动“放管服”改革，提高行政审批和监管效率，方便群众和企业办事，促进信息主体从被动接受法律规制到主动履行信用承诺的思维转变。

但现行的信用承诺制度主要内容在于对承诺人已有法律义务和合同义务的重申，并尝试着对违诺人适用更为严厉的信用责任，这样明显减轻了相应审批或监管部门责任，而加重了承诺人负担，需要重新加以审视。我国宜重点建立专门适用于失信人的失信纠正型信用承诺，这样不仅可以督促失信人自我纠正和及时止损，还可以通过违诺后的联合惩戒倒逼承诺人履行信用承诺。

信用修复可以缩短失信行为记录惩戒期限，助力失信人在“自然修复”之前消除失信信息的影响或重建良好信用①。同时基于其具有停止纰漏失信信息，修复失信行为等降低失信成本的效果，在适用时应当持审慎态度，一方面，适用条件过低会降低失信成本，使得失信人对之前的信用惩戒措施不再有任何的畏惧和尊重，而且在事实上形成不平等。② 另一方面，条件过高则将降低失信人信用修复积极性，导致其寄希望于“自然修复”。本书认为，基于失信程度可将失信行为划分为一般失信行为、较为严重的失信行为以及严重失信行为。对于一般失信行为，由于失信程度相对轻微，在制度设计上应当尽量给

---

①《浙江省公共信用信息修复管理暂行办法》第二条将信用修复分为自然修复和依申请修复，其中自然修复是指“不良信息自认定之日起满5年后从所在主体信用档案中删除，视为自然修复”。

② 卢护锋．信用修复的实践误区及其立法应对［J］．广东社会科学，2020（6）：226-233.

予一般失信人自我纠正的机会，避免实施力度过大的惩戒。对于严重失信行为，存在此类行为的失信人已然处于重点监管之中，若再次失信行为，则可能被纳入严重失信范围之内，进而受到诸如“黑名单”等联合惩戒措施。继续适用信用承诺制度，不仅会导致失信成本可忽略不计。而且此时的失信人一旦再次失信，不论是基于失信行为还是违诺均会受到严厉的信用联合惩戒，导致信用承诺的适用实际上不具备价值。最后，对严重失信行为，更不应当寄希望于存在该类行为的失信人能够通过主观承诺来对失信行为予以纠正，而应当是考察其客观履行状况。

（三）信用鉴定

信用鉴定应该属于创新建设。信用鉴定与信用评级具有相似性，都属于对信用主体的信用评价。但是，信用评级通常是一种社会中介服务，主要为社会提供资信信息，而信用鉴定主要用于对信用主体的个案评价，在信用修复程序中发挥尤为重要的作用。社会信用法有必要对鉴定人的资质、行为准则等作出规定。

三、体现社会信用立法的民主

（一）社会信用立法中的多元主体

社会信用立法是通过立法对社会信用管理的各个环节作出明确规定。毫无疑问，社会信用管理属于社会管理的范畴。而“社会管理，在中国的情况下，是指执政党和政府与其他社会主体，运用法律、法规、政策、道德、价值等社会规范体系，直接地或间接地对社会不同领域和各个环节进行服务、协调、组织、监控的过程和活动。”① 这说明当前社会治理中主体是多元的，既包括中国共产党的组织体系、政府、人大、政协、法院、检察院等国家机关主体，也包括企事业单位、人民团体、民间组织、志愿组织等主体，还包括公众主体。②

社会信用法涉及多元主体，在创新社会治理、推进多元主体社会治理格局

① 郑杭生，高霖宇．提高社会管理科学化水平的社会学解读［J］．思想战线，2011（4）：1-5.

② 杨刚，鲁彩荣．社会治理创新中的多元主体问题分析［J］．大理学院学报，2014（9）：30-33.

发展中，要树立和坚持“以人为本、服务人民”的人民主体观。① 换句话说，社会信用法要兼顾各方利益，做好平衡工作。

（二）社会信用立法与民主参与

社会信用法制定应当体现民主制度。目前政府主导实施的“黑名单”制度，尚未处在一个各领域均可进行信息共享以及实施联合惩戒的角度，更多的是处在方便所辖区域社会管治的立场，导致列入事项常常涵盖相对人的方方面面，严重侵害了相对人的权益。而且，目前我国几乎所有的处罚决定数据都是由政府部门和公认的监管机构生成的。② 在政府主导、失信被严惩的情形下，立法者在构建标准时应当拓宽民主途径，确保“黑名单”列入标准的科学性和可执行性。这就要求在制定法律时必须贯彻民主原则，使立法工作民主化，以充分反映民情民意。

近年来，立法机关通过座谈会、论证会、听证会、公布法律法规草案征求意见、全民讨论等多种方式，为公众参与立法提供了比较广阔的空间，盘活了立法资源、提高了立法质量。可见，公众参与立法逐渐成为立法机关“开放式立法”“多样化立法”的有益探索与民主实践。“多元化的利益主体通过公众参与立法的途径，使其利益矛盾冲突经由公共和理性渠道得以化解并达成某种程度的共识，进而上升为公共意志，这一过程与结果充分彰显了现代民主法治的理念。”③

第三节　社会信用法的横向体系构建

一、社会信用法的下位法

社会信用法如同社会信用体系建设领域的“宪法”，应该是原则性的规

① 杨刚，鲁彩荣．社会治理创新中的多元主体问题分析［J］．大理学院学报，2014（9）：30-33.

② Rogier C . China’s Social Credit System：An Evolving Practice of Control［J］. Ssrn Electronic Journal, 2018.

③ 代仁德．公众参与立法不是“民主作秀”［EB/OL］．（2014-06-25）［2020-03-25］. http：//opinion. people. com. cn/n/2014/0625/c1003-25195022. html .

定，其具体实施则需要通过执行细则或单独的下位法来进行规制。从目前态势看，社会信用法的下位法因角度不同分为以下几种。

（一）按社会信用法的重点制定下位法

目前学界基本认同社会信用法应当重点构建四类下位法。

一是关于建立社会信用信息分类及归集基本法律制度。社会信用信息分为两大类，一类是公共信用信息；另一类是市场信用信息。对两种信用信息的归集、处理和共享应该有不同的法律规定。对公共信用信息的共享要做出强制的规定，防止出现"信息孤岛"，从而影响联合奖惩措施的实施。对市场信息的采集应当规定明确的底线，严格保护公民个人的隐私，对侵犯隐私者要规定具体的惩罚措施。

二是关于建立信用奖惩机制的基本法律制度。社会信用体系建设的目的之一就是增加对失信行为的惩罚力度，增加对守信的激励和优惠。但是，并非所有的失信行为都要受到惩罚。法律应当规定对严重失信行为（或者进入"黑名单"者）实行联合惩戒；对一般或轻微失信行为应当使用警告或承诺措施。

三是关于信用信息主体权益保护的法律制度。由于信用信息一旦被归集，信用信息主体将面临权益减损的后果，因此，对信用信息主体权益的保护是十分关键的。相关法律不仅应当具体规定信用信息主体的知情权、查询权、删除权、异议权和修复权，而且应当规定民事救济、行政复议、行政诉讼等其他救济途径。

四是规范和促进信用服务行业发展的法律制度。信用服务行业的发展对我国社会信用体系建设至关重要。信用服务行业在信用评估、评级和其他信用服务领域具有政府不可替代的作用。有关立法应该明确支持信用服务行业的发展，并在资助、资质、监督等方面做出明确的规定。

（二）按个体、社会和国家层面构建下位法

为了从整体上构建国家的信用法治体系，还可以从确立分层的信用规制体系角度，重点规制个体、社会和国家三个层面的信用关系，并形成不同层面的信用法律，确立五大法律规则体系：一是关于信用信息公开的法律规则；二是关于商业秘密和隐私权保护的法律规则；三是关于信用信息形成和利用的法律

规则；四是关于信用修复的法律规则；五是信用激励与信用约束的法律规则。①

（三）按《规划纲要》四领域构建下位法

《规划纲要》提出的四个领域对社会信用法的下位法体系建立具有启示作用。事实上，这四个领域已经基本涵盖了社会信用体系建设的方方面面。未来的下位法也可以从这四个领域入手。

1. 个人信用立法

必须看到，社会在发展，个人失信问题时有发生，用道德去约束个人诚信问题已经失效，需要用信用监管和刚性的法律去改变局面。

首先是如何完善有关个人信用体系建设的法律法规。我国关于个人信用体系建设的法律法规仍然处于摸索阶段，专项立法更是欠缺。未来要出台个人信用立法，必须重点做好个人隐私权、知情权与监管权之间的平衡。

其次是完善与个人征信、征信机构有关的法律法规。我国应该对个人信用数据的采集来源、采集方式、采集范围等进行细化规定。

最后是从法律上强化个人权益保障。应建立对个人隐私的专门立法，改变当前我国有关隐私保护法律法规笼统缺乏操作性的缺陷。②

针对我国目前没有一部专门针对个人信用基本法律的情况，可以考虑在消费者信用、信息自由、个人隐私保护、个人数据保护等方面制定专门针对个人信用的基本法律。③

2. 企业信用立法

企业信用立法体系必须包含以下核心内容：企业信用评级、企业信用标准、企业信用评价、企业信用信息传播和企业信用监督管理等。

也有学者建议企业信用立法体系应该考虑五方面的内容：制定企业信用行为和信用活动的基本规范或一般规定；制定企业内部信用管理规范；制定企业

① 王伟．制定社会信用法刻不容缓［N］．学习时报，2016-10-06.

② 吕中伟．个人信用法律体系的建设路径［J］．人民论坛，2017（23）：94-95.

③ 李晓安，等．社会信用法律制度体系研究［M］．北京：社会科学文献出版社，2013：38.

信用评价体系规范；制定企业信用担保体系规范；制定企业信用查询系统规范。① 这无疑为企业信用立法体系建设提供了良好的雏形，值得进一步研究下去。

针对我国目前企业信用的基本法律现状，可以借鉴域外企业商业准则、公平信用报告法、诚实借贷法、信用控制法、公平信用信息披露法、公平与准确信用交易法等经验制定专门的针对企业信用监管的基本法律。②

3. 政府信用立法

政府在大力推进社会信用体系建设的同时，还应建立政府信用信息公开制度，自觉接受公众监督。因此，政府也要建立信用监察制度，对因为失信给行政相对人造成损失的，或者因为失信影响政府形象的，相关的责任人员和机构要承担相应的法律责任。③

首先，政府信用迫切需要解决的问题就是政府在招商引资中的诚信问题。《中共中央、国务院关于营造更好发展环境支持民营企业改革发展的意见》第25段也明确规定："建立政府诚信履约机制。各级政府要认真履行在招商引资、政府与社会资本合作等活动中与民营企业依法签订的各类合同。建立政府失信责任追溯和承担机制，对民营企业因国家利益、公共利益或其他法定事由需要改变政府承诺和合同约定而受到的损失，要依法予以补偿。"从中可以看出，国家十分关注政府诚信履约的情况，可以说是政务诚信中的重点，需要具体法律的规定。

其次，政府因公共利益等情况无法履约时要给予补偿。法律须明确规定：什么是国家利益、公共利益或其他法定事由；补偿应如何具体规定，究竟是充分合理补偿，还是其他补偿。其实，更为重要的是，对政府故意毁约并造成严

① 关于制定《我国企业信用法》议案［EB/OL］．（2005-03-02）［2020-12-2］．https：//www.jxnews.com.cn/n1202/ca800956.htm.

② 李晓安，等．社会信用法律制度体系研究［M］．北京：社会科学文献出版社，2013：38-30.

③ 安东．制定诚信法 政府失信要处罚相关责任人［EB/OL］．（2008-03-10）［2020-03-25］．http：//news.sohu.com/20080310/n255620212.shtml.

重后果等情况，应该将有关责任人员纳入“黑名单”进行联合惩戒。

最后，目前我国针对政府信用的法律不多，相关的有预算法、担保法、政府信息公开条例等，急需出台针对政府信用的基本法律，[①] 更需要建立对政府信用的评价机构和标准。

4. 司法公信立法

没有司法公信，就没有司法公信力。关于司法公信的立法体系可能更为复杂。我国司法机关指法院和检察院，但在一般情况下，司法公信是指法院的公信力。

司法公信的立法要侧重三个方向：第一个是对法官司法行为的约束；第二个是对法官的信用监管机制；第三个是对虚假诉讼的规制。

首先要解决的问题是法官的司法行为应该由法律规定，还是应该由法官行为守则规定？本书认为可以由法律规定一些原则条文，具体约束可以通过守则来进行。2010 年，最高人民法院正式施行《法官行为规范》就是一个很好的例子。尽管如此，学者仍然建议构建司法惩戒机制，注重三个方面：一是依法明定对法官行为的司法惩戒标准；二是完善司法裁决机构；三是规范司法裁决程序。[②] 这些建议可以成为司法公信子法律的重要内容。

其次是对法官的信用监管要落实到位，包括对网络审判与网上审判文书的监管。诚如有学者所说：“裁判文书上网在我国已推行多年，虽然取得了一定的成效，但由于缺乏明确、统一的法律依据以及部分法官对裁判文书上网存在认识不足甚至误解等原因导致裁判文书在网上公开应有的价值和功能没有得到充分地发挥。”[③] 迫切需要通过立法规定明确和统一的法律依据。

最后是对虚假诉讼的规制问题，这也是比较重要的内容。我国《民事诉讼法》第一百一十二条规定，当事人之间恶意串通，企图通过诉讼、调解等方式侵害他人合法权益的，人民法院应当驳回其请求，并根据情节轻重予以罚

① 李晓安，等．社会信用法律制度体系研究［M］．北京：社会科学文献出版社，2013：39.

② 谭俊峰．司法公信力研究［M］．武汉：武汉理工大学出版社，2017：115-120.

③ 谭俊峰．司法公信力研究［M］．武汉：武汉理工大学出版社，2017：142.

款、拘留；构成犯罪的，依法追究刑事责任。第一百一十三条规定，被执行人与他人恶意串通，通过诉讼、仲裁、调解等方式逃避履行法律文书确定的义务的，人民法院应当根据情节轻重予以罚款、拘留；构成犯罪的，依法追究刑事责任。虚假诉讼的法律规定比较明确，但是如何通过信用监管来防止虚假诉讼，却是司法公信子法系的一个重要建设领域。

二、社会信用法的横向体系结构必须符合国情

无论是“四分法”“五分法”，还是按《规划纲要》的领域分法，均为构建社会信用法体系提供了基础指引，表明在社会信用法之下可以制定和实施的具体细则范围。而横向体系结构的构建是为了促进作为母法的社会信用法的有效实施。

社会信用法体系的整体构建当然要立足于中国实践，并根据中国的文化传统回应中国的社会实践需求。在构建社会信用法体系时可以参考西方发达国家的信用法律制度，但不能盲目移植。我国社会信用法所涵盖的内容已经大大超越了西方国家的信用实践，所以不能对社会信用法进行狭隘的解读。社会信用法不能仅关注企业失信惩戒和守信激励，还要关注全社会的诚信建设。因此，在构建社会信用法的横向体系结构时，重点关注个人社会信用立法、企业社会信用立法、政府信用立法和司法公信立法要符合我国的国情。

第四节 社会信用法的奖惩体系

“加强社会信用体系建设，完善守法诚信褒奖激励机制和违法失信行为惩戒机制，加大失信被执行人信用监督、威慑和惩戒力度”与“大力培育和践行社会主义核心价值观，运用法律法规和公共政策向社会传导正确价值取向，把社会主义核心价值观融入法治建设”是相辅相成的。在全面推进依法治国的战略指引下，社会信用法的奖惩机制将有力推动社会信用体系建设行稳致远。前文已经指出，我国社会信用体系建设的两大支撑就是失信惩戒和守信激励，其目的是通过惩戒，使信用主体不敢失信；通过激励，使信用主体坚守诚

信。因此，讨论社会信用法的失信惩戒体系与守信激励体系也是十分必要的。

一、失信惩戒体系的范畴

讨论失信惩戒体系时，必须先讨论失信惩戒体系的内涵。由于社会信用法具有行政性特点，这是因为在社会信用体系建设的推动者是政府，社会信用体系的支撑之一是由政府主导的失信惩戒措施。换句话说，政府对企业和个人信用信息归集、信用评价和失信惩戒具有主导话语权，涉及公权力和私权利之间的平衡。社会信用立法也是循着这样的思路展开的。因此，本书认为将“市场性惩戒、行业性惩戒、社会性惩戒、行政性惩戒、司法性惩戒”[①] 等措施全部纳入失信惩戒体系并不妥当，下面一一说明。

1. 市场性惩戒

市场性惩戒是指在市场交易中，交易对手可以对失信主体实施拒绝交易、提高交易条件等方面的惩戒。显然，平等主体之间的“惩戒”是没有公权力作为后盾的。如果说拒绝交易或提高交易条件是惩戒的话，那只能是一对一的消极行为，被惩戒者仍可选择其他交易伙伴。再者，如果企业联合起来拒绝与被惩戒者进行交易，还有可能涉嫌违反《反垄断法》。[②] 毫无疑问，市场惩戒对营造诚信企业是有帮助的，但毕竟不是社会信用体系语境下的联合惩戒，因为这不是政府主导、以公权力作为后盾的联合惩戒。

2. 行业性惩戒

行业性惩戒是指行业协会、商会等社会组织可以基于行业自律规则，对其会员实施相应的信用惩戒。行业协会、商会等社会组织对会员实行信用的信用惩戒，也是没有公权力作为后盾的，也可能会涉及《反垄断法》的问题。

3. 社会性惩戒

社会性惩戒是指社会组织、社会公众可以通过失信举报、媒体监督、公益

---

① 王伟．失信惩戒的类型化规制研究：兼论社会信用法的规则设计［J］．中州学刊，2019（5）：43-52.

② 《反垄断法》第十三条规定了禁止“联合抵制交易”。

诉讼等机制实现有效的社会参与和监管，对失信行为进行惩戒。社会组织、社会公众的社会参与和监督行为主要还是体现在道德监督层面的，也不是政府主导的联合惩戒。

4. 行政性惩戒

行政性惩戒是指中央和地方之间、横向部门之间的行政性惩戒机制，在公共服务市场监管等环节实施信用惩戒。只有行政性惩戒才是社会信用法调整的主要对象之一。更重要的是，这种惩戒是由政府主导的，只要合情合理合法，就应该放手去做。

5. 司法性惩戒

司法性惩戒是指司法机关通过开展专业的司法活动对失信行为进行惩戒。司法性惩戒是司法权的一部分，与社会信用体系建设关系密切，需要行政部门的配合，但不是典型的政府主导下的联合惩戒。

2017 年，最高人民法院颁布了修正的《关于公布失信被执行人名单信息的若干规定》。将“未履行生效法律文书确定之义务者”纳入失信被执行人名单，并依法对其进行信用惩戒。一旦被执行人履行判决或裁定，其失信信息就会在三个工作日内被删除。这显然没有实现社会惩罚的最终目的。正常的做法就是将这种被执行人的严重失信行为信息放入信用信息平台，实行延后的社会惩罚才能体现社会信用体系建设的本质含义。在这种背景下，并不存在“三个工作日内删除失信信息”的情况。

对不履行法院判决、裁定者的处罚是一个逐步递进的过程：首先是限制被执行人的高消费行为；其次是当被执行人出现《中华人民共和国民事诉讼法》第一百零二条所列举的情况时对其予以拘留、罚款；最后是情节严重，构成犯罪的，追究其刑事责任。

以法院为主导的联合惩戒是有积极意义的，不仅能有效打击“老赖”，而且在较大程度上对政务诚信建设是有帮助的。

综上所述，惩戒失信机制得以全面运行，说明我国现有的法律法律责任理论已经发生了实质性的变化，在原来的民事责任、行政责任、刑事责任基础上已经产生一种新的法律责任，那就是信用责任，违反这种责任的信用主体会受到惩戒，包括全国性的联合惩戒，以形成“一处失信，处处受限”的局面。

二、失信惩戒体系的分类

失信惩戒有广义和狭义之分。广义的失信惩戒是指对所有失信行为的各种惩戒，包括警示约谈、增加抽查频次、取消优惠政策、取消招投标资格、联合惩戒等。而狭义的失信惩戒仅指失信惩戒。本书采用广义的失信惩戒，并根据失信行为的不同分类规定不同的惩戒措施。问题是，在当前的地方立法实践中，对失信行为的分类是不统一的。例如，《南京市社会信用条例》将失信行为分为轻微失信行为（第三十七条）、一般失信行为（第三十八条）和严重失信行为（第四十条）。《上海市社会信用条例》仅将失信行为分为一般失信行为（第三十条）和严重失信行为（第三十一条）。《江苏省自然人失信惩戒办法（试行）》将失信行为分为一般失信行为（第十三条）、较重失信行为（第十九条）和严重失信行为（第二十二条）。

本书认为将失信行为分为一般失信行为、较重失信行为和严重失信行为是比较合适的。针对一般失信行为，应该以教育为主，可以采取信用提醒和诚信约谈等方式予以惩戒。针对较重失信行为，可以列入重点关注名单，并采取相应惩戒措施：（1）提高抽查比例，增加检查频次，加强现场检查；（2）行政管理中不适用告知承诺等便利化措施；（3）政府采购、政府投资工程建设招标投标等活动中，降低信用等次或者不适用信用加分等优惠优待；（4）申请政府补贴、政策支持事项中，给予相应限制；（5）城市交通等公共服务中，限制享受优惠优待；（6）表彰奖励活动中，给予相应限制。[①] 而针对严重失信行为，就应当列入“黑名单”进行联合惩戒，包括并不限于以下措施：（1）限制或者禁止进入相关市场和相关行业；（2）限制相关任职资格，取消评优评先资格或者撤销相关荣誉、称号；（3）限制开展融资、授信等金融活动；（4）限制参与由财政资金安排的基础设施建设和公共事业特许经营活动；（5）限制参加政府采购、政府投资项目招标投标以及国有土地招标、拍卖、挂牌等公共

---

① 《南京市社会信用条例》第三十九条。

资源交易活动；（6）限制乘坐飞机、高等级列车和席次等。[①]

三、守信激励体系的范畴

社会信用体系建设的关键是惩戒失信和激励守信，两者不可偏废。从逻辑关系上讲，社会信用法应当强调激励优先，惩戒作为教育和威慑，毕竟是守信的人士众多，激励更能够引导更多人守信。但是，从目前的地方立法实践看，普遍存在守信激励不足问题，其主要原因是守信激励对信用主体的权益无减损，因此存在关注不足的情况。

守信激励体系应当包含三方面内容，一是市场交易中的激励机制，即人们通常所说的降低交换的交易费用；二是政府监管过程中的激励机制，即因信用主体守信而减少监督与被监督的费用，对被监管者是一种正面激励，对监管者是一种间接激励；三是政府推动下社会给予守信主体的激励机制，即《规划纲要》所指的“政府推动、社会共建”激励机制。当然，第三种激励是最高境界的实现，表明全社会的诚信意识和信用水平的真正提高。

四、守信激励体系的分类

我国目前的守信激励主要以区域（省市等）为主，缺乏全国联动，既与惩戒分类无法对应，又缺乏足够诱因，未能做到“一处守信，处处奖励”。因此，社会信用法必须考虑联动奖励机制，也应该对守信激励体系进行必要的分类。

目前，我国的守信激励措施主要分为两类。《指导意见》四（二十）指出：“建立守信联合激励和失信联合惩戒措施清单，主要分为两类：一类是强制性措施；另一类是推荐性措施。”在守信激励立法的语境中，强制性措施涉及如何对守信主体进行激励，例如，建立行政审批“绿色通道”；优先提供公共服务便利；优化诚信企业行政监管安排；降低市场交易成本。对守信个人，

---

① 《山东省社会信用条例》第三十条。

可以考虑在教育、就业、创业等领域给予重点支持等。

而推荐性措施对应的“政府推动、社会共建”激励机制，主要是在政府激励的基础上，政府多渠道选树诚信典型，社会作出必要的响应，对守信主体的进一步激励。

第四章　公共信用信息法律制度

在各地方立法与不同学者的论著中，对公共信用信息的定义表述或有差异，但对于公共信用信息的本质界定基本一致，即强调公共职能部门履职过程中产生的有关各类主体的信用信息。所谓公共信用信息是指由行政机关、司法机关、法律法规授权的具有管理公共事务职能的组织以及公共企业事业单位、群团组织等（以下统称公共信用信息提供单位），在其履行职责、提供服务过程中产生或者获取的，可用于识别自然人、法人和非法人组织（以下统称信息主体）信用状况的数据和资料。① 在这一定义中，公共信用信息中的公共信用，是在公共产品的生产和公共服务的提供过程中产生的。在信息社会的语境中，公共信用表现为以公共信息形式存在的信用，如政务信息、企业工商信息、失信被执行人信息等。与发达国家的征信体系相比，我国公共信用信息体系建设承载着包括政府职能转型、新型市场监管、社会管理等多项制度职能。

第一节　公共信用信息概述

一、公共信用信息的相关概念比较

（一）公共信用信息的一般表述

按照信息的产生和持有主体，信用信息可以区分为公共信用信息和市场信用信息。但是，在相关信息机制运行的过程中，公共信用信息与企业信用信息、个人信用信息仍然是基本的分类。传统征信法律制度上的信息规制重点是企业信用信息和个人信用信息，这也是公共信用信息与市场信用信息的不同。

① 《上海市公共信用信息归集和使用管理办法》第二条第三款。

大体上说，以下三种表述，体现了我国目前关于公共信用信息定义上的差异。

一是将公共信用信息表述为依法行使公共职能的部门所提供的信息。在我国立法与司法实践中，依法行使公共职能的部门可分为三类。第一类是行政机关。行政机关在履行其职权、进行日常管理的过程中获取并保存了大量的信用信息，如行政许可、行政处罚等，行政机关作为行使公共职能的主要机构，理所当然地成为公共信用信息的提供单位。第二类是司法机关。司法机关作为行使司法权的国家机关，在行使审判权与检察权的过程中拥有大量的裁决信息与诉讼信息，也是公共信用信息的主要提供单位。第三类是依法具有管理公共事务职能的组织。依法管理公共事务的组织应当经过法律法规的授权。根据作出授权的法源的位阶，既有法律如《行政处罚法》《行政许可法》中赋予具有管理公共事务职能的组织实施行政处罚权、许可权的规定，又有行政法规如《政府信息公开条例》《征信业管理条例》中相关规定以及地方性法规关于“具有管理公共事务职能的组织”的规定。

二是将公共信用信息表述为行使公共职能的部门履职过程中产生的信用信息。公共信用信息仅限于信息提供单位在履行职责、提供服务过程中产生或者获取的信息。除履行职责、提供服务外，行使公共职能的部门也可能作为民事主体获得信用信息，平等民事关系中获得的信用信息不宜作为公共信用信息归集。基于此，公共信用信息的运行和管理，要遵循公权力运行的法治要求，突出法定性、强制性。这是因为，公共信用信息主要是基于相关公共部门在履行职务或者工作过程中所产生的信息。其中，国家机关和相关组织的信息包含了非常强的组织和管理要素，更多地体现了对法律的遵循状况。同时，公共事业单位在履职过程中所获取的相关信息，则主要体现了费用缴纳等履约的状况。因此，这种公共信用信息的概念，首先体现的是特定主体对法律的遵循，其次是对履约状况的信息归集。

三是将公共信用信息表述为反映信息主体信用状况的信息。但是，由于政策或地方性差异等因素的存在，这种将“反映信息主体信用状况的信息”作为公共信用信息的表述，容易发展为对公共信息的收集范围不加区分的泛化行为。例如，我国一些地方将在公共交通工具上外放音乐的行为、献血行为等纳入公共信用信息的范畴予以收集，或将与信息主体信用状况无关的信息强行塞进公共信用档案之中，或将无关的信息包装成与信用有关的信息归入档案之中，这不仅容易致使执法机关懒政懈怠，更有对公民行为进行标签化管理之嫌，进而限制与侵犯公民的基本权利。基于此，应对公共信用信息的归集严格限定范围，即便从注重公共信用信息在推动执法效果方面的实际运用出发，也必须严格界定使用与信息主体信用状况高度相关的信息，防止公共信用信息归集“泛化”现象的出现。

（二）公共信用信息与市场信用信息

公共信用信息与市场信用信息作为信用信息最为主要的两个子类，在信息提供主体、信息的归集与共享、信息的运用三个方面均有较大的区别。

一是信息提供主体不同。公共信用信息是行使公共管理职能的部门履职过程中产生的信用信息。也就是说，公共信用信息的提供主体包括行政机关、司法机关、法律法规授权的具有管理公共事务职能的组织以及公共企业事业单位、群团组织。即一切具有公共管理或公共服务职能的主体均可成为公共信用信息的提供主体。而市场信用信息，是市场主体在生产经营活动中产生、采集或者获取的反映信息主体信用状况的信息，其提供主体为市场中提供或者购买产品与服务的公民、法人以及其他组织。与公共信用信息相比，市场信用信息的运行和管理，主要是遵循市场或市场规律和法治要求，更加突出平等性、自愿性。这是因为，市场信用信息主要来源于金融或其他经济领域，以金融或经济债权信息为基础，同时，市场信用信息又是在平等法律地位的交易主体之间产生，主要是履约信息。因此，在衡量信用主体的信用状况方面，市场信用信息信用状况方面处在一个更为基础的层面，更多地体现了交易和投资过程中的履约状况。

二是信息的归集与共享方式不同。公共信用信息的归集与共享由法律、法规或规章进行规定与授权。通常情况下，公共信用信息的归集范围具有较为明确的标准，通常为反映信息主体信用状况的信息；公共信用信息在具有不同公共管理职能的机关之间、机关内部不同部门之间、信息提供主体与社会公众之间共享程度较高，以公开为原则、以不公开为例外。但是，市场信用信息由于信息提供主体与信息掌握主体的庞杂与繁复，难以对归集与共享的范围进行界定，并且由于市场中的竞争性与个人隐私、商业秘密的限制，市场信用信息共享程度较差、不具有公开性。

三是信息的运用不同。作为行使公共职能的机关对信息主体进行信用评价、实施守信激励或失信惩戒措施的依据，公共信用信息的运用具有法定性、强制性等特点，行使公共职能的机关不能超出其职权使用公共信用信息。而市场信用信息的控制主体在得到信息主体的授权后，往往能够对其所掌握的信息进行二次利用，同时利用的方式也随着信息技术的发展而愈加多元化，除去个人信息保护等相关法律规定的制约外，受到的制约较少，运用也较为自由，不具有强制性。

（三）公共信用信息与征信信息

2013 年起施行的《征信业管理条例》对征信活动的概念界定为“对企业、事业单位等组织的信用信息和个人的信用信息进行采集、整理、保存、加工，并向信息使用者提供的活动”。《征信业管理条例》中所规定的征信信息与公共信用信息也存在着区别。

一是信息提供主体不同。征信信息的提供主体通常有两类。一类是由专门的运行机构建设、维护，具有非营利特性的，由国务院征信业监督管理部门管理的金融信用信息基础数据库，从事信贷业务的单位向该数据库定期提供信贷信息；另一类是由中国人民银行及其派出机构审批，依法成立，主要开展征信业务的机构。《征信业管理条例》同时规定将国家机关以及法律、法规授权的具有管理公共事务职能的组织排除于征信信息的提供主体之外。由此，征信信息与公共信用信息从信息提供主体上具有本质性的差别。

二是信息提供范围不同。征信信息通常包含两部分：一部分是金融信用信息基础数据库归集的由从事信贷业务的机构提供的信贷信息；另一部分是征信机构除了从金融信用信息基础数据库调取信息之外，主动收集其他反应信息主体信用状况的信息。而公共信用信息是具有管理公共事务职能的机关在其履职过程中所归集的信息，通常不包括市场交易信息。征信信息与公共信用信息可能在部分信息上具有重合性，但其所涵盖的信息范围是不同的。

三是信息运用方向不同。征信信息主要来源金融征信系统，即中国人民银行征信中心运营的企业和个人金融信用信息基础数据库，其主要目的是监测金融活动中的风险，维护金融市场的稳定，促进金融市场的繁荣与发展。公共信用信息则是社会信用体系建设中提高公共管理与公共服务效能、提高社会诚实守信氛围的重要资讯，也是守信激励与失信惩戒等信用管理措施的基础与依据。

（四）公共信用信息与政府公开信息

政府信息公开的目的是保障公民、法人和其他组织依法获取政府信息，提高政府工作的透明度，促进依法行政。政府部门在某种程度上可能同时作为公共信用信息和政府公开信息的提供主体，但是，公共信用信息与政府公开信息之间也存在区别。

一是信息提供主体不同。例如，我国《政府信息公开条例》中的政府信息，是指行政机关在履行行政管理职能过程中制作或者获取的以一定形式记录、保存的信息。即政府公开信息的提供主体为行政机关。而公共信用信息提供主体包括行政机关、司法机关、法律法规授权的具有管理公共事务职能的组织以及公共企业事业单位、群团组织，较之政府公开信息更为宽泛。

二是所提供信息范围不同。《政府信息公开条例》中所规定的公开信息范围，包括主动公开与依申请公开两种情形。主动公开的信息涉及公众利益调整、需要公众广泛知晓或者需要公众参与决策的政府信息，包括行政机关所制定的规范性文件、行政机关机构组织及职能、经济和社会发展规划政策、财政信息、政府集中采购等。依申请公开的信息是公民、法人或其他组织由于自身生产生活等方面的需要，向地方各级人民政府、对外以自己名义履行行政管理职能的县级以上人民政府部门申请获得所需信息。而公共信用信息是反映信息主体信用状况的信息，与政府公开信息可能存在交叉，但两者并非完全的包容关系。

三是实施法律后果不同。政府公开信息是为满足民众的知情权或者说申请获取政府信息的权利，是民主与法治的重要支撑。民众知情权，理论界有观点将其视为“基本权利”，是宪法所保障的基本权利，是一种当然的甚至天然的权利；而政府信息属于公共财产，公众有权获取，不应对申请政府信息公开主体加以过多的限制。公共信用信息则是为了提高公共事务管理机关监管的效能，增强其事中事后监管的精准度，形成诚实守信的社会氛围。政府公开信息与公共信用信息的信息范围与用信主体或许存在交叉，但两者在制度设计目的、实施法律后果上均有较大区别。

二、公共信用信息的基本特征

公共信用信息是行使公共管理职能的部门履职过程中产生的信用信息。因此，公共信用信息中的“信用”，应当是道德上的诚信，具有公共性、公开性、真实性、完整性和信息性的特征。

（一）公共性

公共性是公共信用信息的典型特征。这首先是因为公共信用信息的获取主体具有公共性。公共信用信息是由具有公共事务管理职能的主体获得，其所获得的公共信用信息是基于社会管理活动的需要，且由于其自身性质和职能需要，此类信息只能服务于公共社会领域。其次是公共信用信息的产生领域具有公共性。公共信用信息在行政管理活动中产生，此类活动是公开透明的，其所保护的利益在于整个社会的运行秩序。最后是公共信用信息本身具有公共性，是社会运行中的公共产品。公共信用信息能够识别自然人、法人和非法人组织，与信息主体间具有联结性。而且，公共信用信息的内容一般表现为自然人、法人和非法人组织的基本信息，或者是基本的公共信息，主要起到记录信息主体的公共信息或公共行为的作用。对公共信用信息本身而言，其性质内容并不属于隐秘信息，相反，实现公共信用信息共享能够促进行政活动的高效进行。因此，强调公共信用信息具有公共性，有利于整个社会的公共财富的利用，也有利于公共信用信息本身发挥其重大价值。

（二）公开性

公共信用信息是政府及公共企业事业单位在履行职责过程中产生的信息，具有公共财产的属性，以公开为原则，以不公开为例外，政府部门应当共享共用。同时，也应当保障社会其他主体获取公共信用信息渠道的畅通。但应当注意的是，公共信用信息的归集、使用、公开等，在某种程度上会对信用主体的基本权利产生限制。因此，在指出公共信用信息具有公开性的特征时，仍需强调保护信用主体的相关基本权利。这是因为，具有公共管理职能的行政机关在履职过程中获取信息主体的信用信息，是一种事实层面的必然要求，一般不涉及对信息主体规范层面的评价。但是，将信息主体的信用信息归集至公共信用信息平台及后续进行信用评价、实施奖惩措施等公开利用的行为，则容易对信息主体造成人格上的实质影响。因此，对公共信用信息公开的范围、渠道等相关事项进行规定时，就应当采取谨慎的态度，建立明确的标准，对公开信息的合法性、合理性等严格把关，避免对信息主体造成不利影响。如规定公共信用信息的公开应遵循目的限定原则，即公共信用信息归集的目的应当足够明确，以确使信息主体对个人信息的后续使用产生清晰的认识和预期。① 规定公共信用信息的收集、使用和共享还应当遵循最小化使用原则，即在从事某一特定活动时可以使用也可以不使用公共信用信息时，则尽量不使用，尤其是在必须使用并要求征求信用主体许可时，要尽量避免使用。这些有利于信用主体权利保障的实施原则，有利于公共信用信息有序、可持续公开，同时也是对信用主体相关基本权利的保障和尊重。

（三）真实性、完整性和信息性

公共信用信息平台作为社会信用体系建设的重要部分，是对信息主体进行信用评价、对信息主体实施守信激励措施或失信惩戒措施等一系列信用治理手段的依据。由此，公共信用信息提供单位应当对其提供的公共信用信息的真实性、完整性负责，不得篡改、虚构信用信息；不得有人工干预，基于主观偏好或选择性归集公共信用信息。真实性与完整性是对公共信用信息的信息质量要求，不仅包括归集的真实与完整，还应当包括对公共信用信息的及时更新、对信息主体所提出异议的信息及时进行核实与更正，以保证信息的真实可靠。除此之外，公共信用信息的信息性也值得一提。在传统的社会管理活动中，公共

① 梁泽宇．个人信息保护中目的限制原则的解释与适用［J］．比较法研究，2018（5）：16-30.

信息的传播途径主要以邮寄、人力为主，其成本随着时间和地域范围的扩大而上升。公共信用信息的传递是非常艰难的，在这方面往往出现各部门、各地区间相互隔绝的现象，阻碍了行政管理活动的便捷高效。而信息时代则颠覆了传统的信息传播路径，信息技术的发展使得现实的信息传播方式向虚拟空间转变，信息间的交换共享变得非常高效且成本低廉。数据作为公共信用信息的载体，突破了传统的封闭之路。因此，信用信息的有效传递，是信用建设的基础，也是信用立法的重点。

三、公共信用信息的范围与分类

（一）公共信用信息范围

公共信用信息范围的界定涉及公共信用信息平台的建立以及公共信用信息的归集、公共信用信息的共享等，因此，对公共信用信息范围的明确尤为重要。一方面，公共信用信息应当体现信息主体的信用状况或信用评价，与信用状况无关的信息不应当被纳入公共信用信息的范畴。另一方面，将某种信息纳入公共信用信息范围予以归集应当考虑其合法性，应当在法律法规所确定的权限范围内，尤其是对信息主体产生负面评价的信息，不应当超出规定权限而进行归集，因此，目前可行的做法是谨慎编制《公开信用信息目录》。① 只有符合《公开信用信息目录》的公开信用信息才能收集和共享，不符合《公开信用信息目录》的公共信用信息则禁止归集和共享。

（二）公共信用信息分类

公共信用信息的分类是将具有某种共同属性或特征的信息归并在一起，把具有不同属性或特征的信息区别开来的过程。对公共信用信息进行分类应当满足三个基本原则：一是简明性。为快速定位信息资源，分类类目的层级不宜过多，通常以两级为宜。过多的分类类目层级难以快速定位所需信息，同时在对信息进行目录化、编码化时也会带来不便。二是实用性。以应用需求为主导，

① 目前许多地方信用立法已经明确规定应当编制《公共信用信息目录》，如《上海市社会信用条例》第九条；《厦门经济特区社会信用条例》第八条。

保证公共信用信息分类的实用、可操作，以实现公共信用信息采集、管理、服务、共享为目标，实现公共信用信息的有序管理和开发利用。三是开放性。考虑到事物的发展性与法律的滞后性，应当预留适当空位或规定兜底性条款，以适应公共信用信息类别的调整与扩充的需要，并做到与其他法律法规的衔接，尽可能保持公共信用信息系统的稳定性。

遵循公共信用信息分类的基本原则，目前应用较多的是依据信息主体将公共信用信息分为自然人信用信息、法人和其他组织信用信息；或依据信用信息性质分为正面信用信息、负面信用信息、中性信用信息；或依据信用信息类型分为基本信息、业务信息、司法信息、行政执法信息、公共事业信息、信用评价信息、其他信息；或依据信用信息保存期限分为有固定期限信用信息、无固定期限信用信息。在司法实践中，单一的分类标准往往难以满足实际需要，因此往往采用混合分类法，以一种分类方法为主，以其他分类方法为辅。目前得到广泛接受与应用的分类方式是将公共信用信息分为基本信息、正面信息、负面信息与其他信息四类。

基本信息通常指为识别信息主体而记载的具有识别性的信息，与信息主体信用状况并非紧密关联，但将反映信用状况的信息关联到特定信息主体，基本信息不可或缺。从自然人的角度，基本信息包含姓名、性别、证件号码、学历、婚姻状况等。部分信息，如自然人财产信息、医疗信息、生物信息等与隐私密切相关的信息，不宜纳入公共信用信息中的基本信息，在地方性立法实践中也被禁止进行采集。从法人和非法人组织的角度，基本信息包含名称、注册资本、成立时间、所取得资格或资质、所提供产品或服务等。《公司法》《企业信息公示暂行条例》等相关法律中规定了法人及非法人组织的信息公示义务，法人和非法人组织依法所应公开的信息，也可纳入公共信用信息基本信息的范畴。

正面信息是指对信息主体的信用状况进行正面评价的信息，一般为信息主体守法、履约状况的信息。正面信息通常包括各级人民政府及其部门授予的表彰信息或奖励信息，其中具有争议的是慈善捐赠、志愿服务等信息是否应当纳入公共信用信息中的正面信息。有学者认为该类信息在相当程度上反映了信息主体从事无因管理的意愿与能力，并且此类信息在相当程度上是信息主体守法践诺所带来的后果，因此应当纳入正面信息中。

负面信息是指那些对信用主体有不利影响的信用信息，主要是欺诈、违约、违法等不诚实的行为。如破产信息、偷漏税信息、拖欠或逃债信息、拒不履行合同信息、拒不执行生效法律文书、严重侵害社会管理秩序和社会公共利益的行为等。在许多地方性立法中表述为“失信信息”，指信息主体不履行法定或约定义务，导致对信息主体信用状况作出负面评价的信息。负面信息往往与“失信黑名单”“失信联合惩戒”等制度具有直接的联系，并在一定程度上作为将信息主体纳入“黑名单”或实施联合惩戒的依据，对信息主体权益具有直接影响。因此，对于负面信息的界定应当综合考虑进行明确的界定，不宜将所有的违法与违约信息都记录为负面信息。另外，对于刑事犯罪信息是否应当一概纳入负面信息，学界有不同看法。有学者认为，从违法性的角度来看，刑事犯罪属于违法情事最为严重的情形，纳入负面信息应无问题；同时存在例外情形，如涉及未成年人的刑事犯罪信息不应纳入负面信息。但是，并非所有的刑事犯罪都与信息主体的信用状况具有相关性，如很难认为侵犯公民人身权利的犯罪与反映信息主体信用状况的负面信息存在关联。因此，对于违法与违约信息，包括刑事犯罪信息，不宜一概认定为公共信用信息的负面信息，而是应当确立具体的纳入标准，遵守公共信用信息归集的基本原则。

其他信息属于中性信息。所谓中性信息，主要是信息提供方认为对相关主体信用判断属于客观中性的信息，对判断信用主体的信用状况不具有决定性影响。换言之，此类信息对于信息主体的信用状况是否构成影响，构成正面评价或是负面评价，法律不作评价，有待用信主体自行判断。除此之外，其他信息还承担着“兜底”的功能，行使社会管理职能的机关在履行其职责时获得的难以分类的信息、随着社会发展而产生的新兴信息均属于其他信息之列。其他信息主要包括两类：一是替代性信息。替代性信息的概念源于征信公司对信用信息较少的信息主体，通过收集与分析其社会生活中的其他信息，如电信通信信息、交通出行信息等信息，对信息主体进行信用评价的行为。替代性信息与信息主体信用状况并无直接关联，但可通过数据分析等技术间接反映信息主体的信用状况，并且在现实生活中为行政机关及其他具有社会管理职能的机关所归集，应当纳入其他信息之列。如缴纳水、电、燃气信息，电信通信信息，交通出行信息。二是涉及财产纠纷的民商事司法裁判信息。司法裁判信息之所以作为公共信用信息的重要来源之一，是因为其中未履行生效裁判的信息可以作为失信信息成为实施失信联合惩戒措施的根据。但是，并非所有的司法裁判信息都应当纳入负面信息之中，对于信息主体负有给付义务并且已经履行给付义务的信息等信息，应当纳入其他信息，交由用信主体自行判断。

从发达国家和地区的经验来看，重点是对负面信息进行归集和利用。在我国社会信用建设的背景之下，往往要求对正面信息进行采集共享和利用，这就需要在法理层面解释为何正面信息需要采集，公共信用信息管理部门和市场化的信用服务机构对于正面信用信息的采集和利用规则如何构建，本章下一节将重点予以讨论。

四、公共信用信息的价值和意义

对公共信用信息进行归集与共享，建立公共信用信息数据库与公共信用信息平台是社会信用体系建设的重要举措。公共信用信息对于管理和利用信息资源、准确评估信息主体的信用状况、完善信用奖惩制度都具有重要意义。

（一）有利于管理和利用信息资源

在市场经济条件下，信息资源供给有限，且市场主体自发共享公共信用信息的动力不足，容易形成信息不对称、信息孤岛等问题，浪费市场资源，降低市场活力。因此，具有管理公共事务职能的部门建立与运行的公共信用信息平台，成为保障公共信息资源有效供给的制度安排。通过制定公共信用信息归集与共享的具体事项，不仅能够保证信用信息的客观性、真实性，而且能够通过信用信息的及时更新保障信息质量，降低因信息不对称所导致的低效率，从而提高信息资源的社会分享程度，更好地发挥市场经济的优势，形成良好的市场氛围。目前众多公共事务管理机关开展与探索公共信用信息分类管理制度与标准体系建设，利用统一社会信用代码等方式对公共信用信息进行管理与运用，标准与编码化技术使具有管理公共事务职能的机关能够更加便捷、高效地利用公共信用信息，并使公共信用信息平台与大数据技术、区块链技术等新兴技术紧密结合，提高了社会治理能力与信息资源的有效利用。

（二）有利于准确评估信息主体的信用状况

公共信用信息是由具有管理公共事务职能的部门依法依规归集的，其信息涵盖范围广、信息质量高，公共信用信息平台将各类信息主体的信用状况予以较为全面的展示，为用信主体提供一个全面、真实的信用记录，从而为信用交易的相对方根据当事人不同的信用状况而适时地选择是否与其进行信用交易，以及防范信用风险的具体措施。对信息主体进行更为准确的信用评估，对用信主体而言，有利于及时发现潜在风险，避免信息主体同时从多个用信主体处获得利益，更加有效地采取防范风险措施；对信息主体而言，可凭借自己优良的信用评价在市场经济中获得更多的交易机会以及更好的交易条件。当良好的信用评价成为信息主体的一项无形财产时，信息主体就有维护自身良好信用评价的动力，以达到鼓励人们诚实守信的目的。

（三）有利于完善信用奖惩制度

信用奖惩制度是社会信用体系运行机制的重点。在社会信用体系建设下，信用逐渐成为市场资源配置的重要考虑因素。通过公共信用信息平台的建设与信息的共享，将失信主体蒙骗对方的“一对一”改变为一旦有失信记录即有可能面对全社会惩罚的“一对多”，形成广泛监督的社会共同治理格局，从而正向引导守信行为，使个人和企业争当诚信模范。目前，公共信用信息已经能够成为守信激励的依据。在市场监管和公共服务的市场准入、资质认定、行政审批、政策扶持等领域，通过对公共信用信息的信用评级、分类管理，并在依法行政的前提下，依据信息主体的正面信用信息，对诚实守信主体加大扶持力度，实行政策享受优先、办事“绿色通道”、减少监管频次、公示优良信息等激励措施，使守信者在市场中能够获得更多机会，形成正向激励机制。与此同时，公共信用信息还是失信惩戒的重要依据。通过失信惩戒，使失信行为无处藏身，警示大众，促成形成不敢失信、自觉守信的良好氛围。一些部门和地方推行失信惩戒工作，充分发挥公共信用信息管理在事中、事后监管中的作用，在政府部门和组织依法依规对本领域失信行为作出处理和评价的基础上，通过公共信用信息共享，推动其他相关部门和组织，依法依规对造成重大负面影响的重点领域和严重失信行为实施联合惩戒，从市场、行业、社会等多角度进行约束，实现公共信用信息的综合联动应用。

第二节　公共信用信息的归集

公共信用信息的归集是社会信用体系建设的首要环节，行政机关、司法机关等在履职过程中应当依据合法行政原则，避免行政权力的过度扩张，同时要坚持比例原则和客观公正原则，严守归集公共信用信息的相关性和限度要求。基于公共信用信息的自身特色要求，安全保密原则也成为一大重点。对于公共信用信息归集的具体流程的设计和构造，应当明确公共信用信息的归集主体，并对公共信用信息的类别做相对完整明确的区分，以期在具体归集过程中能够保证及时高效、严谨准确。同时，公共信用信息的归集仅仅开启了公共信用信息运用的大门，大量信用信息涌入之后采取目录化的归集方式，必须为后续的运用及共享提供有利的先行基础。

一、公共信用信息的归集原则

面对数量庞大，来源多样的公共信用信息，如何确立归集思路是需要解决的第一个问题。从公共信用信息自身就有的行政属性来看，公共信用信息归集过程中，为了保护私权遏制公权，使公权高效运行造福整个社会，有必要建立起一个相对平衡的机制和原则。因此，在公共信用信息归集过程中，应当本着“只归该归的，归尽该归的”归集思路，让合法原则、比例原则、客观公正原则和安全保密原则成为公共信用信息归集的基本原则。

（一）合法原则

公共信用信息的管理涉及公权力部门之间的内部关系，更涉及公权力与私权利之间的外部关系。在现代法治国家，公权力对于私权利的介入，必须遵循限制公权力、保障私权利的法治原则。因此，公共信用信息的归集首先应当也必须做到的就是合法性要求，“法无明文规定即禁止”，归集主体必须依据法律法规的规定，依照法定的程序对公共信用信息进行归集，此为合法原则的应有之义，具体内容应当包括以下两个层面：

一是公共信用信息归集对象的合法性。政府对信用信息的管理和利用应当符合正当目的，防止公权力对该私人空间的过度渗透。因此，公共信用信息的归集对象应当限定为具有完全民事行为能力的自然人、法人及其他组织，也不应为了构建诚信社会将归集对象的范围扩张到全年龄全领域。社会信用体系建设同样应与此相衔接，将未成年人排除在公共信用信息的归集主体范围之外。从现实角度来看，如果将未成年人都纳入社会信用体系之中，则意味着其任何行为都要承担责任和义务，同时该行为还会持续影响到成年阶段。这样的规定不仅压缩了未成年人的试错空间，而且其中产生的矛盾和负面影响将很难通过其他方式消除。因此，将未成年人排除在公共信用信息的归集主体范围外是更加合理的选择。

二是公共信用信息归集内容和程序的合法性。公共信用信息归集内容的合法性是公权力运行的法治要求，法无授权不可为，法定职责必须为。公共信用信息聚焦于信用主体的信用状况，但并不意味着需要关联信用主体所有的信用信息。同时对于公共信用信息归集的程序性规定也是限制和防止行政权力滥用的一道重要防线。尽管目前对有关公共信用信息归集程序的关注，仍相对处于弱化的状态，但各地针对自身特色和现状，通过制定地方标准或者政府规章对归集流程作出规定，是公共信用信息法治化的内在要求。

就目前各地已有经验来看，对于内容和程序的限制大多体现为目录化管理方式，以正负面清单的方式对于内容和程序进行限制。可能出现的情况主要有两种，一是按照法律法规已有规定事项进行公共信用信息的归集，二是法律法规未明确规定的但确有必要进入归集目录的违法事项，应当依据法定的正当程序纳入，并且对违法事项进行类别划分，以便公共信用信息归集能够高效处理和便利运用。目前，各地的公共信用信息管理办法均对应当纳入归集目录的违法信息通过政府规章来明确规定。例如，《武汉市公共信用信息管理办法》将单位的税款、社会保险费欠缴信息等有关信息纳入公共信用信息平台，①《北

① 《武汉市公共信用信息管理办法》第十三条第一款。

京市公共信用信息管理办法》将单位发生安全生产、食品安全、环境污染、产品质量等责任事故信息纳入公共信息平台。①

（二）比例原则

比例原则的要求包括合目的性，即行政执法手段必须符合法律目的以及适当合理性，即手段必须能够达到目的或者至少有助于达到目的，同时还要求损害最小或侵害最小，即有多种手段可供选择时，应当选择侵害相对人权益最小的。

鉴于公共信用信息被纳入归集范围将会对信息主体造成重大和持续影响，并在诸多领域和层面上影响信息主体的自身利益，信用信息是否应当纳入公共信用信息归集范围需要经过谨慎考量和慎重决定，尤其是那些法律法规中尚未出现明确规定但基于社会信用体系建设的需要有必要纳入公共信用归集范围的信用信息，同时还要兼顾纳入公共信用信息归集范围中的信用信息的深度。纳入归集范围并不意味着要对该项信用信息进行无休止的挖掘，而应始终坚守对于信息主体个人权利的保护。在立法和执法过程中更应当充分考虑违法违约行为的性质及其后果，始终将避免处罚过当作为考量的重点和关键，切忌“下猛药”，避免因为对效果立竿见影的追求而影响执法的公正性和合理性。例如在《江西省公共信用信息归集和使用暂行办法》中并没有将企业因失信违法行为受到的一切行政处罚均纳入公共信用信息的归集范围，而是对纳入标准作出了明确规定，企业只有因失信违法行为受到10万元及以上罚款的才会被纳入企业的警示信息当中。② 同时在归集过程中还要保证公共信用信息的相关性，保护行政相对人的个人隐私，对于与信用状况无关的信息不予采纳。

与此同时，在公共信用信息的归集过程中还应当遵循最小干预与最小侵害原则，兼顾行政目标的实现和保护相对人的合法权益，选择对相对人侵害最小的手段。这种最小侵害原则，也称必要性原则，是公法上的一项重要原则。它

---

① 《北京市公共信用信息管理办法》第十条第四款。

② 《江西省公共信用信息归集和使用暂行办法》第十条中的规定：警示信息包括企业因失信违法行为受到10万元及以上罚款、没收违法所得或者责令停产停业行政处罚的。

要求在有效实现行政目的前提下，行政手段的选择必须满足对相对人或公众损害最小的实质性约束。按照最小侵害原则，公权力在信用建设过程中，要严格依法行政，严格限制自由裁量权的使用。第一，不得违法减损权利或增加义务。第二，过罚相当的原则。例如，对于城市中的霸机、霸船、医闹等社会问题不宜采用更加严厉的手段予以规制，通过信用规制的手段符合比例原则的要求。在公共信用信息归集过程中对于比例原则的坚持将在很大程度上保证公共信用信息归集和社会信用体系建设自身的可信度，不断扩大信用建设的正面影响，切实推进社会信用体系建设的发展与完善。

（三）客观公正原则

公共信用信息的提供单位应当保证信用信息的真实性、准确性，信用信息不容篡改虚构，所有的信用信息必须真实有效。公共信用信息归集主体和公共信用信息平台在对公共信用信息进行录入时，必须始终保证零人工干预，同时在对公共信用信息的整合和比对时，应当通过信息算法分离、算法歧视矫正等方式避免主观偏好对于公共信用信息真实性和准确性的影响，同时也要通过交叉检查等方式避免对于归集的信息进行选择性裁剪和片段式提交。

公共信用信息的归集应当遵循“谁产生、谁提供、谁负责”① 的原则，对行政机关影响公共信用信息真实性、准确性的不当行为进行处分和问责。同时针对公共信用信息归集过程中不可避免的错误，应当建立反馈机制，② 将其作为自身的一种纠错机制。具体而言就是对多渠道多来源的公共信用信息进行比对核实，将其中的差异化数据和错误数据及时反馈给相关部门，进行调查、验证和核实。针对错误信息的问责不应当采取一刀切的方式，只要出现错误就对公共信用信息的归集主体进行惩罚，相反要求归集过程的科学合理是更为有效的规制方法。也就是即使出现了公共信用信息的归集错误，只要公共信用信息的归集主体能够说明信息归集程序的合理性和科学化，便应当能够免除公共信用信息错误的责任。

---

① 《武汉市公共信用信息管理办法》第十七条。

② 江洲，周莉，路源，等．地方标准 DB 13/T 2786—2018《公共信用信息归集规范》解读［J］．标准科学，2018（11）：123-126.

值得一提的是，反馈机制的建立并不影响信息主体的异议权行使，异议机制同样应当与公共信用信息运行机制的建立和完善保持同步。首先考量的便应是异议申请环节，信息主体认为公共信用信息的归集过程中出现错误、遗漏或者侵犯国家秘密、商业秘密和个人隐私等合法权益的，或者失信信息超期未删除或者未得到妥善处理的，拥有异议申请的资格。异议处理则应视异议对象的不同，采用不同的处理方式，错误基本出现在公共信用信息中心更正范围和公共信用信息提供主体更正范围，但无论采取何种处理方式，异议标注都是其中的关键和重点，如果错误应当由公共信用信息中心进行更正，通过异议标注再对其进行比对和确认，最终就可作出更正与否的决定，而针对公共信用信息提供主体的更正范围，加注异议标注的材料将被送回提供主体并进行相关处置。但对于异议的处理无疑需要时间，在此期间不做任何处理仍然会对信息主体的个人权利造成侵害，但被加注异议标注的信息能够起到提示作用，即向查询方或者运用者表明该项信息仍然处于待核实状态，赋予了信息主体附期限的“陈述”与“申辩”权利，并以这样的方式避免了对于信息主体个人权利的持续侵害。

（四）安全保密原则

公共信用信息的安全性和保密性理所应当成为社会信用体系建设的重中之重，在公共信用信息归集过程中，对于信息传输和存储的安全保障要求不断强化归集主体的信息管理职责，不只是落实到地区或者单位，更应当将相关信用信息准确对应到个人负责，必须严格把控信用信息安全，防止不法分子对公共信用信息的盗用。

在将安全保密原则作为公共信用信息归集基本原则的同时，还不能忽视对行政机关自身及其工作人员的保密责任设置，落实对不正当归集公共信用信息的责任和处罚，严禁违规披露、泄露公共信用信息或者以任意方式造成对公共信用信息安全的威胁。

需要明确的一点是，公共信息的归集并不等于公共信用信息的公开。公共信用信息的归集范围远远大于公共信用信息的公开范围，它应当包括可公开的公共信用信息、经申请公开的公共信用信息以及不公开的公共信用信息。在实际的公共信用信息归集过程中，凡是涉及商业秘密、个人隐私的政府信息，保证其秘密性依然是首要和最重要的要求。由此观之，行政机关及相关的公共信用信息平台应当建立相对完善的公共信用信息查询机制和流程，对可公开的公共信用信息直接公开，并通过网络等途径便利民众对可公开公共信用信息的获取。不应直接公开的公共信用信息，仍然需要经过信息主体的授权或通过法定查询程序才能予以查询。对非公开公共信用信息的查询行为应当建立查询日志，记载相关查询人员的姓名、时间、查询内容等信息，以便出现问题时能够准确定位责任主体，实现精准追责。行政机关工作人员和公共信用信息平台工作人员在归集过程中更要严格履行好保密义务，非因履职的需要，不得利用公职便利查询公共信用信息，否则要承担相应的法律责任。当然如果信用主体发现不慎泄露的非公开公共信用信息中存在不应当记载的信息或者存在记载错误的话，仍然应当通过异议程序等救济维护自己的合法权益。

二、公共信用信息的提供主体与归集主体

（一）公共信用信息提供主体

公共信用信息的归集是一个复合行为，并不是简单地输入信息或者输出信息，而是包含了接受公共信用信息和对所接受的公共信用信息进行整合，为下一步的运用做好准备这样两个行为。由于公共信用信息的广泛来源和广阔覆盖面，公共信用信息的提供主体来源也非常丰富，大致可以将其分为行政机关、司法机关和被法律法规授权的具有管理公共事务职能的组织机构等三大类。

从公共信用信息的数量来看，首先是以大量具体行政行为为信息来源和基础的行政机关。行政权具有非常明显的主动性，而行政机关在行政执法过程中也产生了数量庞大的涉及具体行政行为的公共信用信息。其中大部分的信息属于应当直接公开的信息，而这些信息本身来自行政机关自身的行政执法行为，可信度和准确性都能得到保障，同时这些信息能够为市场主体或者自然人对行为相对人的守信预期提供判断基础，降低因为信息不对称带来的风险，使社会信用体系建设的意义真正落到实处。目前，从表面上看，国家发展改革委牵头部署的全国信用信息共享平台是公共信用信息归集共享的总枢纽，带动了各行

政机关对自己已经拥有的公共信用信息的整合和处理，推动打通各部门机构之间的“信息孤岛”。但从本质层面看，不愿意参与归集、归集质量无法保证等问题始终存在，各地政府和相关政府部门机构所制定的管理办法对于归集的统一标准规范和具体流程尚且处于提及状态，深层次的归纳总结还不明确或者数量极少，归集的进一步推行势在必行。同时许多垂直管理政府部门（例如工商、税务等）的信用信息基本都采用了数据交换模式集中存储和共享，很多数据仍旧不能及时归集到信用服务平台的信息系统，还有规模庞大的公共信用信息分别储存在各个不同的行政机构和部门中等待挖掘和归集整合。

相对而言，司法部门作为失信惩戒黑名单的试水者已经较早地开始了对公共信用信息的归集和整合。从落实进程而言，虽然判决书实现了公开，但此种公开仍然处于政府信息公开要求的状态，并未实现对于公共信用信息中司法信息的有效利用，相关信息并未实现与其他行政机构或部门的合并，而单一的司法信息如司法判决信息、强制执行信息等虽然已经成为失信联合惩戒黑名单的判断依据，但市场主体、自然人或者其他行政司法机关对于信用信息的利用相对单一，并未能真正实现与其他相关信息的结合，并最终消除信息不对称，实现对信用主体的信用状况的准确判断。司法信息作为一种来源相对独立的公共信用信息，经过科学完整司法流程，信用信息的客观准确性和公正性都能在很大程度上得到保证，对信用主体信用状况的判断也有极为重要的参考价值，因此司法机构的司法信息应当成为公共信用信息归集和整个社会信用体系建设的重要资源。

从保证公共信用信息完整性的角度来考量，还有一些是被法律法规授权的具有管理公共事务职能的组织机构，它们的机构设定相对分散，权力都来自法律授权，它们承担了一定规模的公共事务管理责任，而在公共事务管理过程中公共信用信息自然就会产生。关于法律法规的授权，主要包括法律关于“具有管理公共事务职能的组织”的规定、行政法规中关于“具有管理公共事务职能的组织”的规定和地方性法规关于“具有管理公共事务职能的组织”的规定三个来源，经过授权所参与管理的公共事务，大多相对琐碎但仍然具有一定的参考价值。

（二）公共信用信息归集主体

公共信用信息的提供主体和归集主体应当区别开来。尽管公共信用信息的提供主体来源多样，覆盖面广泛，但在通常情况下，公共信用信息的提供主体既不应该也无法直接完成公共信用信息的归集和整合。因此，依托相关的公共信用信息平台进行公共信用信息的归集、共享、公开等服务就是一个更优的选择。但是，将公共信用信息平台作为归集主体，目前仍存在诸多问题，需要较长时间进行改进和完善。

一是国家层面的公共信用信息归集主体——国家公共信用信息中心的构建。作为全国社会信用体系建设的基础平台，国家公共信用信息中心要发挥公共信用信息互联互通的枢纽作用，必须在各个层面上做好与各地方的公共信用信息平台的对接，同时各省、自治区和直辖市公共信用信息平台也应做好相应的对接工作，互通有无，做好公共信用信息发布、共享和服务工作。具体而言，各地区的公共信用信息平台作为该地区范围内公共信用信息归集、披露和适用的载体，不仅要做好可公开公共信用信息的直接公开以及经申请公开的公共信用信息的查询服务，也要承担公共信用信息的异议申请和异议处理等相关工作，并且努力实现公共信用信息跨地区、跨部门、跨系统共享。只用真正用好公共信用信息平台，将它的工具和载体作用充分发挥起来，才能不断推进行政机构、司法机关和经法律法规授权的具有管理公共事务职能的组织机构之间“信息孤岛”的消除和“信息壁垒”的打破，使大量的公共信用信息真正为社会所用，让数量庞大的公共信用信息发挥其应有的价值。

二是要充分认识到各地公共信用信息平台在建立初期，由于公共信用信息标准尚未统一，各地公共信用信息的归集和整合模式及具体操作规程多种多样，这必将给国家层面的公共信用信息归集和整合造成极大困难。加之各地公共信用信息归集主体对公共信用信息的安全保障的重要性缺乏认识，例如，个别地方公共信用信息平台之间数据上传和下载过程不加密，异地备份工作完全或者基本处于空白状态，公共信用信息涉及大量公民个人信息以及企业等主体的详细信息，却没有保护措施，一旦出现数据泄露或者恶意篡改数据等恶性事件，无疑将对公共信用信息运行机制或者社会信用体系的建设造成不可估量的损失。另外，各地对公共信用信息平台整合的监督仅停留在理论阶段，在具体监管部门的确定和落实仍然悬而未决的地区，公共信用信息平台“既当运动员又当裁判员”的情形就极易出现，而这肯定会在短期内对公共信用信息平台建设带来极大的负面影响，而公共信用信息平台建设和公共信用信息运行机制的自身特色又决定了一旦造成不利后果，必将严重影响政府的社会公信力。

因此，作为公共信用信息归集主体的各地公共信用信息平台，迫切需要统一公共信用信息标准，以此推动全国公共信用信息整合成本的降低。同时，更应该将提高公共信用信息平台的安全级别提上日程，最大限度地保障公共信用信息的安全性。同时，还要尽快明确监督管理部门，实现监管运行相分离，只有这样才能保证公共信用信息平台的健康运行，并以此为依托推动公共信用信息运行机制的发展和完善。以武汉市公共信用信息中心为例，该归集主体由武汉市发展改革部门主管，而武汉市各区县人民政府明确授权由公共信用信息主管部门负责本区域的公共信用信息归集、披露、适用的统筹协调和监督管理。行政相对人可以通过信用武汉网站快捷高效地查询到相关企业的信用信息，在信用公示界面还可以通过搜索行政相对人的方式查询行政处罚和行政许可等公共信用信息，实现了行政许可和行政处罚等公共信用信息集中公示和报送。同时武汉市公共信用信息中心还提供包括行政双公示、信用承诺公示、红黑名单公示和企业信用评价等在内的大量公共信用服务，同时保持与国家公共信用信息平台的有效对接，接受国家公共信用信息平台的监督，与其他地区公共信用信息平台构建信息整合、共享的长效机制，与各地各级公共信用信息中西开展联合惩戒等相关工作，不断推动公共信用信息归集、整合、适用的全国一体化进程。

三、公共信用信息的归集类别

公共信用信息的归集对信用主体的信用状况会产生重大影响，因此公共信用信息的完整性和准确性更加重要，而对于完整性和准确性的保证很大程度上来源于具体公共信用信息的构成。公共信用信息首先应当明确信用主体的身份等相关基本信息，注意信息与信用状况的关联性，应当将公共信用信息的归集严格限定在法律规定的范围内，将保护相对人的隐私权和信息自决权放在核心的位置上。其次，基本信息也不应局限在身份信息或者企业基本信息的范畴，还包括许可类信息、资质类信息等与信用主体的信用状况有着较为密切关联的信息。

（一）基本信息

1. 自然人的基本信息

以《武汉市公共信用信息管理办法》为例，自然人的基本信息包括：（1）身份信息：包括姓名、性别、证件类型、证件号码等内容；（2）学历、就业状况；（3）取得的资格资质、执业注册、登记备案等行政许可信息；（4）社会保障信息，包括社会保障的内容、机构类型、参保时间等内容。自然人基本信息中的身份信息能够识别信用主体的身份，但需要注意的是身份信息应当标识为非公开信息，在公共信用信息归集的全过程保护公民的隐私权。同时，取得资格资质、执业登记等相关行政许可信息可以在一定程度上体现个人的工作能力、就业状况和就业前景，并可借此预测自然人履行义务的能力，实现社会信用体系的制度目标。公共信用信息平台在采集和归集过程中都始终要避免对自然人基本信息归集范围的盲目扩大，自然人的宗教信仰、基因、指纹、血型、疾病和病史以及法律、行政法规规定禁止采集的其他个人信息均不得采集，切实将保护相对人的合法权益放在首位。

2. 法人的基本信息

同样以《武汉市信用信息目录》为例，法人和非法人组织的基本信息主要包括以下内容：（1）法人（含其他组织和个体工商户）的身份信息：包括名称、信用代码（或组织机构代码）、营业执照注册号、单位类型、经营范围、注册资本、成立日期、住所、经营期限、法定代表人等内容；（2）取得的资质或资格信息：资质信息包括资质等级、资质证书状态等，资格信息包括申请专项资金、补助资金资格结果等内容；（3）行政许可信息：包括许可文书编号、许可类型、许可内容、有效期等内容；（4）分类监管信息：包括监管结果、监管 依据、监管机构等内容；（5）专项或周期性检验、检测、检疫、检查（含年报年审）结果信息等。法人的基本信用信息范围较为宽泛，内容相对多样，但在实践中要注重与企业信息公示制度的衔接，明确政府与企业的信息公示义务、公示内容和程序，防止在归集过程中损害企业的商业秘密等合法权益。

（二）正面信息

以《宿迁市社会信用条例》为例，信息主体的正面信息包括（1）党政机关、群团组织、社会组织、行业协会商会在履行职责过程中产生或者掌握的相关主体受表彰奖励等信息；（2）参与志愿服务、无偿献血、慈善捐赠活动等信息；（3）经授权的市级以上行业协会、商会推荐的诚信会员信息；（4）其他正面信息。这些信息不一定关乎信息主体的守法和履约状况，但在一定程度上反映了信息主体从事无因管理的意愿和能力，如慈善捐赠和志愿服务信息，或者一定程度上是信息主体守法践约带来的后果，如表彰奖励信息，因而有必要列为正面信息。①

1. 自然人的正面信息

自然人的正面信息主要包括：（1）获得表彰奖励的信息。即国家机关、法律法规授权履行公共管理职责的组织以及公共企事业单位颁发的荣誉表彰和给予的奖励等信息；（2）参与志愿服务、无偿献血、慈善捐赠活动等的信息。信息提供单位在履行职责过程中产生或者掌握的自然人参加志愿服务、无偿献血和进行慈善捐赠的信息。

2. 法人的正面信息

法人的正面信息主要包括：（1）获得表彰奖励的信息。国家机关、法律法规授权履行公共管理职责的组织以及公共企事业单位给予法人表彰和奖励的信息；（2）参与志愿服务和进行慈善捐赠活动的信息。即信息提供单位在履行职责过程中产生或者掌握的法人参加志愿服务、进行慈善捐赠的信息；（3）获得诚信会员的信息。对于本行业或者商会持续生产和销售具备高品质的服务和产品的生产商和销售商，可以由行业协会或者商会授予其诚信会员，

---

① 罗培新．社会信用法：原理·规制·案例［M］．北京：北京大学出版社，2018：75.

并由信息提供单位归入法人正面信息之中。

（三）负面信息

公共信用信息归集的主要内容应当聚焦在负面信息，也就是失信信息上，即信用主体违反法律法规规定或约定义务的公共信用信息。但对于失信信息的关注并不意味着所有的违法违规信息都应当纳入公共信用信息平台进行归集、整合和运用，社会应当对失信者保留一定的容错空间，这样也有助于失信者进行信用修复，避免“一朝失信，终生受限”的局面反复出现，同时“一朝失信，终生受限”从根本上也将阻碍公共信用信息运行机制或者说社会信用体系的健康运转。

1. 自然人的失信信息

以《武汉市公共信用信息管理办法》为例，自然人的失信信息主要包括下列内容：（1）提供虚假材料、违反告知承诺制度的信息；（2）适用一般程序作出的行政处罚信息、行政强制执行信息；（3）被监管部门处以行业禁入的信息；（4）监管部门在监督检查过程中确定的失信信息；（5）税款欠缴信息等内容。

上述规定的第（1）条是指在行政许可或行政审批过程中，自然人提交虚假材料进行不正当竞争，骗取行政许可等行为涉及的相关信息。第（2）条中规定的一般程序作出的行政处罚和行政强制执行信息是将违法情节轻微等简单程序行政处罚的情形排除在外了的。第（3）条是针对相对人在从事特定行业的过程中出现严重失信行为的情形时，禁止其再次从事相关事业的有关信息。第（4）条是在行政监督过程中检查到的失信信息。第（5）条中其他地区如上海等地，不仅将欠缴税款纳入信用信息平台，还将欠缴依法应当缴纳的社会保险费、行政事业性收费、政府性基金等信息均纳入公共信用信息归集的范围中。

2. 法人的失信信息

以《北京市公共信用信息管理办法》为例，法人的失信信息包括：（1）向行政机关提交虚假材料的信息；（2）违反向行政机关作出的书面承诺的信息；（3）行政机关使用一般程序作出的行政处罚、行政强制信息；（4）发生安全生产、食品安全、污染环境、产品质量等责任事故被行政机关处理的信息；

（5）国家规定的其他不良信息。目前，在各个地方公共信用信息管理办法中，均有对具体的失信行为的明确规定，同时设置兜底指引条款“国家规定的其他不良信息”，这种立法例既体现了法律的周延性，又极大地增强了法律的涵射性，保证了公共信用信息制度的完整和覆盖的全面性。

（四）其他信息

归为其他信息的公共信用信息，主要是该类公共信用信息的性质一般都处于摇摆不定的状态，也就是说，此类公共信用信息与信用主体的信用状况是否存在关联、将会产生什么样的影响，都无法通过一个相对固定的逻辑关系推演出来。因此，法律对此不作明确规定，而将这部分留待用信主体自行判断。例如，信用主体对已生效民商事裁判中的已经履行完毕或尚处于给付义务履行中状态的相关公共信用信息，就不能“一刀切”地定性为负面信息，而宜交给用信主体自行判断。再如《福建省公共信用信息管理暂行办法》中涉及有关提示信息的规定，其中包括一些尚未违反法律法规，但有可能在未来对交易对手、交易行为等产生风险的信用信息。各地对于信用信息的分类标准尚未统一，有些地区如山东省、武汉市、杭州市等地的管理办法均将正面信息一并纳入其他信息的范围中。因此，对于公共信用信息归集类别的界定，特别是对基本信息、失信信息等信息种类进行准确区分，需要在今后加以明确。在今后一个相当长的时期里，助推公共信用信息归集统一标准的理论和实践的研讨势在必行。通过对于公共信用信息归集类别的完善，推动整个公共信用信息运行机制乃至整个社会信用体系的发展进步，让社会主义信用体系建设发挥出强大的溢出效应，是有利于完善我国诚信建设长效机制的。

第三节　公共信用信息的共享

《规划纲要》要求各地区、各行业要以需求为导向，在保护隐私、责任明确、数据及时准确的前提下，按照风险分散的原则，建立信用信息交换共享机制，统筹利用现有信用信息系统基础设施，依法推进各信用信息系统的互联互通和信用信息交换共享，逐步形成覆盖全部信用主体、所有信用信息类别、全国所有区域的信用信息网络。开展公共信用信息共享工作，是建立统一的信用信息数据平台的前提，有利于发挥信息平台的资源整合功能，推动社会信用体系的平稳迅速建设。

一、公共信用信息共享概述

（一）公共信用信息共享的定义

在当下我国信用体系建设中，有关公共信用信息的主要信息来源包括：(1) 主体登记注册信息、财产权利登记信息；(2) 行政机关及国家授权机构在依法履行职权过程中做出的针对行政相对人的决定以及社会主体在接受自律管理过程中形成的执法信息，如行政许可信息、行政处罚信息、行政救济信息、行政奖励信息、机构和人员资质信息等；(3) 社会主体在履行法定义务，包括纳税、参加社保、维护公共基础设施等时形成的履行法定义务信息如纳税信息、缴纳社会保险信息、缴纳住房公积金信息、缴纳养路费信息；(4) 法院根据诉讼法确定的公开审判制度应当向全社会公开审判全过程的司法信息，如立案信息、裁判文书信息、执行信息。由此可以看出，公共信用信息共享的目的，是在各地区、各部门间实现此类公共记录信息的全面共通，互联共享，打通依法行使公共职能部门之间的信用信息壁垒，从而有利于依法履行信用监督和实施联合奖惩，以促进社会诚信水平的提高。因此，公共信用信息共享是一种重要的信用信息利用方式，使来源广泛的信用信息在公共信用信息平台内部环境中得以有效归集，同时让公共信用信息平台以外的公司、企业和个人通过公开合法的途径获得，形成公共信用信息全覆盖。

在上述公共信用信息共享的定义中，仍有两个问题需要认真对待：一是如何通过公共信用信息共享的途径，解决现实存在的信用信息孤岛和信用信息壁垒问题；二是如何在公共信用信息共享的数据安全方面，通过法律明文归责的制度安排，以保护信息主体的合法权益。从域外的情况来看，公共信用信息共享的制度安排主要有三种：一是市场化模式，商业化、市场化的征信机构作为一种营利性的组织，按照市场规律去运行，在法律允许范围内为所有市场主体提供信用服务；二是政府管理模式，此种模式的征信机构一般隶属于中央银行，由政府出资，具有非营利性，征信机构的个人信用数据主要由金融机构提供，征信机构服务对象主要是金融机构；三是折中模式，即以市场化为主、行政管理为辅或以行政管理为主辅之以市场调节。从我国信用建设的实际情况来看，公共信用信息的共享模式，在法律保护的强度和保护方式方面各有侧重，有必要构建相应公共信用信息共享原则以及分类保护机制。例如，法律对于个人信用信息的保护最为严格，高度关注个人隐私保护。对于企业信用信息共享，法律要求相对宽松。这是因为，与个人相比，企业是由法律赋予其独立人格，主要是为了方便其以整体的人格对外进行交易或交往。根据相关的商事登记制度、年报制度等，企业对外公示的共享信息也非常繁多，因此，对于企业信用信息的公开与查询，法律要求也相对较为宽松。

（二）公共信用信息共享的现实意义

一是有利于公共信用信息渠道的互联共通。公共信用信息共享作为社会信用体系建设工程中的重要一环，是连接信息归集整合和信息价值利用的核心枢纽。信息提供主体在履职的过程中采集到信息主体的个人信息，此类信息在各部门、各行业间呈分散式储存，无法统一。为了实现公共管理部门行政效率的最大化、实现信息价值的最大化，必定要将各部门、各行业分散的公共信用信息加以整合利用，以期获得公共信用信息的累积效应。所以在信息采集到信息利用的过程中，必须建立合理高效的信用共享机制，打通信息共享渠道。

二是有利于信用资源的优化配置。在信息时代，信用逐渐成为与劳动力、资本等生产要素同等重要的资本，衡量着信息主体的诚信度。公共信息共享在信用资源的利用中发挥着重要作用。一方面，在政府各部门间促进信用信息共享有利于行政效率的提高。2018 年政府工作报告指出，要深入推进“互联网+政务服务”，使更多的事项在网上办理，让“信息多跑路，群众少跑腿”。服务型政府要求政务服务要坚持便民原则，为了实现这一原则要求各部门间要深入实现公共信用信息共享，这不仅对于自身政务工作开展效率具有推动作用，同时也便民利民，促进服务型政府建设。另一方面，公共信用信息的外部共享有利于减少逆向选择。在信用信息充分共享的情况下，授信者能够更加全面、准确地了解信用申请者的信用状况，减少或避免授信者因缺乏信息或仅凭主观判断而出现的决策失误。在风险型社会中，减低信息不对称程度有利于控制社会整体风险水平，营造良好稳定的交易环境。

三是有利于抑制交易风险，减少信息不对称。在现代社会，信息的广泛传播打破了传统社会以地缘、血缘为基础的社会交往结构，整体的社会结构正由熟人社会向陌生人社会转型。在熟人社会中由于交往范围狭小，社会成员间知根知底，形成了一种以道德为制约纽带的社会诚信环境，信用主体一旦违背了成员间的诚信要求，其劣迹便会在交往环境中广为传播，最终被整个交往轨迹抛弃，成为不受欢迎的人。而在信息时代，以道德为制约纽带的形式不能起到风险防范的作用，社会交往对象的扩大和交易地域的扩张，使信息主体多以一次性交往为主，信息间的不对称使人们很难充分了解到对方的信用状况，由此提高了社会风险。为了抑制风险，减少信息不对称，实现信用信息共享成为重要路径。

四是有利于促进征信体系和社会信用体系建设。《规划纲要》中要求要推进社会信用信息统一数据大平台建设，整合信息资源，挖掘数据价值。实现公共信用信息共享是建设统一数据平台建设的必然要求。公共信用信息共享是将分散在各部门的信用信息数据互相连接，实现互通互利。社会信用体系建设的首要目标就在于要建立统一的数据平台，实现数据的全面收集自然是首要条件，而公共信用信息共享则是实现这一目标的最有效手段，有利于公共信用信息数据的快速整合，推进社会信用体系建设。

五是有利于加强公众的守信意识，提升全社会的道德水平。公共信用信息在部门间实现共享，有利于失信联合惩戒、守信联合激励工作的展开。在社会管理活动中，信息主体产生的严重失信行为被行政监管部门采集并在各部门间共享失信信息，可以做到对失信主体的联合惩戒，使其受到充分惩罚，并深刻反省改正行为，同时也能够警示其他信息主体严格规范自己的行为，在法律的框架下办事，提高全社会遵纪守法意识，营造诚信社会。

二、公共信用信息共享的原则

（一）全面共享原则

公共信用信息是具有公共管理职能的部门在社会治理活动中采集的信息，

具有公共性，因此，公共信用信息的共享要坚持全面共享原则。各部门在社会管理活动中会获取大量信息主体的公共信息，部门信息存在着重合交叉，如工商管理部门的登记信息往往也会在行政处罚中发挥作用，为节约公共资源就必须实现这类信息的全面共享。公共信用信息多以信息主体的基本信息为主，共享这部分信息不会侵害到信息主体的合法权益。当然，公共信用信息共享并不意味着任何信息都要全面共享，作为职能和功能部门的主要业务内容不宜主动共享。如司法裁判信息，是法院发挥纠纷解决功能而产生的信息，是法院自身职能和功能要求。基于职能和功能产生的公共信用信息，不一定是其他部门所需要的，此时全面共享只会加大其他部门的数据整理和储存压力。因此，对于公共信用信息全面共享，只要求对其基本部分实现全面共享，对业务核心内容则要视情形而定。

（二）隐私保护原则

从信用信息的产生主体来看，法律对不同信用主体的信息保护强度和保护方式有所不同。尽管公共信用信息是社会管理活动的产物，具有公共性，但其中也不乏包含一些隐私内容。如司法裁判中包含着关于自然人隐私或者商业秘密的裁判内容，这部分的信用信息就不宜在各部门间实现共享。为平衡利益需要，必须在公共信用信息共享和隐私保护间寻找平衡，既要保证信息共享工作的进行，也要实现信息主体利益的保护。信用信息共享的边界应当在于满足公民自身的正当合法利益诉求，防止泄露公民隐私，以此为标准来确定信息哪些信息可以共享，哪些信息不可以共享。要始终将隐私保护作为公共信用信息共享工作中的核心内容，这是公共信用信息共享中执行相对更为严格的隐私保护原则的基本要求。

三、公共信用信息共享的机遇、挑战和相关建议

（一）公共信用信息共享的机遇

1. 大数据技术的发展为公共信用信息共享提供技术保障

大数据技术是在信息技术高速发展的背景下产生的重要技术。其以大样本数据为基础，整合数据资源，分析数据内在联系，在数据挖掘、数据分析和数

据产品输出方面发挥发挥重要作用，从而实现数据价值的最大化。当然，大数据技术在公共信用信息共享中同样发挥着重大作用。首先，大数据技术的应用有利于数据的整合。一方面，大数据技术以地毯式的采集方式进行全面的数据采集活动，使得数据从小样本走向了大样本。另一方面，大数据时代强化了对非结构化数据的重视，将结构化和非结构化的数据加以全面采集，实现对数据的全面收集。其次，大数据技术有利于实现公共信用信息共享。与传统的人力传播方式不同，大数据时代信息的传播以网络传播为主，以 0 和 1 组成的数据代码为载体，在网络中实现快速传播。

大数据技术能够深度挖掘政府信息资源的价值，解决同级、上下级、政府与公众等关系中的信息不对称问题。政府信息资源的价值是通过系统整合共享来体现的，其共享的范围越大，价值就越大。大数据时代的到来，使信息资源的共享观念深入人心。目前，随着数据爆发式增长和计算机网络技术不断进步，结构化、半结构化以及非结构化的信息资全都被融入大数据体系，大数据技术能够全方位地剖析它们的内在价值，发挥衡量数据的短期预测性，深化信息资源的共享力度。

2. 互联网金融的兴起刺激公共信用信息共享需求

在传统的金融形势下，各个信息主体的负面信息往往会在社会交往主体间广泛传播，更容易引起授信方的警惕。而在互联网金融下，金融业态的改变使得交易主体间的交易时间和交易地域出现巨大的鸿沟，这一形势扩大了交易风险，意味着信息社会也是风险社会。互联网让人们的交易范围扩大，交易地域扩大，交易主体间的陌生感增强。可以说，每个人都是潜在的交易者，对这些交易对象的了解程度决定了所要承担的交易风险的大小。因此，解决交易主体间的信息不对称问题成为核心。公共信用信息作为对信息主体的公共记录，在一定程度上能够反映信息主体的诚信度和可靠度，可以作为是否选择交易的参考因素。从这方面来说，互联网金融发展带来的陌生感需要通过信用信息共享来减轻或者消除。

3. 社会信用体系建设为公共信用信息共享提供政策支持

21 世纪以来，社会信用体系建设进入快速发展阶段，全面创建诚信社会的呼声空前高涨，社会信用体系建设工程进入新时期。在这一过程中，政府职能部门信息公开程度大幅提升，人民银行征信系统已成为世界最大的征信数据库，部分省市也探索建立了信用平台，各类型信用中介机构逐步发展成熟，大数据分析、交叉验证、用户画像等技术手段逐步应用，各类征信产品广泛应用于经济生活。在《规划纲要》中要求要全面实现信用信息共享，打破信息壁垒，促进信息互联互通。无论是在商务诚信、政务诚信、社会诚信还是司法公信中，公共信用信息都发挥着重要作用，对于公权力领域工作的开展和私人领域交易的达成具有促进作用。因此，为了更好地建设诚信社会，形成社会信用制度，必须加强实现公共信用信息的共享工作，以推进社会信用体系建设进程。

（二）公共信用信息共享的挑战

信息时代下实现公共信用信息共享是必然要求，大数据技术、政策支持等因素为实现公共信用信息共享打下了坚实基础，但从现实情况看，公共信用信息共享面临着许多挑战，需要通过技术或者制度加以克服和解决。

1. 公共信用信息共享缺乏制度保障

公共信用信息涉及商业秘密和个人隐私等诸多敏感信息，信息共享需要完善的法律法规作为支撑。在公共信用信息共享方面，如公共信用信息共享的部门、公共信用信息共享与侵害商业秘密或者个人隐私的边界和责任机制、公共信用信息的共享主体、实现共享的条件等问题，尚没有法律法规或者具体制度进行全面的共享指导工作。上位法的缺失导致的是地区间的发展不平衡、标准不统一，不仅会使本地区内的信息无法有效共享，也会引发信息跨地区共享困难等问题，由此形成更大的信息孤岛现象。此外，对于公共信用信息的所有权、管理权和使用权等没有在法律和政策层面加以明确，一些部门担心出现信息泄露现象不敢共享，或者将信用信息作为本部门私有物不愿共享。这些因素阻碍着公共信用信息在各部门、各地区间流动，究其原因，都是因为国家没有在制度层面以法律明文规定方式加以规定和引导。

2. 信息孤岛现象加大信息共享难度

所谓的信息孤岛就是指在我国电子政务的发展过程中，由于各级政府对电子政务的发展缺乏整体、统一的认识、规划和部署，各级政府和部门在开展电子政务时往往采取各自为政的做法，系统在功能上不关联互助、信息无法实现互联互通、互相分享、交换利用，各个系统无法协同工作，由此造成行业、部门间的交流障碍，犹如一个个分散、独立的岛屿。其特点就在于封闭性，不符合信用体系建设要求实现信息全面共享的规划。但也有学者认为信息孤岛并不局限于此。从非技术角度讲，信息孤岛一方面指信息资源稀缺的政务系统，另一方面指与服务客体之间的无互动或单项行为。① 从对外服务的角度讲，政务的对外披露和与相对人的互动中信息没有得到相对人的最大了解，体现了政务数据保护心理，与政务公开原则相违背。无论是在内部信用信息共享还是外部信用信息共享中，信息孤岛所表现的特点就是信息封闭。所以为了缓解信息割据和保护现象，在《“十三五”国家信息化规划》中将打破信息孤岛，推进数据互联互通确立为国家重要规划。

3. 公共信用信息共享缺乏统一标准

公共信用信息作为能够反映信息主体公共信用的记录，有效共享有助于建立更加诚信稳定的社会环境。在公共信用信息中，包含着诸多不同类别的信息类型，信息采集部门自主决定是否共享何种信息是不利于共享工作深入发展的，在信息风险的压力下往往采取不共享态度。在法律和政策尚且没有共享标准规定的情况下，这种现象对公共信用信息共享工作是极为不利的，因此确立公共信用信息的共享标准是亟待解决的问题。

（三）公共信用信息共享的相关建议

1. 健全公共信用信息共享的法律法规

虽然已有关于公共信用信息共享的法律规定，但只是散见于现行的相关法律文件中，没有专门具体的规定。因此，必须尽快出台与公共信息资源相关的专门法律，完善相关配套政策、法规、文件，形成公共信息资源法律法规体系。在信息资源开放的过程中，必须同时推进相关法律法规的构建，确保信息资源的开放有着明确完善的法律法规作为指导，以确保科学、合理、有序推进

① 商晓帆．电子政务中的信息资源整合研究［J］．情报杂志，2008（11）：145-147.

信息资源开放的进程。这既是信息资源发展的需要，更是落实依法治国的重要基础。还要完善信息资源共享的保密相关法律。只要是为保障公民知情权所必需的，原则上政府信息无须保密的都要公开。但是在实践中，对于信息是否需要保密、信息是否可以向社会公民公开却一直缺少一个明确的依据供政府部门人员参照。因此，我国应加快进行信息资源保密法的立法工作，实现依法解密，使可以开放的信息为公众服务。制定法律，规范公共信息管理相关法律制度，有利于调整信用信息所涉及的社会关系和各方利益，加快公共信用信息开放，促进信用信息的共享利用。

2. 构建公共信用信息共享的激励机制

一是要以政绩考核方式促进信息流通共享。在我国，政府人员对于自身地位及政绩尤为重视，因此以政绩考核方式来破除信息孤岛现象有着一定作用。信息共享边界理论表明，信息边界的扩大或缩小实质是利益关系的变化，利益关系决定利益共享边界，利益共享边界决定信息共享边界，信息共享边界决定信息共享质量。① 这表明要想促进信息共享就要打破传统的利益关系。从我国电子政务来看，信息壁垒的利益关系在于政府人员将数据视为本部门的财富，决定着本部门的利益，由此产生的数据保护主义是在获取自身最大利益的同时与其他部门博弈，缩小他方的利益。所以应将传统的基于数据保护主义的横向利益关系向纵向的数据共享程度转变。将本部门的数据共享程度纳入政绩考核的范围，以强制手段促进共享。当然各部门的主管人员也要对数据共享的程度负责，督促实现共享。

二是以内部行政法规定职责问题。在行政权力的控制和行使过程中，通常从制度设计方面限制权力的行使边界和程序，也往往从外部视角研究权力的控制，从立法及司法方面控制行政权力诚实守信的实行。政务诚信是诚信体系建设中重要一环，不仅要从外部行政法加以规制，也要在内部行政法方面加强规范。内部行政法是指包括纲领性的行政文献、行政机关的办事规则、行政机关

① 关爱浩．信息共享边界理论基本框架研究：基于市场价格决定视角［J］．当代财经，2013（12）：21-27.

公文规则以及行政自我约束的规则等多种形态的行政法规范。① 公民和政府间基于契约将权力让渡给政府以实施社会治理，所以政务诚信体现在政府行为在公民心中的正确程度。内部行政法是通过对政府行政权力行使的原则、程序和责任的规定以控制行政权力，所以要想促进信息孤岛现象的消除从内部行政法的角度加以强制规定是必不可少的。

3. 建立完善公共信用信息标准体系规范

为更好地实现公共服务，应当建立全面的面向公众的大数据公共服务体系标准。在公共服务中，严格遵照标准进行。实现公共服务的公平、公正、公开，确保信息资源开放的成果公平地惠及每个公民。一是尽快制定征信业标准，为信息采集提供技术保障。二是地方政府与信用行业管理部门需要共同制定信用行业相关标准，如信用信息采集的格式与标准、征信行业服务规范、信用报告标准文本等，以提高公共信用信息的采集和流通效率，促进社会信用信息管理和服务的规范化。三是鼓励征信机构与金融机构、租赁公司、保理公司、保险公司、零售企业及其他与信用有关的公司自愿签订协议，根据协议约定向征信公司提供信用信息。四是尽快确立公共信用信息的统一定价方法。充分发挥市场在资源配置中的决定性作用，尽快建立公共信用信息的统一定价方法，理清政府和市场在公共信用信息开放共享行为中的边界定位，为公共信用信息开放扫清体制机制障碍，保证既能支持信用服务市场又能补偿政府部门记录产生公共信用信息的成本。

4. 完善全国统一公共信用信息共享平台

近年来，数据资源已成为各行业的重要生产资料。政府部门在其中扮演着重要的角色，就是建立全国统一信用信息共享平台。这表明政府、企业正在把公共信用信息为作为重要的生产资料，创造源源不断的财富。但在实现公共信用信息共享的同时，又伴随着公共信用信息的安全问题。公共信用信息数据在收集、筛选、整理、储存和共享过程中，面临的最严峻问题仍是公民个人隐私

---

① 于立深．现代行政法的行政自制理论：以内部行政法为视角［J］．当代法学，2009（6）：3-16.

的安全问题。政府部门所控制的公共信用信息不同于普通信息。一旦出现安全问题，后果不堪设想。政府必须不断完善安全保障体系，在信息的安全管理制度保障技术、监督机制等方面投入大量的精力去建设和优化。除此之外，对公共信用信息共享的运营状况要时刻观察记录并且及时分析和反馈，并设置专门安全风险测评与评估部门进行监督。

综上所述，实现公共信用信息资源的整合共享，应该打破传统的信息部门管理模式，将数据资源上传至统一的国家大数据平台。由国家层面的专业人士运用新型信息技术进行统一管理，统一政府各部门提供的可被采集的相关数据源，依据数据储存模型建立数据仓库、实现联机分析处理这种数据，对于差异化数据和错据及时反馈给相关部门，进行调查核实并予以更正，确保公共信用信息的准确性。同时，应保证信息主体的异议权及更正权。此外，还可以引入区块链技术，为跨级别、跨部门的公共信用信息共享数据交流提供安全的环境，降低公共信用信息数据共享的安全风险，提高政府部门的效率。

第五章　社会信用法的实施机制

社会信用法的实施是使社会信用法律规范的要求在生活中获得实现的活动，其直接目的是社会信用法的实现，即社会信用规范在人们行为中的具体落实。社会信用法的实施是社会信用体系运行中最为重要的阶段，直接关系着社会信用体系作用的发挥与目标实现。考察社会信用体系健全与否、优劣程度，不仅需要看社会信用立法情况，更需要审视这些立法在实际生活中的实现程度，只有社会信用法得以有效实施，才能形成人人守信、人人守法的诚信社会。根据不同标准，法的实施形式也可多种多样。就社会信用法而言，除与其他法共同具有的实施形式外，主要的实施方式有信用评价、守信激励、失信惩戒、信用监管（广义与狭义）等。它们从不同角度不同程度实现社会信用法的价值。

第一节　信用评价机制

信用制度是通过主体的确定性认知或评价发挥其作用。① 因而，信用评价是社会信用体系最为核心的内容，不仅是失信惩戒、守信激励等其他信用活动的基础，也是社会信用法实施的重要方式。通过对评价对象按照一定标准进行信用评价并予以适当公开，一方面能够帮助社会主体知晓评价对象的信用程度，另一方面促使被评价对象理性作为。如此，社会信用体系建立的相关机制得以有效运行，实现社会信用法的目标。

---

① 王锐．信用的本质及其法治路径［M］// 谭曼，顾敏康．首届“信用法治·韶山论坛”优秀论文集，北京：法律出版社，2019：255.

一、信用评价的含义、特征与作用

（一）信用评价含义

关于信用评价的概念，目前没有统一的说法。实践中，信用评价的名称与形式不一，有资信评估、资信评级等狭义称谓，也有信用评估、信用评级、信用评分等既可作狭义使用也可作广义使用的称谓。信用评价的内涵，也随时代发展而有不同。在传统狭义信用时代，信用评价主要针对被评价者的资金和信誉，[①] 但随着我国社会信用适用场景的扩张，信用评价也需要相应延伸，逐渐包含对被评价者的相关守法行为。结合传统信用领域与我国社会信用语境，本书认为，信用评价是由专门的部门或机构，根据法律或第三方独立的标准，对被评价对象的资金、信誉、守约及相关守法情况，采用一整套科学的综合分析和评价方法，从质与量方面客观地作出评价的过程。

（二）信用评价的作用

信用评价最初是基于保证交易顺利进行而逐渐产生的，[②] 随着社会经济的发展，信用评价的作用也逐渐增强。

1. 信用评价能够降低交易成本

信用评价对被评对象的资产、履约能力、守法情况进行评估，能有效地揭示被评对象的信用状况及信用风险，从而为市场主体在投资、放贷、合作伙伴选择等交易活动中提供科学参考，提高其决策效率，降低违约损失和交易判断成本，进而增进市场效率，促进市场交易和经济发展。

2. 信用评价能够助力宏观调控

信用评价是评价机构通过对市场主体的资产、消费、流动、坏账情况等指标进行综合分析和评价的结果，因而能够了解不同行业资金需求情况、投资者的心理状况、消费者经济能力，在一定程度上反映着市场与社会生态状况。这些信息和资料是国家宏观调控的重要依据和参考，能够助力国家经济、金融的

---

① 吴晶妹．三维信用论［M］．北京：当代中国出版社，2013：251.

② 孙志伟．国际信用体系比较［M］．北京：中国金融出版社，2014：2.

宏观调控。

3. 信用评价能够提高政府监管效率

信用评价能够反映不同行业和不同市场主体守信、守法情况，相关政府部门、金融监管机构可以根据相关市场主体的信用评价结果，对监管对象进行分级分类，根据信用等级高低采取差异化的监管措施。对信用较好、风险较低的市场主体，可合理降低抽查比例和频次，减少对正常生产经营的影响；对信用风险一般的市场主体，按常规比例和频次抽查；对违法失信、风险较高的市场主体，则适当提高抽查比例和频次，依法依规实行严管和惩戒。① 这样，监管部门才能精准有效监管市场，提高监管效率。

4. 信用评价能够促进诚信社会建设

对被评价对象而言，信用评价具有一种信誉意义，能够对重视信誉和外在形象的社会主体形成声誉约束机制；良好的信用评价是市场主体获得信任的资本，被评价对象为获得社会交往和交易便利，将更积极地按照信用评价的各项指数正向实施其行为。随着我国特色信用评价体系的建立，信用评价广泛运用于各类场景，并作为政府监管、公民事务办理等事宜的重要依据和参考，公民及其他社会主体将更加自觉地守信、守法。因而，科学客观的信用评价，能逐渐提升公民守信、守法意识，促进信用社会的形成。

二、信用评价的分类

了解信用评价的分类，有助于对不同的信用评价设计相应的计算模型，也便于立法对信用评价进行类型化规范。基于立法对信用评价的规范，本书主要按照评价对象和信用评价性质进行分类。

（一）个人信用评价、组织信用评价与政府信用评价

按评价对象不同，信用评价可分为个人信用评价、组织信用评价和政府信用评价。

---

① 《国务院办公厅关于加快推进社会信用体系建设 构建以信用为基础的新型监管机制的指导意见》。

个人信用评价是指由专门信用评价机构依据法律规定和信用评价标准，按照一定的方法和程序，在对个人信用进行全面了解、征集和分析的基础上，对其信用度进行评价，并以专用符号或文字形式来表达的活动。目前，我国除个人信贷信用评价外，逐渐形成了一种新型的信用评价，由行政部门对其行政区域内的公民进行信用评分。立法对个人信用评价的规制，需要确保评价信息来源不会侵犯公民个人隐私，评价标准和评价程序不会导致对特定公民产生歧视。

组织信用评价是指信用评估机构对征集到的企业等组织的信用信息，依据一定指标进行信用等级评定的活动。主要是对企业等组织的偿还无担保债务的能力和意愿①以及其守法情况的综合评价，它衡量企业等组织偿还非特定债务的违约率、损失严重程度和守法情况。组织信用评价，尤其是企业信用评价是信用经济最为重要的一环，是维护市场秩序、保障安全生产、控制金融风险的重要手段。

政府信用评价是指对一国中央政府和地方政府如约偿还债务本息、依法行政的能力和意愿，其中对中央政府的信用评价又称主权信用或国家信用，可分为对内和对外。政府信用评价是国际社会和国内社会公众是否信任政府的重要依据，对政府信用建设具有重要意义。与其他信用相较，政府信用具有特殊性，政府无论守信与否都不影响政府的授信程度，因而政府往往缺少守信的动力。② 因此，有必要建立完善的政府信用评价体系，为政府守信提供激励，对政府失信形成声誉约束。

（二）公共信用评价与市场信用评价

根据信用评价主体和信用评价结果主要用途的不同，信用评价可分为公共信用评价和市场信用评价。公共信用评价是指由国家机关、法律法规规章授权的信用评价机构对公民、法人和非法人组织及相关政府部门的公共信用状况进行综合评价的活动。公共信用评价主要目的在于促进信用主体守信、守法和创

---

① 吴晶妹．三维信用论［M］．北京：当代中国出版社，2013：255.

② 王新红．论政府信用的构成要素［J］．中共南京市委党校学报，2012（1）：34-39.

新监管，提升社会信用水平。如，目前一些城市已建立的公民城市信用评分。市场信用评价是相对于公共信用评价而言的，指由专门的机构或组织对市场活动中的信用主体进行的评价。相对于公共信用评价，市场信用评价具有很强的商业性，是传统信用语境下的信用评价，评价主体一般多为专门性的信用服务公司、行业性协会等组织。

公共信用评价与市场信用评价的分类，对立法规范模式具有重要意义。公共信用评价中行政机关与行政相对人关系密切，因而应接受部分行政法原则的调整，同时公共信用评价往往涉及行政相对人的基本权利，因而需要立法予以严格规定并明示其标准，为相对人提供必要的救济渠道。市场信用评价主要是平等主体之间的法律关系，不需要立法过分介入，只需授予政府一定的监管权力。

信用评价分为公共信用评价与市场信用评价，也反映了信用评价作为社会信用法实施方式的双重作用。信用评价一方面可由行政部门或法律法规授权机构作出，另一方面可由市场主体自发作出，供其他市场主体参考。

三、信用评价机构

信用评价机构是根据投资者、筹资者、管理者及其他主体的市场需求自然产生或由政府根据法律设立的组织机构。信用评价机构在社会信用体系的运行中起着至关重要的作用，它是信用主体的评判者，其评价能否准确、客观，不仅影响着参考者的决策，更影响着社会信用主体的行为选择。

（一）国外信用评价机构

西方国家信用评价机构经历百余年发展，已经较为先进和成熟，但仅限于金融领域，类似投资咨询公司，主要有两类：

一是有明确的评估机构定义与法人资格规定，形成了一套评级制度，评估机构依法注册，作为独立的、专业的机构开展业务，其评估结果为社会服务，评估活动在经济活动中产生不可估量的影响。美国的信用评价机构属于此类。

二是没有形成评估制度，也没有独立的具有法人资格的评估机构，但评估活动却广泛存在，具体的评级业务由评级有关的其他机构开展，但这些机构是非专业的评估机构。① 法国的信用评价机构属于此类。

不过放眼全球，还有一些市场经济较为落后的国家既无评估制度，也无评估机构，更无评估活动。

（二）我国信用评价机构

我国信用评价机构发展起步晚，目前仍在探索之中，评价机构的相关标准和模式尚未成型，但信用评价机构的格局初见端倪，正朝三个方向发展。

一是以注册法人为形式的商业性信用评价机构。这类信用评价机构，与美国类型的评价机构基本相同，均是随市场需求而产生，为其他市场主体提供信用服务，尤其是信用风险信息服务。近年我国信用评价市场发展迅速，截至2020年8月28日，我国共有57家法人评级机构备案。②

二是以中国人民银行内设征信中心为形式的信用评价机构。中国人民银行征信中心是由中国人民银行设立的专门负责企业和个人信用评价的机构。中国人民银行征信中心将其建立的“金融信用信息基础数据库”（又称企业和个人信用信息基础数据库）作为征信系统。目前，中国人民银行征信系统已经建设成为世界规模最大、收录人数最多、收集信息全面、覆盖范围和使用广泛的信用信息基础数据库，基本上为国内每一个有信用活动的企业和个人建立了信用档案，在金融机构信用风险管理中广泛应用，有效解决了信息不对称问题，提高了社会公众融资的便利性，创造了更多的融资机会，促进了信贷市场发展。中国人民银行“征信系统的广泛应用，显著提高了社会信用意识，在全社会形成‘守信激励、失信惩戒’的激励约束机制”。③

三是由行政机关主导的公共信用评价。目前，我国一些城市建立个人信用评分制度，用于惩戒失信和激励守信，如厦门市的“白鹭分”、福州市的“茉

① 吴晶妹．三维信用论［M］．北京：当代中国出版社，2013：253-254.

② 中国人民银行征信管理局．备案法人信用评级机构［EB/OL］．（2020-09-04）［2020-10-10］．http：//www. pbc. gov. cn/zhengxinguanliju/128332/128352/4036074/index. html.

③ 中国人民银行征信中心网站首页。

莉分”、宿迁市的“西楚分”等。[①] 此种信用评价基本上是由行政部门组织开展，如宿迁市个人信用评分由该市信用办负责信用积分的计算、使用和维护管理。[②] 不过，此类信用评价，目前尚未成熟，其合法性也需审视，尤其是如何保证评价标准的明确性与评价机构的独立性等方面，仍然存在较大不确定性。

四、信用评价的原则与程序

信用评价是社会信用体系的核心内容之一，关系到社会信用法实施的成效，因而信用评价的开展应遵循一定的原则与程序。

（一）信用评价的原则

信用评价的原则是确认信用评价的规律性要求，贯穿于信用评价活动的整个过程之中。

1. 公平、公正、公开原则

公平原则是指评价的当事人法律地位平等，评估机构在评价时要一视同仁，按照平等原则对各被评对象进行评价。公正原则是指评级人员应具备公正的品质，不偏不倚地评价各个被评对象，合理地采用评估方法和体系，向社会提供公正的信用评价结果。公开原则是指信用评价活动中，国家信用管理、信用评价行业、评价机构的相关制度要公开；信用评价机构的经营状况或运行情况要公开；合法、及时的信息传播要公开。

信用评价不管是作为信誉机制运转的主要手段，还是社会信用法实施的重要方式，其首要原则是坚持评价的公平、公正、公开原则，这是信用评价机构赖以生存的根本，是信用机制有效运行的基础。在我国，当信用评价还有可能成为一种行政行为、权力行为时，更需要公平、公正、公开进行。

---

① 朱浩，黄险峰，陈彦舟．国内城市个人信用评分指标体系和应用场景研究［J］．征信，2019（4）：9-15.

② 《宿迁市关于个人信用积分体系建设与积分等级评价试行规定》（宿信用办〔2018〕9号）第四条。

2. 独立、客观原则

独立原则要求评价机构完全独立于市场所有参与者或其他行政部门，不受利害关联单位的影响，自主地作出信用评价。信用评价只有独立进行，才能抵抗和减免来自各方面对评价结果的意见与压力，才能取信于投资者和社会公众，自上而下设计的社会信用体系才能发挥作用。客观原则要求信用评价机构在评价过程中，应保证评价基础数据和资料的真实、准确、完整，评价方法严谨、系统，并经过机构的一致确认。

3. 依法评价原则

依法评价原则是指信用评价活动应当依据法律规定进行，依法采集信用信息，依法进行信息分析，并依法作出信用评价结果。在传统信用语境下，依法评价原则并没有受到足够重视，也并非不可或缺。但在中国当前信用环境下，信用评价不仅是一种商业行为，在一定场景中还是一种行政管理手段，甚至是一种行政行为，此时信用评价已成为依法行政的内容。因而，作为行政行为内容的信用评价，应当依据法律规定的程序、范围进行，依法评价必须作为信用评价的一项原则之一。

4. 审慎评价原则

审慎评价原则，强调在信用评价中，信用评价机构应当以负责任的态度对相关评价指数审慎考量、审慎评价。

目前，我国立法关于信用评价原则的规定尚不完全，虽然《信用评级业管理暂行办法》《深圳市个人信用征信及信用评级管理办法》规定了相关原则，如《深圳市个人信用征信及信用评级管理办法》第十条规定“征信机构征集个人信用信息应当按照客观、公正的原则进行，保持提供信息单位所提供信息的原始完整性，不得有选择性地征集个人信用信息”，第十一条规定“个人信用评级报告应当按照征信机构的信用评级标准客观、公正地作出”。但类似规定均欠周全，也未对公共信用评价的基本原则进行规定。

（二）信用评价的程序

随着公共信用评价和信用奖惩机制的推进，信用评价程序有必要通过立法予以规定。根据行政行为与信用评价的特点，立法应当规定必要的程序以确保信用评价基本原则的实现。具体而言，立法对信用评价程序，应从评价依据（即基础信息）、信用评价标准、评价分析模型、评价委员会组成、结果通知和公示等予以规定，以确保信用评价结果客观、公正。

目前，我国社会信用立法基本上没有规定信用评价的程序，仅有两部规定提及信用评价程序，一是《信用评级业管理暂行办法》，二是《海南省企业信用评级办法》。《信用评级业管理暂行办法》第二十三条规定，信用评级初评结果应当经过三级审核程序，包括评级小组初审、部门再审和公司三审。各审核阶段应当相互独立，三级审核文件资料应当按相关要求存档保管。《海南省企业信用评级办法》规定的评价程序是：受理申请→签订信用评级合同→收集资料→调查、取证、分析→撰写评级报告→评委会论证定级→征求意见→最终评定并公布。这一流程是商业信用评价的典型模式。

五、信用评价的监督

信用评价是社会信用体系运转的关键，不仅影响被评对象的权益，更涉及市场秩序、国家经济。因而，对信用评价的监督都是各国信用法的重要内容。

在西方国家，信用评价仅限于商业领域，因而法律对其监督方式较为单一，监管部门与信用评价机构是行政机关与行政相对人的关系，只是在具体监管模式上存在异同。如，美国信用评价行业没有专门负责监管的行政部门，而是由相关法律所对应的主管部门在其职权范围内发挥对行业的监管和执法功能。在立法上，最主要的法律依据是《公平信用报告法》（The Fair Credit Report Act），其他涉及的《公平债务催收法》（Fair Debt Collection Practices Act）、《金融服务现代化法》（Financial Services Modernization Act）、《银行保密法》（Bank Secrecy Act）、《平等信用机会法》（Equal Credit Opportunity Act）等近20部法律，形成了美国信用评价监督体制。而欧盟国家则成立了专门的监管机构，负责征信数据保护和信用评价行业的监管工作，由中央银行主导监督信用评价行业。

我国的信用评价监督，在两类信用评价领域发展程度不一。在商业性信用评价领域，目前初步形成了以《征信业管理条例》为核心，集合部门规章、规范性文件和标准的多层次的针对信用评价的监管体制。① 在监督主体上，确立了中国人民银行及其派出机构为监管机构。在监督权上，监督管理部门有权进入征信机构、金融信用信息基础数据库运行机构进行现场检查，对向金融信用信息基础数据库提供或者查询信息的机构遵守本条例有关规定的情况进行检查；询问当事人和与被调查事件有关的单位和个人，要求其对与被调查事件有关的事项作出说明；查阅、复制与被调查事件有关的文件、资料，对可能被转移、销毁、隐匿或者篡改的文件、资料予以封存；检查相关信息系统。监督程序上，负责现场检查或者调查的人员不得少于2人，并应当出示合法证件和检查、调查通知书。在公共信用评价领域，目前监督制度尚未开始。实践中，各地进行的城市信用评分仅有评价行为，无明确监督主体，仅有一般性监督，如信用信息异议中的复核以及信息主体提起诉讼所形成的司法监督，无专门针对公共信用评价的监督管理机制。因而，我国社会信用立法，亟须建立针对信用行政评价的监督机制，规范公共信用评价，防止公共信用评价滥用和失范。

第二节　守信激励机制

守信激励是指对守信者进行褒扬和激励，让诚实守信者获得较高的社会荣誉，并得到更多的发展机遇和发展空间，从而激发社会个体内在的守信动力。守信激励在社会信用体系建设中被视为一种具有正向激励作用的机制，旨在促进社会主体自觉守信。

一、守信激励的法理基础

社会主体信守承诺、遵守法律，是其应然义务。从这意义上来说，社会主体的守信行为，并不应当获得额外的激励措施。因此，实践中将具有公共性的

① 值得注意的是《征信业管理条例》主要侧重于征信机构及征信行为的监管，但征信机构是信用评价的主要主体，而征信行为是信用评价的前提。因此，《征信业管理条例》是信用评价的监督之法。

行政资源作为激励给予守信行为人，需要论证其正当性。

（一）信用机制的“相对论”

虽然守信是社会主体的契约义务，守法是社会主体的法律义务，不应当接受额外的奖励，否则会使社会主体的守信、守法由义务演变为一种有偿行为。但是，在一个健康的社会，社会主体守信、守法行为应当受到肯定和良好的信誉评价，并能与失信、违法者相区分。让守信、守法者得到社会赞誉，甚至在一定程度内受到不同待遇，从而使其声誉心理得到满足，这是信用机制发挥作用的基本要求。守信奖励，只是相对于失信、违法而言的一种应有的不同状态。比如，实践中对守信、守法者加以公示和表彰、减少对其检查或给予审查便利的激励措施，在本质上并非特殊奖励，只是相对于失信、违法者的一种肯定行为。这种相对肯定，是社会信用体系运转的基本条件，也是声誉机制的基本原理：如果守信、守法者不能或未能从群体中的失信、违法者得以区分，信用制度将陷入失灵，因为那些试图通过守信、守法获得良好信用的群体将失去动机。因此，守信激励在一定程度范围内，是信用机制的内在要求。

（二）社会信用体系建设范式转换之需

尽管守信、守法是社会主体的应有义务，但实践中社会主体并不必然地会守信守法，尽管可以通过失信惩戒以及其他法律措施制裁失信、违法者，但失信惩戒与法律制裁只能有限地发挥作用。强制性制裁运用于失信行为，一是在使用范围上十分有限，不管是通过立法规定失信惩戒措施还是鼓励市场自发建立惩戒机制，均不可能完美覆盖所有失信行为和失信情形；二是效果有限，即失信惩戒及法律惩戒在实施后未必能制止失信、违法行为的再次发生；三是使用程度有限，当社会中失信行为普遍发生时，失信惩戒与法律制裁并不必然保证能有效惩戒失信者，频繁的惩戒会形成一种乱世重典的错觉。相反，设置一定的守信激励措施，不仅可以正向激励社会主体积极守信、守法，而且避免了强制性措施的使用，缓和社会信用体系建设中管理者和社会大众之间的关系。因此，从社会信用体系建设视角而言，不仅应当从反向对失信行为进行惩戒以制止失信、违法行为，更需要正向激励社会主体积极守信、守法，从而促进社会信用体系建设。

（三）诚信社会的“助推器”

强调社会主体守信、守法的义务性，而认为不必对守信、守法予以奖励，是一种有限政府的态度，如果将“人人守信、人人守法”作为政府和社会积极追求的目标，那么我们更应通过采取积极主动的措施去建立一个诚信社会。这种目标的正当性在于，“人人守信、人人守法”的诚信对每一个社会主体均是有益无害，也是人类秩序心性的使然。因此，基于对诚信社会的追求，当社会主体缺少足够意识和动力积极守信、守法时，可通过采取一定的激励措施助推社会主体积极守信、守法。

助推社会主体守信、守法，是帮助社会主体认识守信、守法的显性收益。守信、守法在信用经济时代是一种无形资产和通行证，但是社会主体并不能充分认识这种隐性利益，尤其是在我国，处于信用经济起步较晚的社会转型时期，更是需要为社会主体揭示守信的隐性利益。因为守信、守法往往需要一定成本，若社会主体未能意识到这种隐性好处，或意识到了这种好处，但因此种好处无法抵消其为守信、守法而付出的成本，则很有可能作出失信、违法的选择。① 因此，在诚信社会的建设中，行政机关及社会采取措施帮助社会主体感知守信、守法的好处，以促使社会主体积极主动守信、守法，仅是政府和社会积极主动追求诚信社会的助推行为，并非额外的给予奖励。

对行政机关而言，采取一定的激励措施，助推社会主体积极守信、守法，是政府在诚信社会建设中由消极政府向积极政府转变的必要。在现代社会，政府早已不是早期“守夜人”式的政府，而是应当积极作为的政府。同样，在诚信建设中也要求政府不再消极地只通过对违法、失信者予以惩戒以维持社会信用，更需要其采取积极措施促进诚信社会的形成。

二、守信激励的主要形式

目前，我国守信激励制度正在建设中，尚无法律上的明确规定，只有政策

① 郑令晗．信用法治的概念内核、生成基础与秩序格局［G］．2019 年第二届信用法治·韶山论坛参会论文。

上和一些地方性法规、规范性文件对此进行相关规定。其中，国务院针对褒扬和激励守信，提出了机制建设的八种方式，① 结合信用机制的运行原理以及实践中的做法，可将守信激励形式概括为以下几种。

（一）对积极守信社会主体进行公示

前文第一节“社会信用法实施的信用评价方式”述及，信用机制主要是通过信用评价得以发挥作用。信用评价是一种外在评价，只有在外界充分认识到行为人良好信用和行为人信誉心理得到满足的情况下，信用机制才能发挥作用。当前，我国正处于社会信用体系建设的初期，社会主体尚未形成普遍的查阅信用报告并以此作为参考选择交易对象的行为习惯。这表明社会主体的守信行为未能转换成显性收益。因此，对积极守信社会主体向社会进行公示，是将守信者的信用值转化为一份外在“信用报告”，使没有查询信用报告习惯的广大社会主体知晓守信人的良好信用，从而满足守信人的信誉心理，并激励更多人积极守信。

此种方式具体表现为，行政部门和社会组织通过多种渠道选取信用状况良好的社会主体树立诚信典型。如国务院印发的《关于建立完善守信联合激励和失信联合惩戒制度 加快推进社会诚信建设的指导意见》提出，由有关部门确定信用状况良好的行政相对人、诚信道德模范、优秀青年志愿者，或由行业协会商会推荐的诚信会员、新闻媒体挖掘的诚信主体等树立为诚信典型，并向社会推介无不良信用记录者和有关诚信典型，表彰诚信会员，讲行业诚信故事；又如，《关于在电子认证服务行业实施守信联合激励和失信联合惩戒的合作备忘录》提出在信用中国等网站上公布守信者名单，树立典型，向社会推介等。

（二）对积极守信社会主体给予便利

信用被视为个人的“经济身份证”②，在信用社会拥有信用的人如同拥有

---

① 《国务院关于建立完善守信联合激励和失信联合惩戒制度 加快推进社会诚信建设的指导意见》。

② 王晓丹．打造一张亮眼的个人信用名片［EB/OL］．（2019-03-14）［2020-04-18］．http：//bjgy. chinacourt. gov. cn/article/detail/2019/03/id/3787731. shtml.

身份证，能够畅通无阻。我国社会信用体系建设中，提出让失信者“一处失信、处处受限”。这在某种程度上体现了便利是信用机制的内容之一：守信者获得便利，失信者处处受限（即生产生活不便利）。在我国信用社会尚未建成之时，对积极守信社会主体给予便利，将从正面有效激活信用机制，也将激励社会主体积极守信。

目前，对积极守信社会主体给予便利的主要表现形式有：行政审批“绿色通道”、优先给予公共服务便利、优化行政监管频次①或免检、优先考虑政府合作项目或简化进出口手续证明、审核等②。此类守信激励措施，并没有在资源分配上对其他主体产生不公平待遇。尽管这些守信激励措施带有强烈的行政目的，但其背后原理，是基于社会主体的良好信用，并相信其将继续诚实守信，因而在行政审批、公共服务事务办理、行政监管、政府招标等事项上可以省去相关的审查，而这些审查原本是为避免申请者或事项办理者弄虚作假。因此，给予积极守信社会主体的这类便利，是信用机制运行的最基本的信用行为模式。

（三）降低守信社会主体交易成本

传统信用制度产生之初是为降低市场交易成本，但目前我国社会信用体系尚未完善，市场交易尚未形成信用思维，守信者的信用值未能像信用体制健全的市场一样能发挥降低其交易成本的作用。因此，为激励社会主体积极守信，需要采取各种措施让社会主体感知“信用降低市场成本”的作用。对此，国务院一针见血地提出要“降低市场交易成本”，鼓励有关部门和单位开发“税易贷”“信易贷”“信易债”等守信激励产品，引导金融机构和商业销售机构等市场服务机构参考使用市场主体信用信息、信用积分和信用评价结果，对诚信市场主体给予优惠和便利，使守信者在市场中获得更多实惠。

目前，这类激励措施正在由多部门联合展开。如人民银行与银监会通过引

---

①《国务院关于建立完善守信联合激励和失信联合惩戒制度 加快推进社会诚信建设的指导意见》。

②《关于在电子认证服务行业实施守信联合激励和失信联合惩戒的合作备忘录》《关于对出入境检验检疫企业实施守信联合和失信联合惩戒的合作备忘录》。

导银行等金融机构将认定守信激励情况作为守信融资的重要参考;① 海关对从事加工贸易的企业，不实行银行保证金台账制度；发展改革部门支持企业债发行通过披露海关认证或检疫检验信用信息，增强市场认可度，以降低企业融资成本。②

（四）提高守信社会主体市场机会

在市场经济中，信用制度的基本作用是保障交易的顺利进行。因而，采取相关措施，让守信者能感知和享受到信用对其市场交易的保障以及所带来的市场机会，将促进信用机制作用的发挥，从而激励社会主体积极守信。就此，国务院提出“大力推介诚信市场主体”，要求各级人民政府有关部门应在会展、银企对接等活动中重点推介诚信企业，让信用成为市场配置资源的重要考量因素，③ 从而使守信者在市场中获得更多的交易机会。

在已有的守信联合激励实践中，增加守信社会主体的市场机会是各部门激励措施中的重要内容。具体表现形式有：在进出口配额、财政支持、土地供应，④ 电力交易等公共资源的配置中优先考虑信用良好企业，⑤ 给予促进外贸投资支持；在举办和组织企业参加经贸展览会、论坛、洽谈会及有关国际会议时给予信用良好企业优先考虑。⑥ 此外，一些行业协会等社会组织，也正在制定相关措施为其诚信会员提供更多市场机会。

---

① 《关于在电子认证服务行业实施守信联合激励和失信联合惩戒的合作备忘录》。

② 《关于对海关高级认证企业实施联合激励的合作备忘录》《关于对出入境检验检疫企业实施守信联合 激励和失信联合惩戒的合作备忘录》。

③ 《国务院关于建立完善守信联合激励和失信联合惩戒制度 加快推进社会诚信建设的指导意见》。

④ 《关于对海关高级认证企业实施联合激励的合作备忘录》《关于在电子认证服务行业实施守信联合激励和失信联合惩戒的合作备忘录》《关于对出入境检验检疫企业实施守信联合 激励和失信联合惩戒的合作备忘录》。

⑤ 《关于对海关高级认证企业实施联合激励的合作备忘录》《关于对出入境检验检疫企业实施守信联合 激励和失信联合惩戒的合作备忘录》。

⑥ 《关于在电子认证服务行业实施守信联合激励和失信联合惩戒的合作备忘录》《关于对出入境检验检疫企业实施守信联合 激励和失信联合惩戒的合作备忘录》。

三、守信激励的基本原则

法律原则能够补充规则的不足，并在实践中发挥统率和指导作用。在我国目前守信激励法律制度建设尚未完成的情况下，确定守信激励的基本原则，能够指引和规范守信激励实践。

守信激励，目前多为行政推动，并以公共资源为主要激励依托，因而守信激励的基本原则除根据自身特色选定外，还需要遵守行政法的相关原则。

（一）激励法定原则

激励法定原则是指行政主体激励措施的设定、实施和救济应当依法进行。确定激励法定原则的理由有两个，一是在由行政机关设定和实施的守信激励措施中，由于往往涉及行政资源的分配，因而必须严格按照法律法规进行；二是在由社会组织等设定和实施激励时，法定原则相对宽松，但仍可能涉及反垄断、歧视待遇等法律问题，因而也需要在法律法规的允许范围内进行。

1. 依法设定守信激励措施

守信激励措施须依据法律法规经过一定程序设定。守信激励措施，根据权力依据，可分为两类，一是行政主体自由裁量范围内可决定的激励措施，如予以减少检查、减少审查等仅仅只是办事效率上的便利，此类并不对其他相对人形成不利；二是行政主体无权自行决定的激励措施，这类措施可能构成对其他相对人不利或涉及公共资源的分配，如给予信用良好社会主体一定特权，此举不仅将对大部分人构成不利，也超出了行政主体的权限。前者由于激励措施属于行政主体行政裁量权范围内，因而行政主体可以自行设定，但设定应依据一定程序，以便接受必要的法律审查（如避免歧视待遇）和让公众知晓，以有效激励社会主体积极守信；后者原则上应由法律规定，因为激励所动用的公共资源属于全民所有，行政权若擅自创设将违背依法行政原则。

2. 依法实施守信激励措施

依法实施守信激励措施是指守信激励的实施应当符合法定激励权限、条件、形式和程序。

一是符合法定奖励权限。实施主体在实施守信激励时，应严格执行法定的激励权限，不能超越法定权限任意实施守信激励。在没有明确法律依据的情况下，实施主体实施激励措施应与其行政权限协调一致。

二是符合法定激励条件。守信激励条件是衡量某一行为是否为受奖励行为的法定标准，是行政相对人能否获得守信激励的前提和基础。因此，守信激励的实施，必须依据法定条件进行，不得擅自变更。对法律规定有弹性的条件，实施主体应依据守信激励的基本原则作出裁量，不得以自己的意志代替公正执法。

三是符合法定激励形式。法律或相关规范根据守信行为的不同，规定的不同种类、不同级别的奖励形式，行政主体应依法适用。

四是符合法定激励程序。程序合法是现代行政法治的基本原则和具体要求。在行政性的守信激励中，行政主体必须严格履行法律规定的实施程序，在没有明确法定程序的情况下，程序的适用要符合正当程序原则的要求。

（二）公平公正原则

守信激励措施不管是在立法中还是在实施中，都要坚持公平公正原则。守信激励只有公平公正才具有权威性和可信赖性，才能激励社会主体积极守信。如果奖励不够公正，还会影响激励措施本身的信用。

1. 平等对待社会主体

被平等对待是行政相对人的基本权利，也是守信激励措施发挥激励社会主体积极守信的关键。平等对待，一方面要求立法和行政机关设置激励措施时，要确保社会主体获得激励的机会均等。如实践中有些地方规定的将献血作为信用加分项而接受信用激励，① 违背了平等对待原则，因为有些主体纵然有献血意愿，但未必具备献血能力，如此必然导致相当一部分公民被排除在激励范围之外。另一方面要求激励实施者客观、公正地适用法律，对任何一方都不偏不倚，任何组织和个人在同等条件下均能享受同等的奖励机会和权利。

2. 激励与守信程度相当

激励与守信程度相当是指守信行为人的守信行为与其应得奖励相适应，即

① 刘昶荣．无偿献血成为个人信用加分项目［N］．中国青年报，2019-11-27.

实事求是地按行为、守信程度给予信用激励，使行为人的守信值与所受奖励具有正相关性。从实质公平的角度考虑，同等条件的人应当享有相同的权利，承担相同的义务，不同条件的人可以享有不同的权利，承担不同的义务。平等对待要求的是，实施同样守信行为的行政相对人应获得同样的奖励，即同等条件获得相同待遇；激励与守信程度相当，要求的是实施不同守信行为的主体，在守信激励中应当受到不同的待遇。

3. 合理考量

合理考量是指作出信用奖励时，应综合、合理考虑各种因素。实施守信激励时，首先，在有法律授权的情况下要符合授权目的，在无立法明确授权的情况下，要符合法律原则和法律精神。其次，实施主体在作出信用奖励时，应没有任何个人利益和个人偏私，通过守信激励所要实现的是促进人人守信，而非其他。最后，守信激励应保持一定的连续性，实施主体一旦确立了某些标准、原则，就必须遵守，非有法定事由并经法定程序不得任意变更。

（三）信赖保护原则

在行政法上，信赖保护原则是指政府对自己作出的行为或承诺应守信用，不得随意变更，不得反复无常。① 在守信激励实施中，信赖保护原则要求信用激励实施主体保护守信行为人的法定利益与应然利益。其一，实施主体应严格依据法律与有关信息履行自己的职责。若行为人的信用值符合条件时，实施主体必须履行法定的激励措施，而不能借助情势变更、不可抗力等理由拒绝给予守信行为人相应利益。否则，会降低政府的威信，损伤社会主体坚持守信的积极性。其二，我国应推动守信激励制度形成长效机制。一般而言，制度施行时间越长，公众对其信任度越高。② 因而，我国应通过法律文件等形式确定我国将长期施行守信激励制度，消除社会主体的疑虑，激励社会主体自主提升信用度，从而提升守信激励制度的社会效果。

① 姜明安．行政法［M］．北京：北京大学出版社，2017：123-124.

② 闫晴，胡旭．纳税守信激励制度增效研究：他国经验与中国方案［J］．财会研究，2019（11）：24-29.

（四）有效激励原则

有效激励是指守信激励措施的设定与实施应当能有效地促进相关社会主体积极守信。这就要求守信激励措施的设定具有科学性，激励措施与守信行为具有关联性，能够有效引导社会主体实施守信行为。一些守信激励措施设置不科学或不能与行为人的信用行为相关联，导致守信激励措施与诚信社会建设毫无关联的现象时有发生，应尽快解决。

四、我国守信激励的现状与问题

（一）我国守信激励制度现状

自2016年国务院发布《关于建立完善守信联合激励和失信联合惩戒制度加快推进社会诚信建设的指导意见》（以下简称《指导意见》）以来，国务院各部委、地方各省市积极推动守信激励制度建设。目前，我国初步形成了一套以国务院指导意见为核心，以发展改革委牵头的合作备忘录为主体，相关部门和地方具体实施的规范性文件和工作文件组成的守信激励制度格局。在数量上，守信激励部门规范性文件已达10余部①（见表5-1），其中多数为跨部门的守信联合激励；地方规范性文件达百余部。

表5-1　守信激励部门规范性文件汇总

名称	文号	文件发布主体	主要内容
《关于对纳税信用A级纳税人实施联合激励措施的合作备忘录》	发改财金〔2016〕1467号	国家发展改革委与国家税务总局等	激励对象；实施方式；措施及实施单位；联合激励的管理
《关于实施优秀青年志愿者守信联合激励加快推进青年信用体系建设的行动计划》	发改财金〔2016〕2012号	国家发展改革委、人民银行、团中央委员会等	激励对象；信息共享与实施方式；措施及实施单位；保障措施
《关于对海关高级认证企业实施联合激励的合作备忘录》	发改财金〔2016〕2190号	国家发展改革委、人民银行、海关总署等	激励对象；信息共享与实施方式；措施、共享部门及实施单位

① 检索日期截至2020年3月31日。

续表 5-1

名称	文号	文件发布主体	主要内容
《关于对安全生产领域守信生产经营单位及其有关人员开展联合激励的合作备忘录》	发改财金〔2017〕2219号	国家发展改革委、人民银行、安全生产监督管理总局等	激励对象；激励措施与实施单位；激励实施方式；激励动态管理
《关于印发对税务等领域信用A级食品药品生产经营者实施联合激励措施的通知》	食药监办稽函〔2017〕71号	国家食品药品监管总局	激励对象；激励实施方式、措施；激励动态管理
《关于在电子认证服务行业实施守信联合激励和失信联合惩戒的合作备忘录》	发改财金〔2017〕844号	国家发展改革委、人民银行、工业和信息化部等	联合激励对象和措施；信息管理；激励措施实施依据与单位
《对安全生产领域守信行为开展联合激励的实施办法》	安监总办〔2017〕133号	国家安全监管总局	合激励对象的条件；激励措施；实施程序期限；管理责任
《关于对交通运输工程建设领域守信典型企业实施联合激励的合作备忘录》	发改财金〔2018〕377号	国家发展改革委、人民银行、交通运输部、中央宣传部等	激励对象；措施与实施单位；信息共享与激励实施方式；持续管理
《交通运输守信联合激励和失信联合惩戒对象名单管理办法（试行）》	交政研发〔2018〕181号	交通运输部	认定标准和来源、认定内容和发布、异议处理、联合奖惩措施、信用信息保护、监督管理
《关于对慈善捐赠领域相关主体实施守信联合激励和失信联合惩戒的合作备忘录》	发改财金〔2018〕331号	国家发展改革委、人民银行、民政部等	激励对象；实施方式；实施依据与部门；联合激励的动态管理
《关于对出入境检验检疫企业实施守信联合激励和失信联合惩戒的合作备忘录》	发改财金〔2018〕176号	国家发展改革委、人民银行、质检总局等	激励对象；实施方式；实施依据与部门；联合激励的动态管理

（二）我国守信激励制度存在的问题

我国守信激励制度自发起建立以来，迅速向社会生产生活各个领域延伸，在一定程度上促进了相关社会主体诚实守信。但是仍然存在诸多问题，从规定设定的合法性到实施过程，再到事后监督，均需进一步完善。

首先，激励措施设定合法性不足。前文述及当守信激励措施在行政机关自由裁量权范围内时，行政机关有权设定该项守信激励措施，然而现有规定中行政机关设定的一些守信激励措施超出了行政机关的自由裁量权。对于超越行政机关自由裁量权限的守信激励，应当由法律法规设定，否则违背法律保留原则。

其次，守信激励的具体标准主要是政府掌控。从现有守信激励文件所规定的守信行为确定标准来看，对守信联合激励对象的确定多数是由政府设定标准，自行确认或政府组织多方参与企业信用等级评价的模式，信用评级完全依靠政府。由政府完全掌握确定标准，容易因行政效率问题而导致信用评价滞后于市场信息，而无法达到“守信企业”或“守信个人”及时界定的要求，也可能难以及时有效地激励到社会主体。

再次，现有守信激励规定操作性不强。现有规范性文件中的守信激励措施，基本上为方针性、原则性的规定，即使是一些对联合备忘录的实施文件，规定也极为简单。如国家食品药品监管总局制定的《关于对税务等领域信用A级食品药品生产经营者实施联合激励的措施》，仅规定了四点内容，每一点均非常简略，以“实施方式”为例，仅规定“可根据食品药品监管部门职责，在食品药品生产经营许可、监督检查、产品检验等事项中依法依规予以激励”，缺少具体的激励措施。

最后，守信激励实施的监督缺失。守信激励由行政机关实施，涉及对行政资源的分配，容易导致激励实施的权力滥用，因而需要监督该行政权的行使。但实践中，守信激励实施过程还不够透明，缺少足够外部监督，容易造成守信激励制度目的落空甚至有损政府信用的现象，不仅加剧社会信用体系建设的难度，也容易在激励措施实施中滋生行政腐败。

五、守信激励的立法完善

守信激励尚处于制度构建的初期，各方面存在不足，未来立法需要全方位多角度予以完善。

首先，制定全国人大立法，形成守信激励的长效机制。当前，守信激励部分地存在合法性危机，需要通过法律层面的立法予以消除。制定法律，一方面是授权行政机关，消除合法性困境，另一方面是促进守信激励制度化，长期发挥作用的根本保障。合法实施并长期守信激励，是“守信激励”树立信用，发挥激励作用的前提。具体而言，可在《社会信用法》中专章规定“守信激励”。

其次，科学设置守信激励措施，确保激励的有效性。科学设置守信激励措施，是确保措施能有效激励社会主体积极守信的关键。科学设置守信激励措施，一是需要确保激励措施与守信行为的关联性，否则激励会无效或无法帮助行为人形成守信行为惯性；二是守信激励措施应全面覆盖，既要覆盖所有同类主体，也应尽可能覆盖社会各个方面，以避免守信激励死角；三是提高守信激励措施的可操作性，避免守信激励措施成为空洞的宣言而无法落实，失信于守信主体。

再次，程序化、规范化守信激励。行政性的守信激励，作为一种受益行政行为，应当遵循应有的行政程序，确保其规范化实施。目前，我国尚无行政奖励法或类似的行政程序规定，因而亟须在未来的社会信用法中予以规定。具体而言，程序设置一是应确保激励措施公平公正，实施过程落实回避制度、坚持多方参与等制度；二是应确保公开透明，避免暗箱操作，守信激励措施是为激励社会主体积极守信，若本身缺乏可信度，不仅将失去激励效果，更容易恶化社会信用现状。

最后，健全守信激励实施的监督机制。一切有权力的人都容易滥用权力，当政府实施守信激励时，需要有足够的监督。在守信激励实施中，一是需要建立其内部监督机制，即实施机关应接受上级机关和同级监察部门的监督，为此需要制定监督内容和监督程序；二是应建立社会监督机制，对此需要将守信激励措施的实施信息纳入信息公开制定，接受公众和媒体监督；三是应建立司法监督机制，将守信激励实施行为纳入司法审查，允许公民对守信激励行为提起诉讼。

第三节 失信惩戒机制

《国务院关于建立完善守信联合激励和失信联合惩戒制度 加快推进社会诚信建设的指导意见》提出，应加强信用信息公开和共享，依法依规运用信用激励和约束手段，构建政府、社会共同参与的跨地区、跨部门、跨领域的守信联合激励和失信联合惩戒机制，促进市场主体依法诚信经营，维护市场正常秩序，营造诚信社会环境。可见，失信惩戒与守信激励一样，是营造诚信社会的重要手段。

一、失信惩戒概念界定

学术界和实务界对于失信和失信行为的界定并没有一个清晰统一的答案。《国务院关于建立完善守信联合激励和失信联合惩戒制度 加快推进社会诚信建设的指导意见》中也只是提出要科学界定失信行为，其他规范性文件都只是采取"列举+兜底"式。而这个空白也是导致失信惩戒泛化的重要原因。

关于社会信用法意义上的失信，其一，失信的行为主体是自然人、法人和其他组织。在商务和社会领域内，自然人、法人和其他组织都可能有失信行为，因而都可以成为失信惩戒的对象。其二，失信的行为方式分为欺骗和违约。失信的实质含义应当包括不诚实和不守信。对于不诚实，其行为方式即欺骗。对于不守信，其行为方式即违反约定。其三，在我国现有信用规范中，失信的行为属性具有不道德性和违法性。失信行为可以分为法律行为和非法律行为。无论是法律行为还是非法律行为都违背了诚实守信的美德，其不道德性不言而喻。为此，立法需要明确将哪些类别的行为定性为失信的违法行为，哪些是普通违法行为，切不可将所有违法行为等同失信。其四，失信危害的客体是社会信用秩序。国家从法律和制度层面保障信用主体的信用权益，保护良好的信用关系，从而形成良好的社会信用秩序。

在分析"失信"内涵基础上，可将失信的概念表述为：自然人、法人和其他组织以欺骗、违约的方式做出危害社会信用秩序而应当承担法律后果的行为。失信惩戒就是对这些行为的惩戒。

二、失信惩戒的原则

失信惩戒权的行使不是无边界的，它有确定的适用范围，否则就会导致失信惩戒的泛化，给失信主体和其他主体带来不应当的损害，因而失信惩戒活动应遵守一定的原则。

（一）依法设定原则

依法设定原则是指失信惩戒的设定应当依法进行。《国务院办公厅关于进一步完善失信约束制度 构建诚信建设长效机制的指导意见》明确指出，应依法依规确定失信惩戒措施，对失信主体采取减损权益或增加义务的惩戒措施，必须基于具体的失信行为事实，直接援引法律、法规或者党中央、国务院政策文件为依据，并实行清单制管理。这意味着，失信惩戒措施的设定，必须依法依规，只能直接援引法律依据。不过，失信惩戒的依法设定原则，在不同的领域有不同的标准，在行政性失信惩戒中，应当严格遵守行政法对行政权的约束性规定；在行业性惩戒中则相对宽松，但若行业组织惩戒权构成公法意义上的惩戒时，也应当受行政法的相关原则的限制；在市场性惩戒和社会性惩戒中，依法惩戒的标准则更宽松，只需在不违法的情况下，遵守反垄断法与民法的相关规定。本部分重点论述行政性失信惩戒的设定。

行政性失信惩戒须依据法律法规规定，或是在法律法规允许的范围内经过一定程序设定。目前，行政性失信惩戒具有多重性质，涉及《行政处罚法》《行政强制法》等法律法规，因而不同性质的失信惩戒的设定需依据相应法律进行。

一是需依据《行政处罚法》设定行政性惩戒。《行政处罚法》在行政处罚中应当具有总则地位，是行政处罚的一般法。① 依据《行政处罚法》第八条的

① 杨解君，蒋都都．《行政处罚法》面临的挑战与新发展：特别行政领域行政处罚应用的分析［J］．行政法学研究，2017（3）：16-32.

规定，行政处罚的种类只能由法律和行政法规设定。依据第九条、第十条和第十一条的规定，法律可以设定任何行政处罚，行政法规可以设定除了限制人身自由以外的行政处罚，地方性法规可以设定除了限制人身自由、吊销企业营业执照以外的行政处罚。尚未制定法律、法规的，政府规章对违反行政管理秩序的行为，可以设定警告或者一定数量罚款的行政处罚。列入并公布失信黑名单与警告同属申诫罚，故可以由法律、法规和规章设定。

二是需依据《行政强制法》设定行政性惩戒。限制高消费和限制出境属于行政强制执行，其设定应当遵循《行政强制法》的规定和精神。依据该法第十三条的规定，行政强制执行的种类只能由法律设定，故应当由法律来明确限制高消费和限制出境可以作为一种行政强制执行。

三是需依据《行政许可法》设定行政性惩戒。限制失信主体取得行政许可等类似失信惩戒，由于《行政许可法》专门对此做了相关规定，因而需要遵循《行政许可法》的规定和原则。

（二）不当联结禁止原则

不当联结禁止原则是指行政机关为了实现行政目的而针对相对人做出行政行为时，对相对人造成不利所采取的手段必须与行政机关所追求的目的之间有合理的联结关系存在。[①] 此原则在失信惩戒设定和实施中同样应当适用。失信惩戒的不当联结禁止，分为惩戒对象的关联和行为的关联。

惩戒对象的不当联结禁止，是要求惩戒对象要与失信行为具有直接必然的联系，惩戒对象只能是失信社会主体。“在行为人失信的情况下，其近亲属等相关人不应因行为人的失信行为而受到不利影响”，[②] 因为相关人只是与失信行为人相关，而不与失信行为相关联。

被惩戒行为的不当联结禁止，要求惩戒事项要与失信行为具有直接实质的联系。实践中常用的做法是失信联合惩戒，这不仅导致“一次失信，次次受限”，更导致“此处失信，处处受限”。但是社会主体在某一领域的失信并不

---

① 郭庆珠．论不当联结禁止原则对行政管理创新的规制：以创新的法律界限为归宿［J］．学术探索，2010（6）：41-47.

② 卢护锋．失信惩戒措施设定与实施的理论图景［J］．学术研究，2019（12）：73-80.

当然及于其他领域，关键在于该领域是否对诚信品质有实质的要求，诚信是否是进入该领域的“大门钥匙”，故“对失信行为的惩戒应当在与该失信行为密切关联的领域进行”。①

（三）比例原则

比例原则是行政法领域的“帝王条款”，指行政主体所采取的措施与要达到的行政目的之间必须具有合理的对应性和相称性，二者（手段与目的）需达到一种合理关系。失信惩戒作为一种惩罚手段，旨在实现诚信社会，此种目的与手段的关系也须遵循比例原则。比例原则又可分为适当性原则、必要性原则和均衡性原则三个子原则。

适当性原则要求失信惩戒措施的实施要能够实现促进信用的目的。失信惩戒有利于打击失信行为，让失信主体付出相应代价，防止失信行为的发生，消除失信行为的影响，弥补失信行为造成的损失，从而维护良好稳定的社会信用秩序。但需要强调的是，在能够实现促进守信目的的同时也要注意“适可而止”，不能涉及商业秘密和个人隐私等其他无关信息。

必要性原则要求行政性失信惩戒措施是所有能够实现目的的手段中对失信主体侵害最小的。以列入并公布失信黑名单、取消已取得的行政许可、限制高消费为例，列入并公布失信黑名单是申诫罚，取消已取得的行政许可是资格罚。资格罚严厉于申诫罚。按照必要性原则，若列入并公布失信黑名单足以达到行政目的则无须设定“取消已取得的行政许可”的惩戒。传统行政强制执行与限制高消费相比，传统行政强制执行是直接强制，而限制高消费是间接强制，因而在失信惩戒设定时，应当首先采用限制高消费，如若达不到效果，再采取传统行政强制执行。

均衡性原则，即所谓“不可杀鸡取卵”，要求失信惩戒措施不能给失信主体的权益造成过度限制，惩戒力度要把握均衡。为此立法需要对行政性失信惩戒设置惩戒幅度。可以从期限着手，一是要限定一个最长期限，不可判“无期徒刑”；二是要依据失信程度设置相应的期限梯度。也可以从范围着手，比

---

① 袁文瀚．信用监管的行政法解读［J］．行政法学研究，2019（1）：18-31.

如限制取得行政许可要根据失信程度来决定限制的市场、行业的范围；限制高消费要根据失信程度来决定限制的消费范围。

（四）避免二次惩罚原则

一事不二罚，在意涵上有两个方面，一是行政机关不得根据同一事实和同一理由，对当事人的同一违法行为进行两次以上的处罚，① 这主要强调在一部法律中不得对同一违法行为进行两次以上处罚；二是不得以不同法律规范对同一违法行为进行两次以上同种的处罚，因为“若多个规范对于违法行为规定的处罚种类相同，则一次处罚已经足以对行为人违反社会秩序的行为进行惩罚，因而应选择一罚以符合成本最小原则”。② 一事不二罚原则的提出，是基于生活安定的需要、对价和比例的要求、诚实信用和信赖保护的需要，③ 是对公权力限制和私权益的保护。但是，一次处罚或一种处罚有时不足以惩罚并有效制止社会主体相关行为的继续或不能与其行为的恶劣程度相适应。此时，应允许法律设置不同种类的惩戒。此为违法行为失信惩戒的正当性。

三、失信惩戒的分类

将失信惩戒进行分类是失信惩戒制度设计和规范的重要法律技术。根据不同的标准，失信惩戒存在不同的分类。

（一）按实施领域分类

按实施领域分类是依照2016年5月发布的《国务院关于建立完善守信联合激励和失信联合惩戒制度 加快推进社会诚信建设的指导意见》，主要分类为四种：行政性惩戒、市场性惩戒、行业性惩戒、社会性惩戒。

行政性惩戒是行政部门在公共服务、市场监管等环节实施信用惩戒。目前，我国已构建中央和地方之间、横向部门之间的行政性惩戒机制，例如国家发展改革委、工商总局、最高人民法院等38个部门签署的系列联合备忘录，

---

① 胡锦光．行政处罚研究［M］．北京：法律出版社，1998：130.

② 陈无风．穿行于一罚和多罚之间：论“一事不再罚”原则之内涵［J］．行政法学研究，2006（2）：58-64.

③ 朱新力．论一事不再罚原则［J］．法学，2001（11）：19-25.

对失信主体在享受部分高消费服务、出任相关行业企业高级职务的资格等方面作出限制，实行联合惩戒。

市场性惩戒是指在市场交易中，交易对手可以对失信主体实施拒绝交易、提高交易条件等方面的惩戒。例如，引导商业银行、证券期货经营机构、保险公司等金融机构按照风险定价原则，对严重失信主体提高贷款利率和财产保险费率，或者限制向其提供贷款、保荐、承销、保险等服务。目前，我国建立了统一社会信用代码，能及时公开披露相关信息，便于市场识别失信行为，防范信用风险。

行业性惩戒是指行业协会、商会等社会组织可以基于行业自律规则，对其会员实施相应的信用惩戒。如行业协会商会按照行业标准、行规、行约等，视情节轻重对失信会员实行警告、行业内通报批评、公开谴责、不予接纳、劝退等惩戒措施。

社会性惩戒是指社会组织、社会公众可以通过失信举报、媒体监督、公益诉讼等机制实现有效的社会参与和监督，对失信行为进行惩戒。我国《环境保护法》中的信息公开和公众参与制度、《民事诉讼法》中的公益诉讼制度等，都是实施社会性惩戒的重要法律根据。根据此依据，有关社会组织可依法对污染环境、侵害消费者或公众投资者合法权益等群体性侵权行为提起公益诉讼。

（二）依据信用原理分类

信用机制是通过一定的原理发挥作用，失信惩戒的设置应切合其原理。信用机制的发挥，主要通过对失信主体负面评价，限制其失信行为的再次发生或使其寸步难行，并促进其义务履行。据此失信惩戒可分为以下类型。

一是污名。信用机制是通过信用评价运转，信用评价对失信主体产生负面评价，能够使行为人产生声誉压力。基于此，失信惩戒的重要方式就是“污名”，即降低失信主体的信用评价，减损信誉，进而导致社会对其产生失信的评价和不信任的心理，① 例如将失信主体列入失信名单并予以公布。

二是限制失信基础行为再次实施。失信行为的方式是欺骗和违约，但欺骗和违约只是失信的方式，那么这两种方式的实施必然要以其基础行为为依托。

① 门中敬．失信联合惩戒之污名及其法律控制［J］．法学论坛，2019（6）：18-26.

比如在投标中弄虚作假是欺骗，那么参与投标就是失信的基础行为；在高铁上霸座是违约，那么乘坐高铁（购买高铁票）就是失信的基础行为。基于此，失信惩戒的重要方式是限制失信基础行为再次实施，即在哪里失信，就在哪里受到惩罚，以预防失信行为的发生。

三是促进履行义务。违约还意味着失信主体没有履行其法定义务和约定义务，给另一方造成了损害后果，而失信惩戒的终极目的是促进社会主体积极履行义务。基于此，失信惩戒的重要方式就是促进义务履行，及时止损。如对有能力偿还债务却不还的债务人限制住宿星级以上宾馆、限制高消费等。

四是对以诚信为条件成就的事项予以否定。失信行为的本质是诚信的缺失，故而惩戒失信还要回到对诚信的考量。当我们界定行为失信和评价主体失信之后，就意味着衡量“诚信”这一品质有了具体的参考，同时意味着“具有良好的品质”这一标准也具有了实践上的可行性。因此，实践中对以诚信为条件成就的事项予以否定，成为重要的失信惩戒，如限制获得相关荣誉称号、限制参与政府采购等。

四、失信惩戒的设定与实施程序

目前，我国失信惩戒设定的主体有立法、行政、司法机关，也有市场主体、社会组织等①。大量主体设定各种形式的失信惩戒，很容易侵犯到公民及其他社会主体的基本权利。因而，失信惩戒的法治化，必须规范失信惩戒的设定与实施程序。

（一）失信惩戒的设定程序

1. 明确失信惩戒的设定主体与权限

当前，我国失信惩戒设定缺乏程序规定，似乎任何主体，特别是行政部门都可以制定社会信用相关的文件，设定失信惩戒，导致失信惩戒存在泛化危

① 市场主体、社会组织的惩戒没有行政权力作为后盾，因此多数“惩戒”形式是不与之交易，或通过行业协会的社会公权力设定在一定行业领域内的惩戒，如开除会员、降低评级等。

机。针对此种情形，立法应当首先规定失信惩戒的设定主体，并对不同主体的设定权限予以规定。这是失信惩戒设定程序化的前提。

2. 明确失信惩戒的制定程序

失信惩戒规则是约束社会主体的“信用法”，其制定应当遵循一般立法基本规则，但与其他立法不同的是，失信惩戒是惩戒社会主体的“失信”行为。由于一些违法行为会被纳入失信惩戒的范围，因此，当失信惩戒的对象是违法行为时，必须确保该违法性具有“失信”性质，而不是所有违法行为均被纳入失信惩戒，否则失信惩戒的正当性将存在的疑问。为此，失信惩戒的设定，在遵循一般立法规制的前提下，还需遵循三项规则，一是应当论证失信惩戒措施的必要性和正当性；二是在制定过程中应当特别设置公众参与或听证程序，以便所设定的惩戒具有契约性，而非行政部门的单方意志；三是失信惩戒的该项立法，应当有足够的公示和宣传期，以确保公众知晓违反该规制将构成失信。

（二）失信惩戒的实施程序

1. 失信行为的认定与告知程序

失信行为是触发失信惩戒的源头行为。因此，失信惩戒措施实施的第一个环节是对失信行为的认定。目前，立法对失信行为的认定尚未明确，只是根据各种以失信惩戒为内容的规范事先假定某种行为属于失信行为，至于此结论的形成过程则无涉及。此种失信行为的认定过程，亟须程序规制，因为某种行为一旦被认定为失信行为，其所面临的失信惩戒是相对确定的。与其他违法行为相比较而言，失信行为的认定是以信用信息为基础的，而信用信息大多来自行政主体日常的管理过程中，无须相对人的特别授权、配合甚至知晓，某行为人是否已经失信在大多数情况下可能处于本人并不知晓的状态。在此情况下，如果没有对认定环节的规范机制，那么对相对人权益的保护极为不利。对此，立法在认定程序中应设定强制告知程序，告知的具体内容包括失信记录的时间、失信记录的具体形式（包括一般失信或者严重失信）、失信认定的法律依据以及失信记录的有效期限等。①

① 卢护锋．失信惩戒措施设定与实施的理论图景［J］．学术研究，2019（12）：73-80.

2. 失信惩戒措施实施的核心程序

首先是异议申辩。在认定社会主体行为失信后，将作出惩戒决定，但根据自然正义原则，任何人在其权益受到不利影响之前，均应有申辩和说明理由的机会，因此在作出失信惩戒决定之前，应当允许被惩戒人陈述和申辩。失信惩戒的陈述和申辩，主要有针对信用信息异议和对惩戒措施的申辩。为此，在失信惩戒作出之前，应当存在一定的缓冲时间，允许并告知被惩戒人提出异议和申辩。未经申辩，不得作出失信惩戒。其次是惩戒决定。不同类型的失信惩戒性质不同，对失信行为人权利的影响也相去甚远。因而需要根据不同的失信惩戒种类，设定不同的决定程序，但均应根据行为的性质、情节的轻重进行认定，依据法律的规定或明确的行业规定作出处理决定。对失信惩戒人权利影响重大的，应当经过听证程序，并经依法组成的惩戒委员会或其他形式的负责惩戒的会议合议作出，惩戒形式应当以书面方式作出，并告知其基本的救济权利。最后是送达或通知。失信惩戒决定书制作完毕之后应当送达失信行为人，未经送达，失信惩戒决定不发生法律效力。鉴于失信惩戒的形式不一，有些惩戒措施，如列入黑名单、降低评分等措施，难以采取送达方式，但需要通知到相关主体。

五、失信惩戒的监督与救济

（一）失信惩戒的监督

失信惩戒作为一种行政权力或社会权力，同样存在被滥用的风险，因而需要予以监督。失信惩戒的监督，需要关注两个方面，一方面是监督各地区各部门失信联合惩戒的设置，督促各地区各部门落实《国务院关于建立完善守信联合激励和失信联合惩戒制度 加快推进社会诚信建设的指导意见》和制定具体实施方案的情况，监督是否落实工作机构、人员编制、项目经费等必要保障，确保各项联合惩戒措施落实到位。监督部门应及时跟踪掌握工作进展，督促检查任务落实情况。另一方面是监督失信惩戒的合法运行情况，对各地区各部门是否依法设定、依法实施失信惩戒进行监督，定期检查工作，听取工作报告。为此，应当将失信惩戒纳入国家监察法的监督范围之内，由监察委对上述行为进行适当监督。

（二）失信惩戒的救济

无救济即无处罚①，失信惩戒作为一种惩罚，同样需要为被惩戒人提供救济途径。目前，立法尚未规定失信惩戒的救济问题，《国务院关于建立完善守信联合激励和失信联合惩戒制度 加快推进社会诚信建设的指导意见》给出了政策指引，救济路径有：信用信息异议、投诉；有误信息更正或撤销；错误惩戒后的恢复信誉、消除不利影响；行政复议、行政诉讼等。这些都是未来应重点建设的失信惩戒救济机制，尤其是信用信息异议与更正制度，行政复议与行政诉讼制度。信用信息异议，需要从现有的仅限于金融信用信息领域的异议制度，延伸至公共社会信用信息异议制度。行政复议与行政诉讼制度则需要建立起专门适用失信惩戒的复议或诉讼类型，以满足社会信用建设之需。此外，还需要促进行业性惩戒、市场性惩戒、社会性惩戒建设，建立起自身内部的救济机制。

第四节　信用监管机制

监管是任何法律的实施方式，它不仅是对某项法律的实施，也是对法律实施效果的监督。因此，信用监管日渐成为社会信用法实施的重要方式。信用监管是一种新法律实践现象，也是一个充满争议的新概念，因而有必要对其概念进行辨析，了解其属性，分析其现状与问题，并就其法律控制进行探讨。

一、信用监管的概念与法律属性辨析

目前，信用监管概念可从两种意义上解读，一是对信用活动的监管，可理解为对社会信用体系运行进行监督，如行政机关对信用服务、征信机构、信用报告等信用市场及活动的监管，与现有的“市场监管”等概念在语法上相似。二是在以信用为手段或工具的信用监管中，政府等监管主体为实现其监管目的（通常是其他行政目的）而将信用作为一种工具以提升监管效率。

① 袁曙宏．论行政处罚的创设［J］．行政法学研究，1993（3）：18-31.

（一）作为信用体系运行的信用监管

作为信用体系运行的信用监管，是指行政机关依法对信用体系的运行和信用活动的监督和管理，旨在防止信用体系运行失范，避免侵犯社会主体权利。此时，政府作为信用体系监督者的身份与政府的其他法律监管类似，如政府对证券行业的监督等。此种意义的信用监管目前已在征信业得以建立，如《征信业管理条例》第六章监督管理规定，“国务院征信业监督管理部门及其派出机构依照法律、行政法规和国务院的规定，履行对征信业和金融信用信息基础数据库运行机构的监督管理职责，可以采取下列监督检查措施……”在国外，信用监管主要是指此种类型的监管，国外行政机关较少直接介入信用体系，只是以法律监督者的角色监督其信用系统的运行，如美国《公平信用报告法》（Fair Credit Reporting Act，FCRA）第621条规定的行政强制执行（Administrative enforcement），在某种意义上就是一种对美国信用报告业务的监管。

此种意义的信用监管，在过程上，其法律性质是行政机关的行政执法，具体为行政检查，如《征信业管理条例》第三十三条规定，征信业监督管理部门可进入征信机构、金融信用信息基础数据库运行机构进行现场检查，对向金融信用信息基础数据库提供或者查询信息的机构遵守本条例有关规定的情况进行检查；询问当事人和与被调查事件有关的单位和个人，要求其对与被调查事件有关的事项作出说明；查阅、复制与被调查事件有关的文件、资料，对可能被转移、销毁、隐匿或者篡改的文件、资料予以封存。在监管结果上，其法律性质有可能是行政处罚，如《征信业管理条例》第七章规定对擅自设立经营个人征信业务的征信机构应予以取缔，没收违法所得，并处5万元以上50万元以下的罚款；征信机构违反该法第九条规定的，责令限期改正，处2万元以上20万元以下的罚款，对直接负责的主管人员和其他直接责任人员给予警告，处1万元以下的罚款，等等。

（二）作为政府信用工具的信用监管

作为政府信用工具的信用监管，在我国政府的社会治理实践中虽早有运用，但随着国务院《关于加快推进社会信用体系建设 构建以信用为基础的新型监管机制的指导意见》（以下简称《新型监管机制指导意见》）的颁布，信用监管实践在全国日渐兴起。

作为政府信用工具的信用监管是指行政机关或法律、法规授权的具有公共管理职能的组织对相对人的公共信用信息进行记录、归集、使用，并按照一定指标体系开展评价、评级、分类，进而分别采取激励或惩戒等措施，实现政府规制目的的行为。这一定义来源于对《新型监管机制指导意见》的总结。在此种信用监管过程中，信用作为监管的一种基础或工具，是为确保行政相对人义务履行，优化监管模式。因此，此种意义的信用监管，也被学者称为政府规制中的信用工具、信用规制。①

此种信用监管，在法律性质上相对不确定，需要根据信用工具所运用的场域而认定。但可以确定的是，信用监管是一种公权行为，是行政机关在行政管理中对工具与手段的选择行为。实践中，信用监管法律表现形式可以概括为行政机关以及法律、法规授权的具有管理公共事务职能的组织，在履行职责过程中对公民、法人或其他组织公共信用信息，进行记录归集、评价分类、共享公开，并开展分类管理和联合奖惩的行为。②

（三）信用监管与社会信用法其他实施机制的关系

2019 年 7 月颁布了《新型监管机制指导意见》，但信用监管与信用评价、守信激励、失信惩戒的关系并未厘清，实践中“信用监管”存在取代“信用评价”“守信激励”“失信惩戒”的情形，有必要对其关系予以梳理。

第一种意义上的信用监管，与本章前三节三种信用机制之间存在监督与被监督的关系。此时的信用监管，是行政机关对信用评价、信用奖惩的运行与实施的监督，以确保这些信用机制的运转符合法律要求。实践中，此种信用监管在上述三种机制的立法中一同规定，如《征信业管理条例》第六章关于监督与管理的规定。

第二种意义上的信用监管，与本章前三节三种信用机制之关系，是手段相同但目的有异，前文三种信用机制作为社会信用体系内容时，直接目的是通过信用评价和奖惩促进诚信社会的建设；而作为信用监管内容时，直接目

①② 王瑞雪．政府规制中的信用工具研究［J］．中国法学，2017（4）：158-173.

的是服务于政府实现其各类行政目的，以优化监管。可以说，当信用评价、守信激励、信用奖惩作为规制手段的信用监管时，更多是为了实现其他法律的实施。

二、信用监管现状与问题

鉴于本章前三节已部分述及第一种意义上的信用监管，同时本书第七章就信用服务的监管问题专门进行了论述，因而此处仅分析论述“作为政府信用工具的信用监管”现状与问题。

（一）信用监管现状简述

目前，我国信用监管主要以国务院《新型监管机制指导意见》为政策指引。截至2020年12月6日，对标题中包含“信用监管”的文件进行统计，各部门各地区已经制定了3部部门规范性文件、1部地方政府规章、30余部地方规范性文件，主要围绕企业信用，涉及企业生产经营、食品药品、生态环境、工程质量、安全生产、消防安全、强制性产品认证。① 相对于立法上的有限，政府对信用工具的使用更为广泛，不少地方政府在其工作中制定信用监管方案，如《浙江省国土资源厅办公室关于全面实施探矿权人信用监管工作的通知》《山东省发展改革委关于在行政管理中实施信用监管的公告》等文件。此外，还有一些地方无公开的信用监管文件，但却通过相关内部信用评分对相关相对人进行监管。

（二）信用监管存在的问题

信用监管是我国政府的一个全新规制工具，尚处于探索时期，加之我国行政法治的不成熟，导致信用监管目前存在较多问题。

首先是法律层面规定缺失，合法性不足。目前关于政府对信用工具的使用，尚未有法律授权，信用监管所涉及的公民信息使用、分类管理，在一定程

① 见《规划纲要》《国务院关于建立完善守信联合激励和失信联合惩戒制度 加快推进社会诚信建设的指导意见》《失信企业协同监管和联合惩戒合作备忘录》（发改财金〔2015〕2045号）等。

度上与公民个人信息权利与平等权等权利有关，而且广泛使用信用工具，存在信用监管泛化、滥用倾向，使公民合法权益处于不确定性状态。

其次是信用监管界限模糊，过度介入私权领域。信用监管作为一种行政权力，无法律依据不应介入私法领域。但实践中，信用监管侵犯私权益现象时常发生。一是侵犯相对人的隐私权。我国信用监管规范对信用信息的记录、归集、使用规定不够细致完备、流程不够透明，行政主体若不加区分地对所有信息甚至宗教信仰、血型病史、通信资料等信息予以采集、整理，极易侵犯相对人的隐私权。① 二是侵犯相对人的信息自决权。行政机关对公共信用信息的采集整理无须取得相对人同意，信用监管是行政主体通过信息加工和处理来实现的，由于行政机关的过度介入，因而时常侵犯相对人的信息自决权。

最后是信用监管掩盖执法问题。信用监管的提出旨在创新监管理念、监管制度和监管方式，提升监管能力和水平。然而，实践中诸多由于行政机关执法不力或法律实施不力而导致的法律乱象，原本是行政机关加强执法即可解决的问题，却试图通过信用监管予以解决。如此即出现了以信用监管代替执法、代替行政管理的懒政现象，掩盖了行政机关的执法问题。

三、信用监管的法律控制

行政机关使用信用工具监管市场和社会，属于公权行为，若使用不当将对行政相对人合法权益造成侵害。因此，需要对信用监管进行法律控制，使其在法治框架下实施或运行，而非游离于法治之外。

目前，学者多主张通过行政法基本原则来控制信用监管的实施，如合法性原则、比例原则、关联原则等，② 鉴于本章前三节已作相关论述，因而在此不再赘述。除遵循行政法的基本原则，信用监管的实施应受以下几个方面的控制。

（一）遵循双重法律规定

一方面，信用监管被行政机关运用于各个行政领域，涉及诸多具体法规，

①② 袁文瀚．信用监管的行政法解读［J］．行政法学研究，2019（1）：18-31.

形式不一，因此，在当前语境下的信用监管，是难以对其进行单一的标准化法律或程序控制的，只能通过其所涉领域的具体执法规则予以控制。因而，信用监管的实施必须遵循相应领域的法律制度，严格依据相关领域的执法权限、执法程序进行，如在药品食品领域的信用监管，也应当严格遵守药品食品的相关执法规定，而不可抛却其规定，仅通过信用监管来实现执法。另外，信用监管是行政机关对各类信用机制的运用，通过信用信息收集和归集、信用评价或通过守信激励、失信惩戒来实现其行政目的。因而，信用监管的实施应当遵循其所涉的社会信用规范的规定，如信用信息收集需遵循相关社会信用信息规定，失信惩戒的运用应当遵循失信惩戒设定、实施的基本程序。

（二）建立最低限度的信用监管实施正当程序

信用监管作为行政执法的创新方式，应当遵循正当程序和规则。国务院《新型监管机制指导意见》指出应建立健全全国统一的信用监管规则和标准，及时出台相关地方性法规、政府规章或规范性文件，将信用监管中行之有效的做法上升为制度规范，抓紧制定开展信用监管急需的国家标准。前文述及，信用监管表现形式多样，难以制定统一的标准，为此，可通过规定最低限度的正当程序作为信用监管的基本规则。

有关正当程序的提法或观念最早产生于18世纪的英国。在英国，古老的自然正义原则中包含了两条基本规则：一是任何人不应成为与自己相关案件的法官；二是任何人在受到处罚或其他不利处分前，都应享有公正的听证或听取其意见的权利。在长期的发展过程中，逐渐形成了现代正当程序。20世纪中叶以后，随着行政执法的发展，人们越来越关注行政执法程序，并开始探讨行政执法程序的重要意义。现代法律程序所要实现的最低限度的程序正义要求至少应当包括三项：程序中立性、程序参与性和程序公开性。程序中立性就是要求决定程序法律结果的法律主体应当处于中立地位，对参与程序的任何一方不得存有偏见和歧视。程序参与性就是那些利益或权利可能会受到程序法律结果直接影响的法律主体应当有充分的机会参与法律程序的过程，并对法律结果的形成发挥有效的影响。这是接受程序法律结果的法律主体对法律程序的正当要求。程序公开性，即法律程序的每一阶段和步骤都应当以当事人和社会公众看得见的方式进行。这是对法律程序整个过程本身的最低限度要求。

信用监管的最低正当程序要求，同样应满足现代程序正义的基本要求，一是信用监管的中立性，信用监管需要通过一系列的信用信息分析和信用评价，中立性尤为重要，因此，信用监管中所需要的信用信息分析和评价，应尽可能由具有中立性的机构作出，再交由行政执法机关实施，避免偏见和歧视。二是应当确保信用监管的参与性，如在通过守信激励、失信惩戒的监管中，应当让相对人及其他利害关系人充分参与其中，而非行政机关单方运用信用手段实施监管，否则信用监管将失去其共同治理的创新意义。三是应当确保信用监管的公开性，信用监管与传统执法相较，具有一系列的信息处理和评价，而这些行为通常相对人无从知晓，为确保相对人权利不被任意处置和不公平对待，需要确保信用监管过程的公开性。

（三）信用监管目的的法律控制

信用监管是政府对信用工具的使用，信用措施本身只是手段，旨在实现相关行政目的，这与诚信社会建设中信用手段的运用不同，诚信社会建设目的较为确定，旨在构建诚信社会，而信用监管的行政目的相对而言具有不确定性，有时容易附着部门利益，甚至与公众对立。因而，信用监管的法律控制，需要对信用工具运用目的进行控制。需要注意的是，有些学者在比例原则中述及目的正当的问题，但多侧重于目的与手段之间的关系，笔者认为，由于信用监管的工具性过于明显，因而需要重点强调信用监管目的的法律控制。

关于信用监管的目的，国务院《新型监管机制指导意见》指出是为“加强社会信用体系建设，深入推进‘放管服’改革，进一步发挥信用在创新监管机制、提高监管能力和水平方面的基础性作用，更好激发市场主体活力，推动高质量发展”。对此，可概括为三点，一是为简政放权、放管结合、优化服务，二是为提高监管能力和水平，三是为激发市场活力。由此可知，信用监管的主要目的就是在优化营商环境、减少行政干预的前提下，确保有效的行政监管。因此，立法应当对行政机关在实施信用监管时的目的进行规定，限制信用监管基于不当行政目的而使用。具体而言，应当在规定信用监管实施的正向行政目的的同时，还应规定信用监管实施的一些禁止性目的，这些禁止性目的至少应包含这两个方面：一是应禁止行政机关基于“以信代管”目的而实施信用监管，此种行政目的是懒政怠政的表现，容易掩盖执法问题；二是禁止变相地将行政目的施加至行政权原本不应介入的领域，如将一些单纯的社会道德、家庭伦理乃至动物侵权等问题纳入信用监管之中。

第六章　信用修复法律制度

信用修复作为社会信用体系建设的重要内容，是诚信建设不可或缺的一环。目前在我国各地立法中，对于信用修复的表述虽有出入，但本质界定基本一致，都是强调主动纠错、修复条件、修复程序三个要件。总体而言，信用修复可以界定为发生过违法失信行为的信用主体主动改正错误，履行法定义务和责任，消除不利影响，申请重塑其社会信用，由公权力机关经过一定程序和条件予以批准的活动。从功能上而言，信用修复作为失信主体自主自新的救赎机制，主要是鼓励和引导不良信息主体主动改正违法失信行为，消除社会不良影响，提升自身信用水平，营造诚实守信的社会环境。

第一节　信用修复的含义和分类

一、信用修复的含义

信用修复顾名思义为信用的修补活动，但并非所有的信用修补活动都属于信用修复的范畴。我国信用修复机制建设起步较晚，学界对信用修复的研究也不多。目前，我国信用修复概念还在探索中，并没有形成统一的定义。理论界关于信用修复存在广义说和狭义说。2008 年国家质量监督检验检疫总局和国家标准化管理委员会联合发布的《信用基本术语》（GB/T 22117—2008）对信用修复的定义是：依法改善对受信方的负面记录和评价，允许受信方对其失信行为的客观原因进行解释的技术手段，并在注释中注明广义的信用修复是指失信主体纠正其失信行为的过程。①

① 《信用基本术语》第四部分第十二条。

2015年，杭州、南京、宁波、无锡四个城市信息中心联合开展了信用修复机制的研究，对信用修复的基本概念和基本流程进行了分析。研究报告认为，信用修复是指信用主体按照既定规则、制度和流程，通过一系列活动维护和改善自身信用状况的过程。它包括了信用信息修复和信用行为修复两个方面。其中，信用信息修复是指信用主体通过信息更正、信息补全和信息标识等方式，提升信用信息的准确性、完整性，达到维护和改善自身信用状况的过程；信用行为修复是指信用主体通过改正失信行为、获得被侵害对象谅解、作出信用承诺等方式赢得社会信赖、被用户接纳，达到维护和改善自身信用状况的过程。① 美国相关信用法律并未对信用修复进行专门的定义，但可通过信用修复机构（credit repair organization）的定义来反推信用修复的含义。《美国信用修复机构法》规定信用修复机构是向客户提供服务或咨询，帮助客户改善信用记录、信用历史或评分，并由此获取经济回报的机构。② 由此可知，美国的信用修复泛指所有改善信用记录、提升信用评分的行为，其信用修复的含义的外延非常宽泛。以该角度解读信用修复，可以将我国信用修复分为以下三种类型。

（一）时间性修复

时间性修复，又称自然修复，指失信信息的公示期或记录期满后，系统自动删除记录，不再作为负面信息使用，即该不良信息不作为信用评价的依据。自然性修复取决于不良信息的保存年限，本质上是信用信息的更新制度。我国2013年颁布的《征信业管理条例》明确个人不良信用信息的保存期限为5年。在国内，现在规定的记录期限多为3~5年，如《旅游市场黑名单管理办法（试行）》规定了黑名单保留年限为3年或者5年。③ 国际上一般都对个人的

① 王超，傅家桢．信用修复和异议处理［J］．浙江经济，2016（20）：61.

② 15 USC Chapter 41，Sub chapter II-A：Credit Repair Organizations Act［EB/OL］．https：//www.ftc.gov/enforcement/statutes/credit-repair-organizations-act.

③《旅游市场黑名单管理办法（试行）》第十条第二款：“因本办法第四条第一款第（二）项情形列入黑名单的，黑名单信息自公布之日起满5年，由列入机关自届满之日起30个工作日内移出旅游市场黑名单。”第四款：“因本办法其他情形列入黑名单的，黑名单信息自公布之日起满3年，或者在规定期限内纠正失信行为、消除不良影响的（不含本办法第四条第一款第（三）项规定之情形），由列入机关自届满之日起30个工作日内移出旅游市场黑名单。”

不良信息设定了保存时限，但期限并不相同，如：英国规定为 6 年；① 美国《公平信用报告法》规定，负面信息保留年限一般为 7 年，个人破产信息保留 10 年，年薪 7.5 万以上的个人信用信息可不受保存期限限制；② 我国香港地区则规定个人破产信息保留 8 年，败诉信息保留 7 年。③ 对于超过保存时限的信用信息，相关组织不得对外提供或公示该信息。信用评价机构也不得在信用报告中采用以上信息作为信用评价的依据。这是信用信息动态公示的体现，表明了信息及时性以及信用报告评价的科学性。规定不良信用信息保存期限的目的，在于促使个人改正并保持良好的信用记录。守信与失信并不是一次性的评价，而是应时的评价，相较于动态的信用状况而言，信用制度自身也应当存在“活”的机制以适应变化中的信用状况，若未设计保存年限，信息主体的信用报告信息只增不减，必然导致信息主体信用重建的成本过高，信息管理的复合过大。事物不断发展，时间跨度过长的信息与当前信用评价的关联性变小，影响信用评价的科学性。可见信用信息保存年限的设计具有重大意义。

（二）异议性修复

异议性修复，又称信用信息的更正。我国《征信业管理条例》对信息异议有所规定，即“信息主体认为征信机构采集、保存、提供的信息存在错误、遗漏的，有权向征信机构或者信息提供者提出异议，要求更正。征信机构或者信息提供者收到异议，应当按照国务院征信业监督管理部门的规定对相关信息作出存在异议的标注，自收到异议之日起 20 日内进行核查和处理，并将结果书面答复异议人。经核查，确认相关信息确有错误、遗漏的，信息提供者、征信机构应当予以更正；确认不存在错误、遗漏的，应当取消异议标注；经核查

---

① 英国 1998 年的《资料保护法》第 5 条确定了保存时限原则。该原则规定为任何目的处理的个人资料都超过该目的需要的时间而保存。基于该原则，英国规定了不良信息的保存年限为 6 年。

② 国际个人信用修复的经验及启示［EB/OL］.（2020-02-17）［2020-03-20］. https：//www.creditchina.gov.cn/home/xinyongyanjiu/202002/t20200217_185063.html.f.

③ 程明英，宋晓蓉．个人不良信息保存期限超过 5 年须删除的法理分析［J］．甘肃金融，2013（11）：72.

仍不能确认的，对核查情况和异议内容应当予以记载”。[①] 除了信息主体的主动申请，《企业信息公示暂行条例》还规定政府部门发现其公示的信息不准确的，应当及时更正。[②] 造成信用信息错误的原因是多样性的，包括系统错误、操作人员失误或者其他客观原因。信用信息与信用利益息息相关，不仅具有人身评价性，也具有明显的财产利益，错误的信用信息与信息主体的客观信用状态相违背，是对信息主体的信用利益的一种侵犯，错误信用信息的及时更正是停止侵害的应有之意，以保证信用评价的准确性。信用状况的前提是信用信息的真实准确，若没有失信行为但却存在不真实的不良信用信息，并由其承担失信后果，与强加莫须有的罪名无异。因此应当允许信息主体通过积极行为得到救济。

（三）自主解释式修复

自主解释式修复是信用主体可对失信行为进行解释，且在全国范围内数据共享。自主解释式修复借鉴了美国《公平信用报告法》的消费者陈述权和我国个人征信体系中的自主解释机制。美国《公平信用报告法》规定消费者有权对其认为有误的信用信息提起复核，征信机构应当及时回复。若复核不能解决争议，消费者有权要求征信机构对信用记录中保存的和信用报告中使用的有争议的信息进行加注，即消费者拥有解释权。[③] 我国个人征信报告中设有“机构说明”和“本人声明”信息，金融机构在个人信用报告中设有“机构说明”信息段，列明由金融机构上报的、应引起信用报告使用者特别关注的信息，可以是负面信息，如欺诈、破产等信息，也可以是核销业务后客户主动还清欠款，或对“还款日”理解有误导致逾期还款等非负面信息。后者可以帮助信息主体对不良记录进行解释，且来自金融机构的信息更可靠，更易被采信。个人信用报告中还设置了“本人声明”的信息段，一般是信息主体对异议受理回复有不同意见，或存在需进一步说明的特殊情况时，可向征信中心提交100

① 《征信业管理条例》第二十五条。

② 《企业信息公示暂行条例》第十二条。

③ 畅秀平.《公平信用报告法》（FCRA）对我国信用建设的启示［J］.会计之友（上旬刊），2009（10）.

字以内个人声明。[①] 自主解释式修复为非主观故意原因导致的失信行为提供了一定的解释空间，可以一定程度上获得谅解。

（四）注释性修复和删除性修复

注释性修复和删除性修复都是针对真实存在的失信行为，区别在于对信用信息记录的处理方式。注释性修复指失信主体主动履约，消除社会不良影响后，失信行为认定部门同意停止或缩短其失信信息的公示期限，并对相应的失信记录进行标注或解释。删除式修复是指失信主体履行修复条件后，信用修复机构通过删除失信信息来恢复其信用，适用于完成修复条件后的一般失信信息。例如，根据最高人民法院《关于公布失信被执行人名单信息的若干规定》，被执行人纳入失信被执行人名单的期限原则上为二年；被执行人以暴力、威胁方法妨碍、抗拒执行情节严重或具有多项失信行为的，可以延长一至三年。失信被执行人积极履行生效法律文书确定义务或主动纠正失信行为的，人民法院可以决定提前删除失信信息。[②] 关于失信主体纠正失信行为后，相应的信用记录应当采取删除还是注释，并没有形成统一的意见。在《上海市社会信用条例（草案）》立法调研过程中，这个问题引起激励争论，观点可谓针尖对麦芒。一种观点是，如果改过自新，也不能消除不诚信记录，只会让人破罐子破摔，有违征信制度促进社会诚信的立法初衷。另一种观点是，如果征信记录可以改写，就好比为失信者打开了可以来回穿梭的“制度之门”，与其有空可钻，不如不开这道门。[③] 本书认为先失信后纠正的修复者与原本就守信者还是有区别的。为了全面科学地反映信息主体的信用状况，对失信记录进行注释的方法更可行。除此之外，信用信息的公示也是公众或者交易相对方知情权的重要保障。为了平衡知情权和信息主体的信用利益，注释性修复也是较好选择。

从上述介绍可以看出，狭义的信用修复，指的就是注释性修复和删除性修复，其修复对象为真实的信用修复，且强调失信主体自主自新的悔过表现。从

---

① 覃珺．建立完善信用修复机制的对策［J］．金融电子化，2014（4）：61-62.

② 《关于公布失信被执行人名单信息的若干规定》（2017 年修订）第二条。

③ 姚丽萍．“信用修复”激励诚信［N］．新民晚报，2017-06-27.

信用修复的结果来看，以上几种方式均可以因信用记录的改变，使信用评价上升。但是自然性修复是被动地等待随着时间推移而删除记录的行为，而异议性修复是将在错误轨道形成的信息拉回正轨，信用主体真实信用状况未出现增减，严格来说也不是一种纠错。相比之下，狭义的信用修复更能体现信用修复的本质。我国立法中的信用修复也特指狭义的信用修复。

需要澄清的是，有学者认为对于错误信息的异议属于信用修复的范畴，虽然在立法上有此种做法，如《浙江省公共信用信息修复管理暂行办法》指明信用修复包括自然修复和依申请修复，① 但该种做法在我国地方立法上极为少见，多数地区都是将信用修复和异议处理并列规定，意为二者相互独立。我国关于信用修复的文件已有许多，对于信用修复含义的表述虽有出入，但本质界定基本一致（见表6-1）。

表6-1　部分地方文件对信用修复的定义

《河南省公共信用信息修复管理办法（试行）》	信用主体在失信信息披露期限内，主动纠正其失信行为，按照一定条件，经规定程序，获准撤销失信记录或缩短失信记录使用期限，重建信用的过程
《浙江省公共信用修复管理暂行办法》	不良信息主体为积极改善自身信用状况，按照规定的条件和程序，向作出不良信息认定的公共信用信息提供单位提出申请并被确认的一种行为过程
《江苏省社会法人信用基础数据库信用修复办法（试行）》	社会法人在一定期限内主动纠正其因非主观故意因素导致的失信行为，按照一定条件，经规定程序，获准停用或缩短失信行为记录使用期限，重建信用的过程
《宿迁市法人和自然人信用修复办法（试行）》	法人和自然人在一定期限内主动纠正其失信行为，按照一定条件，经规定程序，获准停用或缩短失信行为记录使用期限，重建良好信用的过程

从表6-1的定义可以归纳出我国信用修复强调自主自新，是社会信用主体对已发生的失信行为，积极纠正，消除影响，遵循一定程序进行信用重建的过程。值得说明的是，我国许多地区在定义信用修复时强调“因非主观故意因素导致的失信行为”才可进行修复，本书认为这不符合信用修复的目的和我

① 《浙江省公共信用信息修复管理暂行办法》第二条。

国信用修复的现状。

二、信用修复的分类

（一）按照主体划分

从主体角度对信用修复进行分类，可以简单将其分为个人信用修复和企业信用修复。

个人信用修复起源于个人信用较为发达的英美国家，是信用体系运行的必然结果。个人信用修复可以分为普通个人信用修复和涉诉个人信用修复。普通个人信用修复是指当信用评价机构告知相关自然人其信用报告中出现负面信息时，相关主体可以申请修复其不良信息。[①] 涉诉个人信用修复是指进入司法程序的案件当事人，判决后作为被执行人基于主客观等不同原因进行降低或消除信用负面信息的修复活动。[②] 在我国立法上涉诉个人信用修复可以法院强制执行黑名单移除为典型代表。国务院办公厅《关于加强个人诚信体系建设的指导意见》也提出建立个人公共信用信息修复机制，畅通信用修复渠道，丰富信用修复方式，探索通过事后主动履约、申请延期、自主解释等方式减少失信损失，通过按时履约、志愿服务、慈善捐助等方式修复信用。

相对于个人信用修复而言，企业信用修复的相关制度更为多见。从失信造成的影响而言，企业的失信影响范畴较个人更深更广；从生存角度出发，失信惩戒对于企业的影响也更大。企业作为社会经济运行的主体，是社会发展的中坚力量。鼓励和支持失信企业进行自我纠错，提升企业信用价值，营造良好营商环境，对构建我国以信用为抓手的新型监管体制意义重大。

目前，我国信用修复的申请主体主要是企业，如《大兴安岭地区企业失信行为联合惩戒实施办法（暂行）》就只规定了存在失信记录的企业在一定期限内能主动纠正失信行为，可以按照一定条件和程序实施信用修复，重塑企

---

① 覃珺．不良信用修复机制的设计［J］．中国金融，2014（14）：82-83.

② 刘瑛．信用修复的法理依据及类型化实施研究［J］．中国信用，2019（12）：112-117.

业信用。[1] 江苏省则直接出台《江苏省社会法人信用基础数据库信用修复办法（试行）》。

企业信用修复分为常态企业信用修复和破产企业信用修复。因破产企业履约能力下降，涉及银行债权人时如何修复企业负面信贷信用信息成为各方关注的一个焦点，导致信用修复的难度大。有些地区直接禁止处于破产状态下的企业进行信用修复。依据《公司法》规定，广义的破产包括和解、重整、破产三种情形，处于和解和重整的企业还具有挽救的价值，应允许其进行信用修复，有助于更好地完成和解和重整程序，更好地回归市场，对维护经济平稳增长和改善社会信用环境具有重要意义。浙江省大力推进破产企业信用修复，已经取得了许多经验。如嘉兴市政府多次召开协调会推动企业信用信息的修复，对所涉及的法院执行信息、银行征信信息、纳税信用评价、工商信息恢复变更、建筑企业的资质保留等问题，相关单位积极配合主动落实。中国人民银行嘉兴市中心支行按规定在破产重整计划得到法院裁定批准后，根据企业申请帮助企业在征信系统的“大事记”“信息主体声明”中添加破产重整情况说明。[2]

（二）按照领域划分

从失信领域角度进行划分，信用修复可以分为政府信用修复、商事信用修复和社会信用修复及司法信用修复四大类。

信用修复涉及的领域宽、范围广，抽象性、统一性的信用修复标准无法满足当前信用修复的需求，故分级分类管理尤为重要。党的十八大提出要“加强政务诚信、商务诚信、社会诚信和司法公信建设”。《规划纲要》对政务、商务、社会、司法四大信用领域进行了较为详细的规定。有失信就有修复，各领域的信用修复与信用体系建设的领域划分应是一一对应的关系。据此政府信用修复包括行政许可、政府采购、招标投标、劳动就业、社会保障、科研管理、干部选拔任用和管理监督、申请政府资金支持等领域的信用修复。商务信

① 《大兴安岭地区企业失信行为联合惩戒实施办法（暂行）》第十九条。

② 徐昭，姜弘毅．破产重整企业信用修复的实践与思考［J］．征信，2018（6）：17-22.

用修复包括生产、流通、金融、税务、价格、工程建设、政府采购、招标投标、交通运输、电子商务、统计、中介服务业、会展和广告等领域的信用修复。其中，对于税务信用修复研究和立法比较多。2016 年修订的《重大税收违法案件信息公布办法（试行）》新增纳税信用，明确规定重大税收违法案件的当事人，能按照《税务处理决定书》《税务行政处罚决定书》缴清税款、滞纳金和罚款的，经实施检查的税务机关决定，只将案件信息录入重大税收违法案件公布信息系统，不向社会公布该案件信息。案件信息已经向社会公布，当事人符合前款规定的，经实施检查的税务机关决定，应停止公布并从公告栏中撤出，即失信纳税人恢复正常信用状态。社会信用修复包括医药卫生和计划生育、社会保障、劳动用工、教育和科研、文化体育和旅游、环境保护和能源节约、互联网应用和服务领域及社会组织和个人的信用修复。如中共福建省委组织部、中共福建省委统战部、福建省人力资源和社会保障厅发布的《福建省用人单位工资支付行为守信激励和失信惩戒暂行规定》规定了用人单位工资支付行为失信信息具备信用修复的条件和程序。司法信用修复包括法院公信、检察公信、公共安全领域公信、司法行政系统公信、司法执法和从业人员的信用修复。

第二节　信用修复的作用和功能

一、信用修复的作用

信用修复机制是社会信用体系的重要组成部分。信用修复法律制度是社会信用法的重要内容。2014 年 10 月 23 日中国共产党第十八届中央委员会第四次全体会议审议通过的《中共中央关于全面推进依法治国若干重大问题的决定》指出，全面依法治国，总目标是建设中国特色社会主义法治体系，建设社会主义法治国家。根据我国信用体系建设现状、社会信用自身包含的内容和运行规律，我国信用法治体系的构建，应该包括信用征信法律系统、信用评估法律系统、信用担保法律系统、信用信息共享法律系统、信用监管法律系统、信用标准法律系统、守信奖励与失信惩戒法律机制、信用修复法律机制等八大系统与机制。①

信用修复机制是信用监管的重要组成部分。为加强社会信用体系建设，深入推进“放管服”改革，进一步发挥信用在创新监管机制、提高监管能力和水平方面的基础性作用，更好激发市场主体活力，推动高质量发展、维护公平竞争、降低市场交易成本，国务院办公厅于 2019 年 7 月印发《关于加快推进社会信用体系建设 构建以信用为基础的新型监管机制的指导意见》。该意见明确提出以加强信用监管为着力点，建立健全贯穿市场主体全生命周期，衔接事前、事中、事后全监管环节的新型监管机制。事前环节包括信用承诺、经营者准入前诚信教育、拓展信用报告应用等方面。事中环节包括建立市场主体信用记录、信用信息自愿注册机制、公共信用综合评价、信用分级分类监管等。事后环节则更为复杂，包括建立健全失信联合惩戒对象的认定、督促失信主体限期整改、开展联合惩戒、依法依规实施市场和行业禁入措施、依法追究违法失信责任、建立信用修复制度六方面。事后环节可归纳为三个部分，即失信惩戒对象的认定、实施惩戒措施、退出失信惩戒（即信用修复）。可见信用修复机制是事后监管环节三大组成部分之一。

信用修复也是实行惩戒和守信激励的重要环节，是失信者退出失信惩戒的制度保障。信用修复是失信主体合法权益的必要保护和救济手段。“一处失信、处处限制”的惩戒措施对于市场主体是一种权利的减损，意在增加其失信成本以达到不敢失信和不想失信的效果。万物是联系的，对市场主体权利的剥夺和限制也必然或多或少影响关联主体的利益。惩戒的最终目的还是促使失信主体守法，如果只有惩戒而没有对应的“救赎”激励，导致自动纠正失信行为的主体长期处于多方面的限制而失去市场机会，降低其市场竞争力，这种一刀切的做法既有违公平原则，也不符合行政法上的比例原则。所以，规范信用修复，为信用改善者提供“退路”，既是完善失信“黑名单”制度的应有之义，也是确保失信惩戒法治化的必然要求。

---

① 刘瑛．信用修复的法理依据及类型化实施研究［J］．中国信用，2019（12）：112-117.

随着我国信用体系的建设，信用信息的应用场景不断增多，加之失信联合惩戒机制的建立，亟须为失信主体提供信用重塑路径，维护社会主体合法权益。信用修复核心内容是重塑信用，为失信人提供反省机会，激发其纠正失信行为，为营造诚实守信的社会环境添砖加瓦。

二、信用修复的功能

（一）引导功能

信用修复制度为失信者开通了绿色通道，为有意改正失信行为的信用主体提供了途径，也为保护企业合法权益、建立企业良好信誉提供了更多机制保障。在饱受失信惩戒折磨，经历处处受限的痛苦后，失信人已经体会到何为“祸莫大于无信”。信用修复让失信者看到了向善的光芒，在完成修复后必然更加珍惜来之不易的信用天堂。这样有利于强化守信观念、提高社会责任意识，引导受信人向守信舞台靠拢。

（二）平衡功能

激励和惩戒是受信人正反两面的反馈机制，而信用修复则是失信人的正向反馈机制。正如惩罚犯罪不是刑法的主要目的，惩戒也不是建设信用体系的根本宗旨。近几年我国出台了很多关于联合惩戒的备忘录，形成了惩戒失信者的高压网，如果没有信用修复的调节和平衡，必然发生手段目的化的错位情形。联合惩戒增加失信人各方面的负担，如限制贷款、限制高消费、禁止乘坐飞机、限制招标投标，甚至逐出市场。有些惩戒措施甚至呈现“无关联”态势，在一定程度上不利于个人以及社会主义市场经济的发展。加强信用修复机制的建设，给失信者重回正轨的机会，能够缓解便民、鼓励市场发展、鼓励交易等与联合惩戒之间的矛盾。

（三）促进功能

信用修复要求失信人纠正失信行为，消除不良影响。对于违约失信，可以促进债权或合同目的的实现。对于违法失信，则可以保障公共利益的修复和监管目的的实现。相反，若无信用修复的敦促，失信人可能“破罐子破摔”，不履行债务，等待不良信息保存年限的结束。此外，众多个体纠正失信行为，整体提升社会信用水平，对改善社会信用环境具有重要意义。惩戒只是手段，并非目的。“惩”和“修”的有机结合，丰富了我国信用体系的内涵，促进了我国信用体系的建设。

第三节 信用修复制度的法律渊源

我国首次使用信用修复概念是在2003年6月北京市工商局出台的《关于深化企业监管方式改革的若干意见》中。2016年5月，国务院发布的《关于建立完善守信联合激励和失信联合惩戒制度 加快推进社会诚信建设的指导意见》明确在国家层面要建立健全信用修复机制。2017年10月，国家发展改革委、中国人民银行联合印发《关于加强和规范守信联合激励和失信联合惩戒对象名单管理工作的指导意见》，明确提出了鼓励和支持自主修复信用，规范信用修复流程。我国信用修复发展至今，涉及信用修复的相关文件已有许多，如表6-2所示。

表6-2 信用修复的法律渊源层次

立法层次	效力级别	法规、规章、文件
中央一般性信用制度	国务院及其部门文件	《关于加快推进社会信用体系建设 构建以信用为基础的新型监管机制的指导意见》 《关于建立完善守信联合激励和失信联合惩戒制度 加快推进社会诚信建设的指导意见》 《关于加强和规范守信联合激励和失信联合惩戒对象名单管理工作的指导意见》
地方一般性信用制度	地方性法规/政府规章及文件	《上海市社会信用条例》 《福建省公共信用信息管理暂行办法》 《湖北省社会信用信息管理条例》
地方信用修复制度	地方性规范文件	《江苏省社会法人信用基础数据库信用修复办法（试行）》 《江苏省宿迁市法人和自然人信用修复办法（试行）》 《威海市公共信用信息异议处理和信用修复办法（试行）》
行业领域性信用制度	部门规章/地方性规范文件	《交通运输守信联合激励和失信联合惩戒对象名单管理办法（试行）》 《旅游市场黑名单管理办法（试行）》

资料来源：童岚冉．信用修复机制研究［D］．杭州：浙江大学，2019.

一、中央一般性信用修复制度

我国还没有专门的信用法律，中央层面一般信用立法主要集中在国务院的文件中，关于信用修复内容并无专门规定。在中央一般信用制度的立法层面，多次提及“建立健全信用修复机制”，但是多为倡导性内容，少有具体的规则，但也体现了建立信用修复制度的政策引导，有利于全社会真正树立知信、守信、用信的观念。

二、地方一般性信用修复制度

在信用立法较为发达的地区，已经出台了与信用相关的地方性法规。截至2020 年末，已有三分之二以上的省区市出台或正在研究出台地方信用法规，如陕西、湖北、上海、浙江、河北、广东、贵州、辽宁等地方信用立法已然初具规模。已经出台的地方信用条例包括《广东省企业信用信息公开条例》《陕西省公共信用信息条例》《湖北省社会信用信息管理条例》《上海市社会信用条例》《河北省社会信用信息条例》《浙江省公共信用信息管理条例》《辽宁省公共信用信息管理条例》等，多个地区的信用条例正在审议中，如《甘肃省公共信用信息条例（送审稿）》《贵州省社会信用条例（草案）》等。

地方性法规中，一般会通过一两个条款对信用修复的相关内容进行高度概括性的规定，如《湖北省社会信用信息管理条例》规定信用修复主体可以向信用信息提供单位提出信用修复的申请。经审查符合信用修复条件的，应当在三日内作出信用修复决定并报送省信用信息中心。省信用信息中心收到信用修复决定后，应当及时删除原始失信信用信息并将修复记录归档管理。① 《福建省公共信用信息管理暂行办法》第五章专章规定了信用修复和异议处理，涉及信用修复的为前三个条款。与中央一般性信用制度相比，涵盖的内容较多，会涉及信用修复的程序、条件、监督机制等信用修复相关，但也是抽象性的简单规定。

---

① 《湖北省社会信用信息管理条例》第三十六条。

三、地方专门性信用修复制度

目前，随着信用主体对信用修复需求的不断扩大，部分省份也陆续出台了专门的信用修复办法。如《江苏省社会信用基础数据库信用修复办法》《江西省失信行为主体信用修复办法（试行）》。除省级立法外，许多市县在省信用立法框架下也出台了专门的信用修复管理办法，典型的有《江苏省宿迁市法人和自然人信用修复办法（试行）》《镇江市企业公共信用信息基础数据库失信记录修复办法（试行）》、泗阳县《自然人信用修复操作流程》等。此外，浙江省、贵州省也计划制定出台信用修复制度，相关信用修复办法也开始公开征求意见。除部门立法外，部分地级市和县（县级市）在信用立法框架下，将辖区内的信用修复作为一项必要内容条款进行了规定。从各省市已出台的信用修复制度内容拆解来看，信用修复制度的主要构成要素主要包括：信用修复相关名词界定、信用修复条件、信用修复程序、数据及资料管理、责任监督等相关内容。总体来看，各地信用修复制度的总体框架是趋于一致的，但是在信用修复各环节的具体处理和要求上还是存在一定分歧的。①

四、行业领域信用修复

我国存在许多行业领域，各行业根据行业特色设计信用修复规则，故不同行业领域的信用修复规则有所差异。总体来说，我国行业领域的信用修复法规文件相对较少。部分行业将信用修复纳入评价或信用管理相关制度中，如2013年环境保护部、国家发展改革委等部门发布的《企业环境信用评价办法（试行）》中规定企业环境信用评价结果公布后，环保警示企业或者环保不良企业主动改善环境行为、实施有效整改的，可向环保部门提交申请及相关证明材料，要求在其环境行为信息记录中，补充其整改信息，这实质上是一种注释性修复。部分行业明确制定了修复指导性文件，如国家能源局发布《能源行

---

① 信用修复机制建设需重点关注的三个问题［EB/OL］.（2019-02-25）［2020-03-20］. http：//www. nbcredit. gov. cn/art/2019/2/25/art_ 264_ 26493. html.

业市场主体信用修复管理办法（试行）》，但较多行业尚未建立起行业内失信主体信用修复机制。①

第四节　信用修复的条件

一、信用修复的积极条件

信用修复的积极条件为失信主体在申请信用修复时应积极完成的作为。分析我国信用修复的法律渊源，信用修复的积极条件一般包括以下两个方面的内容。

（一）纠正失信行为、消除影响

信用修复是失信者通过对之前失信行为的改正而提升自身信用评价的过程，可以说信用修复申请人是“迟到的守信者”，故纠正失信行为、消除影响是信用修复对失信者最基本的要求，也是信用修复的基本条件。在一定期限内改正失信行为，消除不良影响，体现修复主动性。但是对于具体的期限没有具体、统一的规定，一般表述为“一定期限内”，如：《北京市食品药品安全监管信用体系建设管理办法》规定在合理期限内主动整改就可以申请信用修复；《大兴安岭地区企业失信行为联合惩戒实施办法（暂行）》则规定为 30 个工作日。此期限越短，产生的影响也越小，越便于失信人修复，但是过短的期限又会导致失信成本过低，不利于树立惩戒的权威。改正失信行为并不等于完成信用修复，只是信用修复的必要条件，而非充分条件。失信行为给社会和个人带来的影响，有的是可以彻底消除的，如逾期不还贷款，可以通过主动还款消除影响；有些则是不可逆的，如毒奶粉，即使积极改正，主动赔偿，对婴儿造成的伤害也是不可逆的。所以考虑到失信行为产生的影响程度，对于无法消除影响的严重失信行为，一般会规定不可修复。

---

① 信用修复实践与法治路径分析［EB/OL］.（2019-04-02）［2020-03-20］.https：//www.creditchina.gov.cn/home/xinyongyanjiu/201904/t20190401_151424.html.

除了通过纠正失信行为、消除影响进行修复，我国还鼓励失信主体通过参加公益活动进行信用修复。如《建立完善守信联合激励和失信联合惩戒制度 加快推进社会诚信建设的指导意见》提出建立有利于自我纠错、主动自新的社会鼓励与关爱机制，支持有失信行为的个人通过社会公益服务等方式修复个人信用。《关于加强个人诚信体系建设的指导意见》则提出要畅通信用修复渠道，丰富信用修复方式，探索通过事后主动履约、申请延期、自主解释等方式减少失信损失，通过按时履约、志愿服务、慈善捐助等方式修复信用。通过纠正失信行为、消除影响进行修复可以称为纠错式修复，而通过参加公益活动、参与社区劳动等行为，减轻或抵消其因不当公共行为造成的负面影响，称为补偿式修复，仅针对失信程度较轻、社会负面影响较低的公共行为。①

（二）专题培训，信用承诺

为了判断和约束未来失信行为，信用主体需要通过接受教育、作出承诺的方式，对计划修复的失信行为及其造成的社会危害和影响范围有清楚的认识，使未来同类型失信行为发生的概率能够因为其主观认知而有所降低。自 2019 年厦门开展全国首次信用修复培训后，信用修复培训班如雨后春笋迅速发展，如今已在全国大多数地区得到普及。2019 年 7 月，国家公共信用信息中心《关于发布可承担信用修复专题培训任务的信用服务机构名单（第一批）的公告》确定了可承担信用修复主题培训任务的首批 13 家信用服务机构名单。②信用修复培训班宣讲失信联合惩戒法规政策以及信用修复方式、程序，督促相关企业加快整改失信行为，提高信用意识，不断强化企业信用管理，科学管理，诚信经营。培训的主要内容包括：信用体系建设规划、国家行政许可和行政处罚、政府采购和招投标、安全生产等相关法律法规，社会信用体系建设法

---

① 杭州、南京、宁波、无锡四城市信息中心联合课题组．建立健全公共信用修复机制［J］．浙江经济，2016（21）：54-55.

② 13 家可承担修复培训信用服务名单：北京数知科技股份有限公司、联合信用管理有限公司、鹏元征信有限公司、青岛格兰德信用咨询有限公司、陕西西部资信股份有限公司、上海三零卫士信息安全有限公司、武汉资信管理有限公司、厦门市美亚柏科信息股份有限公司、元素征信有限责任公司、浙江汇信科技有限公司、中国出口信用保险公司、中国经济信息社有限公司、中经网数据有限公司。

规政策、失信联合惩戒措施、信用修复方式和程序等。此外，还可以组织观看信用宣传片，现场答题以及现场签订信用承诺。① 学员必须修满一定的课时并且通过考试才能完成该专题培训。信用承诺的内容包括承诺积极整改以及对修复材料的真实性、完整性作出保证，也包括承诺日后依法履约守信。信用修复守信承诺可以成为公众监督的依据，又可对失信主体产生守信的心理暗示效应。

二、信用修复的消极条件

信用修复的消极条件不要求失信主体主动作为，而是指信用修复的一些限制条件，包括失信程度限制与频率限制两个方面。

（一）失信程度限制

信用修复是有限度的，并不是所有的失信行为都可以申请修复。失信行为可以分为轻微、一般、严重三个层次。为了平衡失信带来的影响，往往将严重的失信行为排除在信用修复的适用范围之外。从违法程度的层面考量，当失信主体实施的失信行为属于严重违法行为，严重破坏了法律秩序，甚至可能从根本上触碰法治底线，公权力机关应当将其纳入不可修复的范围，这体现了对法治底线的坚守。如果仍旧将严重违法行为纳入可修复范围，那么公权力信用规制的公信力容易被质疑，可能树立错误的导向。② 不可修复的严重失信行为包括：（1）食品药品、生态环境、工程质量、生产安全、消防安全等领域严重损害人民群众身体健康和生命安全的行为。（2）贿赂、逃税骗税、恶意逃废债务、聚众扰乱社会秩序等严重破坏市场公平竞争秩序和社会正常秩序的行为。（3）在司法机关、行政机关作出判决或决定后，有履行能力但拒不履行、逃避执行法定义务，严重影响司法机关、行政机关公信力的行为。（4）拒不履行国防义务，拒绝、逃避兵役，拒绝、拖延民用资源征用，或者阻碍对被征用的民用资源进行改造，危害国防利益，破坏国防设施的行为。

---

① 程友华．建立规范的信用修复程序［J］．中国信用，2019（9）：109-112.

② 童岚冉．信用修复机制研究［D］．杭州：浙江大学，2019.

《国家发展改革委办公厅关于进一步完善"信用中国"网站及地方信用门户网站行政处罚信息信用修复机制的通知》按照造成后果的严重程度将失信行为分为一般、严重、特定严重的失信行为，并且规定"特定严重的失信行为"将按最长公示期限（三年）予以公示，公示期间不予修复。对特定严重失信行为的行政处罚信息包括：在食品药品、生态环境、工程质量、安全生产、消防安全、强制性产品认证等领域被处以责令停产停业，或吊销许可证、吊销执照的行政处罚信息；因贿赂、逃税骗税、恶意逃废债务、恶意拖欠货款或服务费、恶意欠薪、非法集资、合同欺诈、传销、无证照经营、制售假冒伪劣产品和故意侵犯知识产权、出借和借用资质投标、围标串标、虚假广告、侵害消费者或证券期货投资者合法权益、严重破坏网络空间传播秩序、聚众扰乱社会秩序等行为被处以责令停产停业，或吊销许可证、吊销执照的行政处罚信息；以及法律、法规、规章另有规定不可修复的行政处罚信息。该失信程度划分方式表面上与一般的失信程度划分有出入，但是仔细对比一般失信程度划分中的"严重失信"和"特定严重失信"的内容，可知二者高度重合，只是后者较前者更加具体。可以说二者对于何种失信行为不可修复的规定基本是一致的。

（二）频率限制

频率限制包括失信频率限制和修复频率限制。除了规定严重的失信行为不能修复外，部分地区还设置了失信频率的限制，如《江苏省社会法人信用基础数据库信用修复办法（试行）》规定一年内有严重失信行为的，或一年内有三次及以上较重失信行为的不可修复。这其实体现了刑法学上"累犯"的思想。累犯制度存在于世界各国的刑法中，是对发生二次以上犯罪行为的罪犯处以严厉刑罚的制度。从累犯制度的理论根基之一报应来说，累犯的违法失信行为危害程度比初犯的危害程度大。① 失信频率高的主体，其守信观念也较为薄弱，短时间内多次产生失信行为，对社会产生的影响应进行叠加，相对于单次失信者而言社会影响更大。对失信频率高的主体进行限制，具有一定的科学性。

① 苏彩霞．累犯制度设立根据之探究［J］．中国法学，2002（5）：165-175.

修复频率是一定时间段内，同一失信主体不能提起多次信用修复，也可以表述为前后两次信用修复必然间隔一定的时长。修复频率是维护信用修复威严的必然要求。以申请修复的对象是否为同一类型的失信行为为标准，可以将修复频率分为普通修复频率和相同失信行为修复频率。后者忽视公权力机关对其上次失信行为的否定评价、处罚措施和道义非难，辜负来之不易的信用修复机会，基于自由意志再次选择了失信，因此，其主观恶意更大。为此，应当设计更为严格的频率修复。如江苏省就规定五年内信用修复累计满二次的或者五年内同一类失信行为已修复一次的不能修复。①

第五节　信用修复程序

一、信用修复程序概述

没有规矩，不成方圆。信用修复也要按照一定的程序有条不紊地进行。科学的信用修复制度，对于提高信用修复的效率和保障修复工作的公开透明都有重大意义。世界信用组织（WCO）制定的《不良信用记录信用修复标准》，以失信行为侵害主体是否特定以及人数是否超过100为标准，设计了普通和特殊两种修复程序。我国信用修复程序并没有普通和特别之分，且目前我国关于信用修复的程序各地各行业规定并未统一，核心环节和各环节内的细节都存在差异（见表6-3）。

表6-3　部分地区信用修复办法修复环节差异

文件名称	修复环节
《江苏省社会法人信用基础数据库信用修复办法（试行）》	提出申请—受理申请—提出修复意见（受理后15个工作日）—公示（5个工作日）—数据处理（收到修复决定后3个工作日内）

① 《江苏省社会法人信用基础数据库信用修复办法（试行）》第七条第四项和第五项。

续表 6-3

文件名称	修复环节
《江西省失信行为主体信用修复办法（试行）》	提出申请—受理申请—提出修复意见—公示（1 个月）—数据处理（收到修复决定后 5 个工作日内）
《江苏省宿迁市法人和自然人信用修复办法（试行）》	提出申请—诚信约谈—修复意见—数据处理（收到修复决定后 1 个工作日内）
《镇江市企业公共信用信息基础数据库失信记录修复办法（试行）》	修复申请—修复审核—征求意见—联合征信—制度审核—修复决定—制度审核—修复决定—失信备注

《江苏省社会法人信用基础数据库信用修复办法（试行）》和《江西省失信行为主体信用修复办法（试行）》规定的信用修复的基本环节相同，但是对各环节的期间规定并不一致。相比省级部门立法，市县规定更具创新性，如《江苏省宿迁市法人和自然人信用修复办法（试行）》中的诚信约谈机制。①

江苏省镇江市则将信用修复程序设计为修复申请、修复审核、征求意见、联合征信、制度审核、修复决定、失信备注七大步骤。② 其信用修复程序较其他省市复杂，也更为严谨，值得推荐，详细步骤如下：

（1）修复申请。失信企业向企业所在辖区信用主管部门提出失信记录修复书面申请。

（2）修复审核。辖区信用主管部门在接到企业信用修复申请后 3 个工作日内作出信用修复意见并提请市信用办进行修复审核。

（3）征求意见。市信用办接到修复申请后，首先征求认定失信行为的行政主管部门意见，行政主管部门根据企业是否能保证今后不发生类似失信行为，5 个工作日内提出修复意见。

（4）联合征信。由市信用办和所在辖区信用办在 5 个工作日内进行联合征信，查询企业是否存在其他失信行为。

（5）制度审核。由市信用办和所在辖区信用办在两个工作日内对企业信

① 徐志明，熊光明．对完善我国信用修复制度的思考［J］．征信，2019（3）：38-42.
② 《镇江市企业公共信用信息基础数据库失信记录修复办法（试行）》第九条。

用管理制度进行审核，着重检查内控制度是否能有效约束企业自身的信用行为。

（6）修复决定。市信用办根据上述核查情况，作出是否同意修复失信记录的决定，修复决定须在诚信镇江网公示七天。

（7）失信备注。市公共信用信息中心根据市信用办的修复决定，在企业信用记录中增加备注，今后在相关查询服务和信用审查时，将不对外提供该失信记录。

二、信用修复的基本环节

科学完整的信用修复应当包括信用修复申请、受理申请、作出修复决定、信用修复公示、数据处理五个基本环节。

（一）信用修复申请

信用修复申请人下载并填写《信用修复申请表》、准备相关材料向失信行为认定机构提出修复申请。申请表一般包括修复申请人的单位名称（姓名），统一社会信用代码（居民身份证）申请日期，联系人、联系电话及通信地址，失信记录标题，失信决定相关文号，纠正失信行为、消除影响的情况以及信用承诺等，申请表一般一式三份，信用主体、信用修复决定机构、信用信息中心各留一份存档。除了修复申请书，提起信用修复时还应准确提交其他必要文件证明身份及辅助说明纠正失信行为的情况。主要文件主要包括信用修复承诺书、营业执照或身份证、主动参加信用修复培训的证明材料、信用报告、由行政处罚机关出具的信用修复决定书等。

（二）受理申请

作出失信认定的国家机关、法律法规授权的具有管理公共事务职能的组织以及群团组织根据申请人提交的纠正失信行为佐证材料齐备情况，在收到申请材料后决定是否受理。对于缺少材料的应当及时告知。

（三）作出修复决定

受理机关在受理信用修复申请后，于规定的工作日内依法对不良信息主体提交的完整材料的真实性、准确性予以核对，并依法审查失信主体整改，情况复杂需要延期的，经信用信息提供单位负责人批准，综合给出同意与否的修复意见。不同意修复的应当书面告知理由，同意修复的应当出具信用信息修复决定书。信用修复决定是信用修复程序最关键的环节，涉及信用主体的实体权益。

（四）信用修复公示

作出同意修复的决定后不能立即进行失信记录的处理，应当在部门网站进行特定时长的公示，接收和处理相关利益主体和大众的异议，接受监督。公示期间，有社会法人或自然人提出异议的，信用修复机构应重新审定申请人失信行为及评估整改情况并提出修复意见。

（五）数据处理

公示期间无异议的，公示结束后，信用修复信息纳入本单位信息系统，并将修复申请决定书推送至受理信用信息中心。受理修复申请的信用信息中心收到信用修复申请表和决定书之日起在限定的时间内依据修复决定，在信用平台对外公示界面上调整失信主体的信用等级或撤下相关信息，不再对外公示。我国关于信用数据处理主要有删除和标注两种模式，该内容在本章第一节“信用修复的含义”中已经详细说明，在此不再赘述。

三、信用修复机构

信用修复涉及多个主体，包括信用修复申请人、信用修复机构、负责信用修复综合协调工作的省市发展改革部门，负责信用信息异议处理与信用修复申请的分发、复核、告知和技术保障等工作的信息共享平台以及为信用修复申请人提供信用报告的第三方信用服务机构。信用修复机构负责接受修复申请、审查信用修复并作出信用修复决定，是信用修复中最关键的机构。我国采取“失信行为谁认定，信用修复谁处理”的原则。故信用修复机构一般是指对失信行为进行处理认定、归集的行政管理部门、司法机关及公共事业单位、法律法规授权的具有管理公共事务职能的组织以及群团组织等。

第六节　信用修复的监督体系和法律责任

从各地建立的企业信用修复机制来看，多数是由市场监管部门负责制定修复标准，并且指导和组织企业的信用修复工作，以双重身份执行企业信用修复工作，容易滋生权力滥用等问题，给权力寻租制造了空间。因此，建立合理的监督体系并明确相关法律责任，对于规范信用修复具有重大意义。

一、信用修复的监督体系

（一）对修复申请人的监督

信用修复是对原先违法失信行为进行补救的行为，理应按照遵纪守法、保证材料真实、不弄虚作假的守信方式来修复。信用修复整个程序也可以体现信用修复申请人的态度。目前对于信用修复申请人的监督主要是公众监督方式。信用修复程序设计了信用修复公示环节，将信用修复决定及其他修复材料公示在部门网站或信用平台，打通了异议和投诉公众监督通道。

（二）对修复机构的监督

对于信用修复机构的监督是信用修复监督的重中之重。从监督主体上看，主要由公权力对机关和利害关系人对信用修复机构的修复工作进行监督。省发展改革部门负责全省信用修复的统筹协调工作，包括监督工作。利害关系人对信用修复确认有异议的，可以直接向作出信用修复确认的公共信用信息提供单位提出异议申请。对省级公共信用信息提供单位作出的不予信用修复决定或信用修复确认有异议的，可以向省发展改革部门提出异议申请。公共信用信息提供单位及其上一级主管部门或省发展改革部门收到异议申请后应当及时进行核实并作出处理。

二、法律责任

信用修复法律责任主要包括两个方面：一是关于信用修复申请人的法律责

任。二是关于信用修复机构的法律责任。

对于信用修复申请人的法律责任可以概括为“记失信、撤决定、禁修复、广宣传”四种手段。例如，江苏省就规定“相关社会法人和自然人，在办理信用修复过程中，未真实反映情况，造成修复失当的，将作为社会法人和自然人的失信记录，录入到省社会法人和自然人信用基础数据库，并列入黑名单，在诚信网站和相关公众媒体公开”。[①]《天津市信用信息异议处理与信用修复办法（征求意见稿）》中也规定了几种责任形式：一是未按规定进行信用修复或信用修复过程中隐瞒真实情况、弄虚作假的应撤销准予异议处理或信用修复的决定；二是信用主体在办理信用修复过程中，有隐瞒真实情况、弄虚作假行为的，将被记入失信记录，归集到全国信用信息共享交换平台（天津），在“信用中国（天津）”网站上进行公示，并取消其3年内的信用修复资格。

信用修复具有很强的行政性质，信用修复机构大多为行政机关。信用修复机构在处理信用修复过程中存在的违法违规行为应属于政务失信，应当适用政务失信的法律责任。信用修复机构法律责任可以分为工作人员的责任和信用修复机构的责任。对工作人员的处罚主要有两种手段：一是将违法违规失信信息纳入政务失信记录。由各级社会信用体系建设牵头部门负责政务失信记录的采集和公开，将有关记录逐级归集至全国信用信息共享平台和各地方信用信息共享平台。同时，依托“信用中国”网站等依法依规逐步公开各级人民政府和公务员政务失信记录，并对造成政务失信行为的主要负责人依法依规追究责任。二是与公务员法相衔接，建立公务员诚信档案，作为公务员考核、任用和奖惩的重要依据。信用修复机构的法律责任则比较单一，主要将其违法违规行为作为该机构政务诚信考察的指标，并与年度考核和重大项目审核、财政资金安排等挂钩。

---

① 《江苏省社会法人信用基础数据库信用修复办法（试行）》第十二条。

第七章　信用服务与信用服务市场

信用服务是社会信用体系的重要组成部分。以政府为主导的公共信用环节有其自身的局限性，如归集的信用信息范围有限、归集的过程严格受到法律与法定职权的限制、信用信息的运用须符合正当性和必要性等。信用服务环节则更多强调以市场化的方式实现对信用信息的归集、管理、共享、公开与运用。在社会信用体系的建设中引入市场的力量，有利于丰富信用信息的来源渠道，满足多样化的信用需求，以共赢的方式打破“信息孤岛”，保障信用主体的信息权益，创新信用信息的运用方式。

第一节　信用服务概述

一、信用服务的含义

现行的信用法规及学界尚未形成对信用服务统一、明确的定义。《信用基本术语》（GB/T 22117—2008）在第七节规定中使用“其他信用服务”的称谓，据其文义，从逻辑上与“信用服务”相对应的内容应当包括：第四节“征信”、第五节“信用评级”、第六节“信用管理”。其中，其他信用服务又可细分为“保理”“信用担保”“信用保险”“信用管理咨询”“债务清收”等。上述文件中对于信用服务的表述多以列举的方式，更多指代信用服务的具体内容。本书认为，“信用服务”应当建立在信用服务内容的基础上，进行更高层次的抽象：信用服务应当包含提供信用服务产生的原因、信用服务的主体、信用服务的对象以及服务的内容四项。信用服务是指信用服务的主体针对信用服务对象的信用需求所提供的信用活动及产品的统称。信用服务主体是信用服务的提供者；信用服务对象是信用服务的接受者；信用需求是信用服务产生的原因；信用活动及产品是信用服务的内容。

该定义同时包含广、狭两义。狭义的信用服务，其主体仅限于信用服务机构。从广义上看，任何具有信用需求的主体都可以成为信用服务的对象，任何主体也都可能针对其他主体的信用需求提供相应的信用活动及产品，服务主体可以包括政府、事业单位、其他组织、信用服务机构、企业、个人，服务对象也可以同时是上述主体。如通过朋友打听其他人的资信或品行，同样属于广义的信用服务范畴。广义的信用服务涵盖公共信用、商业信用、金融信用领域，还涉及社会信用领域；不仅包括对传统的财务资信评价，还包括对他人的守法、守约乃至品行操守的评价。

二、信用服务的特征

（一）地位平等性

信用服务应遵循市场的平等原则。平等原则是指市场主体的地位平等，体现在：(1) 信用服务机构之间地位平等。任何信用服务机构，只要其满足我国信用服务行业的监管法规，符合相关的入市资格，就应准许其入市并开展相关的信用服务业务。任何组织、个人不得以非法理由妨碍及干涉信用服务机构入市开展业务。信用服务机构彼此平等竞争，依靠其服务质量获得市场认可。(2) 信用服务机构与服务对象地位平等。信用服务机构平等选取服务对象，按照其相关服务要求提供服务，不得对服务对象及服务内容有任何歧视性的选择。服务对象按照其服务的需求，平等享有选择信用服务机构的自由。

（二）等价有偿性

信用服务机构提供的信用服务遵循市场的等价有偿原则。信用服务机构有权在提供相应的信用服务后，向对方索要相应的报酬。信用服务对象在接受信用服务机构提供的服务后，也有义务支付相应的报酬。服务的对价应与信用服务价值相匹配，符合市场的正常价格。

（三）服务相关性

信用服务内容应具有与信用需求的相关性。信用服务机构为维持正常的营业可能同时进行其他的活动，如进行市场调查，购买机构办公用具，缴纳税款等。这些活动与服务对象的信用需求无关，因而不是信用服务。具备信用需求相关性的服务内容，如传统的信用调查、信用评级；新型的利用大数据指导企业或个人反欺诈等，其活动或产品应服务对象的信用需求而产生，具备相关性。

三、信用服务的价值与功能

（一）信用服务是社会信用体系的重要组成部分

除法律治理、道德治理外，信用治理是一种公认的成本、开销、运作更为经济科学的治理方式。社会信用体系包含了信用信息的归集与公开机制、信用服务产品供求机制、信用的奖惩机制与信用修复机制四大机制。[①] 与其他三大机制相比，信用服务产品供求机制具有独立的、不可替代的价值。信用信息的归集与公开、奖惩、修复，既可以由政府、事业单位等承载公共事务的机关组织完成，也可以交由市场自发运作。而信用服务的提供者，一般限于市场主体。主体的特殊性使得信用服务产品供求机制具备与信用信息归集公开、奖惩、修复机制不同的属性，有其内在的逻辑，尤其应当遵循市场化的运作规律。信用服务的内容及产品涉及传统的金融、商业、社会生活领域，应用场景十分广泛。

信用信息的归集与公开机制是社会信用体系得以形成的基础，信用的奖惩与修复是信用治理的关键，而信用服务的内容丰富，既包括信用信息的搜集、整理、数据库的建设，也包括信用调查、评级等活动，还包括信用管理、信用培训等。信用信息归集相关的信用服务链接信用归集公开机制，而信用调查、评级、管理、培训等信用服务活动则为信用奖惩机制提供了依据。同时，信用信息归集公开、奖惩与修复机制的日益完善，也会极大提升对信用服务机制的需求。

（二）信用服务与公共信用体系相配套，降低社会治理成本

公共信用体系旨在约束以政府为代表的公权力机关行使权力的行为，此种

---

① 刘梦雨．构建商务领域以信用为核心的新型监管体制：专家解读《关于深入推进商务信用建设的指导意见》[J]．中国信用，2019（5）：42-43.

约束包含内外两方面：对内，政府机关及其人员必须“言而有信”，不能朝令夕改，不能因人立事、因人废事；对外，公共信用体系有效运作能够帮助政府更加合理地作出决策，避免错误，减少浪费。但公共信用体系不应直接介入市场经济活动，市场的信用管理应主要依靠市场主体的自发行为完成。其中，信用服务市场又是市场信用建设的核心与关键。扶持培育信用服务市场，让信用服务成为普遍的需求，使得信用意识深入市场与社会生活的方方面面。企业守信，公民守信，能够有效减少政府对于市场、社会生活的干预，最终起到降低社会治理成本，同时实现优良治理、长效治理的目标。

（三）信用服务可以消除市场信息不对称，化解经济风险

市场信息的不对称，极大地增加了交易的成本与难度，并造成潜在的经济与债务风险。企业与企业、企业与个人之间相互不信任，势必花费大量的时间、精力、物力进行调查；银行掌握着有限的大型企业的资信状况，而中小型企业因信息不透明不符合银行的放贷要求，融资困难。① 市场信息的不对称还有可能造成欺诈、恶意违约、债务拖欠等现象，进而影响到市场的健康发展。信用服务则能够有效地解决上述问题：信用调查可以帮助市场主体了解他人的信用状况；信用评级能够对市场主体及其提供的产品服务的信用状况公开；信用管理能够帮助市场主体完善自身的信用建设，获得更高的信用评价，从而摆脱仅依赖自身的资产状况获得资金支持的局限；信用保险与信用保理在当事人之间建立起提供保障的第三方，在出现信用危机时为双方理赔，及时提供融资渠道。

四、信用服务体系构成

信用服务体系是指由构成信用服务的各要素有机结合形成的体系。信用服务体系至少应包含三大系统：（1）以政府、事业单位以及其他承担公共事务的组织为代表的信用信息归集与授权系统；（2）以各领域信用服务机构为代表的信用服务机构系统；（3）以企业和个人为代表的信用服务对象系统及伴

---

① 吴晶妹 . 2018 年展望：征信面临突破［J］. 征信，2018（1）：4-11.

随其信用需求所产生的信用产品应用场景系统。

在该体系中，政府、事业单位及其他承担公共事务的组织是信用服务机构的上游，其功能体现在两点：（1）为下游的信用服务机构提供必要的信用信息接口，使得信用信息得以共享。如中国人民银行从 2002 年 10 月开发、2004 年 12 月试点运行的个人信用信息基础数据库，目前已经成为世界规模最大、收录人数最多、搜集信息全面、覆盖面适用广泛的信用信息基础数据库。① 又如中国移动、中国联通、中国电信，掌握着特定通信行业消费者的数据，既可以向下级单位开放共享，也可以向市场信用服务机构开放共享，产生的效益无疑是巨大的。（2）明确法律依据、授权主体与监管单位。首先，信用服务机构的市场准入需经法律的授权；其次，信用服务机构的业务开展需经法律的授权；最后，信用信息的获取需经法律的授权。法律授权的产生同时意味着明确了特定信用服务机构的监管主体。如同样是信用评级机构开展业务，涉及信贷市场和银行间债券市场信用评级活动，应受中国人民银行的监管；涉及证券市场资信评级活动，则应受中国证券监督委员会监管；涉及企业债评级活动，则应受国家发展和改革委员会监管。②

企业与个人是信用服务机构的下游，其功能体现在：（1）需求决定供给，企业与个人有着什么样的信用需求，相应的信用服务机构、服务与产品便会伴随着需求而产生。传统的信用需求如信用调查、信用评级、信用保险、信用保理、信用管理、信用培训等。随着社会的发展与进步，企业与个人多样化的信用需求完全可能从中产生，如近些年的校园网贷诈骗，其中同样包含了信用的需求，校园网贷反欺诈的信用服务就可能由此产生。（2）精准地分割信用服务市场，形成信用服务产业的分工与整合。信用服务机构，既可以是大型的、全国的、从事多项信用服务的综合性机构，也可以是专门针对特定行业、企业、人群，专门从事特定信用服务的“小而精”的专业机构。了解信用服务

---

① 刘肖原．我国社会信用体系建设问题研究［M］．北京：知识产权出版社，2016：130.

② 沈彦菁，张月．信用评级市场发展现状及对策建议：基于浙江省嘉兴市的实践［J］．征信，2018（4）：66-69.

的对象，有助于信用服务行业的专业分工，依据对象信用需求创新信用产品，实现资源的有机整合。

上述系统中，各系统内主体承载和发挥的功能并不是绝对的。如信用服务机构完全可以在其形成规模后，自发建设专属其业务范围内的信用信息数据库，在合法的范围内直接向企业、个人归集相关的信用数据。这时，该信用服务机构既成为信用服务的中心，同时也是相关信用信息的集散和共享中心。企业作为信用服务的对象，本身也可以进行信用管理与建设，发展出内部适用的信用调查、评价服务，并对外进行市场化拓展，如“芝麻信用评分”“蚂蚁花呗评分”等。该企业或其部门此时即发挥了相关的信用服务机构功能。

第二节　信用服务机构

一、信用服务机构的概念及类型

依据 2014 年发布的《社会信用服务机构执业管理办法》第三条，信用服务机构是指依照《公司法》等有关法律法规，经国家行政登记管理机关批准设立，从事信用服务业务的信用机构。信用服务机构主要依照《公司法》进行规制。信用服务机构的设立，除经国家行政登记管理机关批准设立外，还视其责任形式分别适用《公司法》中有关设立有限责任公司与股份有限公司的规定。《上海市社会信用条例》第五十四条规定：“本条例所称信用服务机构，是指依法设立，向社会提供信用产品、从事信用咨询、信用风险控制等相关经营活动的专业服务机构。”依照不同的标准，信用服务机构可以分为全面与专业信用服务机构；金融与商业信用服务机构；企业与个人信用服务机构；全国性与地方性信用服务机构；业务型与辅助型信用服务机构等。

（一）全面与专业信用服务机构

信用服务机构以其所从事的业务范围为标准，可以分为全面信用服务机构与专业信用服务机构。

全面信用服务机构一般提供的信用服务业务范围及服务对象较广。如美国的四大征信机构：益博睿（Experian）、艾克飞（Equifax）、环联（Trans Union）和邓白氏（Dun & Bradstreet），把全美具有经济活力的成年人都涵盖在内，提供的是基础通用性的征信服务。我国征信机构十大牌品如中国人民银行征信中心、上海资信 CIS、ALIPAY 支付宝、腾讯征信、前海征信等。

专业信用服务机构则针对特定的对象提供有限的信用服务。如专业的征信机构服务于垂直领域的机构，收集和整合该垂直领域内消费者非信贷类的历史信用信息，解决该领域内的信用风险问题。在美国，这些专业征信机构的类型较多，可以分为雇用调查、房客和住宅审查、银行账户和支票核查、汽车和财产保险、低收入和次级债务、替代和补充信用报告、医疗记录和支付、公用事业、零售、博彩等。① 可以看出，专业信用服务机构往往与特定的行业、产业及消费场景相挂钩，与全面信用服务机构之间是一种相互补充的关系。

（二）金融与商业信用服务机构

信用服务机构以其提供的服务性质为标准，可以划分为金融信用服务机构与商业服务机构。

金融信用服务机构提供的信用服务与产品主要针对金融及其衍生的领域。如传统的征信机构，这些机构主要采集银行信贷类的历史信用，解决信贷风险问题，同时还包括信贷资信评级、证券市场评级等活动。

商业信用服务机构提供的信用服务与产品则主要针对企业的信用需求。包含企业合同信用评价、企业信用调查及报告、企业信用管理咨询、培训及商账管理等。商业信用服务机构近年得到了快速的发展。据《上海信用服务行业协会统计报告》数据显示，与传统的资信评级业务相比较，服务于企业的商业征信所占份额出现逐年上升的态势。2005 年传统的资信评级业务所占比例为 37%，而商业征信所占比例为 40%，至 2016 年资信评级业务已下降至 15%，而商业征信所占比例上升为 58%。商业征信已经成为上海征信业的主要组成部分。② 商业信用服务机构的兴起与地方的经济水平发展程度息息相关，越是经

---

① 刘新海．专业征信机构：未来中国征信业的方向［J］．征信，2019（7）：12-18.

② 韩宝国．上海征信业的规模、结构及发展趋势［J］．征信，2019（5）：7-10.

济发达的地区，对商业信用服务的需求也就越旺盛。

（三）企业与个人信用服务机构

信用服务机构以其提供服务的对象性质为标准，可以划分为企业信用服务机构与个人信用服务机构。

企业信用服务机构的服务对象是企业，包括搜集相关企业的信用信息，按照企业要求进行信用调查或报告，对企业信用管理提供相应咨询、培训，对企业合同进行信用评价，商账管理、追收等。

个人信用服务机构则主要为个人提供相关的信用服务。以征信服务为例，中国人民银行自 2004 年开始了个人征信系统建设，2006 年 1 月正式运行。2015 年初，央行批准八家民间机构展开个人征信准备工作，这些机构包括芝麻信用、腾讯信用，以及早已经成立并涉足企业征信业务员的深圳前海征信、鹏元征信、中诚征信、中智诚征信、拉卡拉征信、北京华道恒信等。截至 2021 年 6 月，我国获准开展个人征信业务和市场化个人征信的机构有百行征信有限公司和朴道征信有限公司两家。与国外成熟的个人征信市场相比，我国个人征信覆盖率仍较低，在当前移动互联网趋势下还有待进一步发展。①

企业与个人信用服务机构的区别还体现在二者的法律规制不同。如在信用信息的管理上，个人信用信息的搜集与使用应当更为严格。企业的信用信息虽与商誉、名誉相关，但更多体现的是财产利益的内容，作为组织而存在的企业，其本身并不会由于信息的不当搜集或利用而造成精神痛苦。个人则不同，信用信息与人格尊严相联系，事关对当事人的人格权保护。信用信息的不当搜集或利用，既可能造成当事人的财产损失，还可能对其造成无法弥补的精神损害。因而，采集相关个人信息时必须经过当事人的同意；在对外提供个人信用报告时，同样必须征得当事人的同意。尤其在涉及当事人人格权与信息使用冲突时，应遵循人格权保护优先的原则。

（四）全国性与地方性信用服务机构

信用服务机构以其提供服务的地域范围为标准，可以划分为全国性信用服

① 刘肖原．我国社会信用体系建设问题研究［M］．北京：知识产权出版社，2016：132-133.

务机构与地方性信用服务机构。

全国性信用服务机构指在全国范围内开展信用服务业务的信用服务机构；地方性信用服务机构指在特定的地区开展信用服务业务的信用服务机构。

将信用服务机构区分为全国性与地方性的意义在于：在信用服务体系建设中，全国性与地方性的信用服务机构必须协调并进，政府在信用服务机构建设中应有所分工。政府及相关职能部门负责统筹安排全国性的信用服务机构，引导其入市，培育其发展，监督其业务的展开；地方政府应对信用服务机构开展信用服务活动进行较为宏观的指导并提出有关措施，对地方信用体系的建设项目进行具体指导。信用服务机构应因地制宜地开展地方信用体系建设，加快建立信用信息平台、信用网站等，研发并提供信用报告及其他符合当地实际的信用产品和服务。①

（五）业务型与辅助型信用服务机构

信用服务机构以其是否直接开展信用服务为标准，可以分为业务型信用服务机构与辅助型信用服务机构。

业务型信用服务机构是指依据服务对象要求，向其提供诸如信用调查、信用评级、信用担保、信用保险、信用保理、商账追收、信用咨询与培训、信用管理等信用服务的信用服务机构。从作用上看，业务型信用服务机构提供的信用服务具有外部约束与内生助力的双重效应。②

辅助型信用服务机构则是为信用服务的开展提供必要条件的信用服务机构。典型的如提供信用基础设施服务的机构，为满足市场需求、社会信用体系建设需要或政府信用监管需求提供基本设施建设与软硬件产品和服务。除此之外，专门培养信用服务人才的教育机构也可以纳入辅助型信用服务机构的范畴。

此种对信用服务机构的分类意义在于：业务型信用服务机构具有外部约束

① 吴晶妹，刘宏涛．发挥信用服务机构在地方信用体系建设中的作用［J］．征信，2017（7）：8-10.

② 吴晶妹．我国信用服务体系未来："五大类"构想与展望［J］．征信，2019（8）：7-10，92.

和内生助力的效应，应予以重点关注，做大做强。① 同时也不应忽视辅助型信用服务机构的作用，专门的信用基础设施建设及信用服务人才培养，毫无疑问都将影响到信用服务提供的质量及其长久性。

二、信用服务机构的服务内容

（一）信用调查

信用调查，依据《ICE8000 国际信用监督体系》信用调查规则第二条的规定：“信用调查是指会员信用机构接受委托后，按照委托的事项与目的，对相关单位和个人的信用信息进行征集、分类、分析的工作总和。”也有学者将其称作资信调查，指在相关市场主体请求的前提下，以一定的调研技术和专业人员为基础，对企业或个人的资信状况和专项项目的真实性等方面进行调查、分析、研究、评测。② 根据信用调查对象，资信调查包括企业资信调查、个人资信调查、财产资信调查和产业资信调查，前两者即是我们熟悉的企业征信与个人征信，后两者则主要调查具体的财产标的与宏观的产业状况。③ 信用调查人员接受客户委托，依法通过信息查询、访谈和实地考察等方式，了解和评价被调查对象信用状况，并提供信用调查报告，为决策人授信或者处理逾期账款和经济纠纷、选择贸易伙伴、签约等决策提供参考。④

信用调查应遵循客观、公正、合法、谨慎的原则。信用调查的一般程序分为三步：第一步，明确调查项目、调查目的、调查方式，签订委托合同；第二步，根据合同确定的调查项目、调查目的与调查方式制定调查计划，经信用机构负责人或其授权的工作人员批准后实施计划；第三步，撰写调查报告。

---

① 吴晶妹．我国信用服务体系未来：“五大类”构想与展望［J］．征信，2019（8）：7-10，92.

② 张建华，王伟．中国企业信用建设报告（2017—2018）［M］．北京：中国法制出版社，2018：130.

③ 王伟，熊文邦．我国信用服务业分类规制研究［J］．征信，2019（12）：9-16.

④ 刘肖原．我国社会信用体系建设问题研究［M］．北京：知识产权出版社，2016：127.

信用调查的方式主要有以下几种：（1）通知调查，指通知被调查人，要求其提供相关资料和申报信用记录，然后对该资料和记录进行抽样验证、分析的调查方式。（2）秘密调查，指在被调查人不知道的情况下合法进行调查的方式。（3）实地调查，指调查人员到被调查人所在地进行调查的方式。（4）访谈相关人，指调查人员为求证事实和疑点向相关人员进行访谈的调查方式。

信用调查是信用评级的基础，信用评级是信用调查的进一步延伸。

（二）信用评级

信用评级，一般也被称作资信评级，是指授信者利用各种评估方法来分析受信者在信用关系中的履约趋势、偿债能力、信用状况、可信程度，并进行公正审查的评估和活动。① 也有学者认为，信用评级包括信用评级与信用评分，是指运用科学指标体系，采用定量和定性分析相结合的方法，对被评对象未来一段时间如约偿还债务的能力和意愿进行分析预测和综合评价，并以特定直观的等级符号表示其信用等级的活动。② 上述有关信用评级的表述虽有差异，但含义基本是一致的，即信用评级是对评级对象履行相关合同、经济承诺能力和意愿的总体评价。

按照评估对象来分类，信用评级可以分为企业信用评级、证券信用评级、项目信用评级和国家主权信用评级四类：（1）企业信用评级，包括工业、商业、外贸、交通、建筑、房地产、旅游等公司企业和企业集团的信用评级，以及商业银行、保险公司、信托投资公司、证券公司等各类金融组织的信用评级。（2）证券信用评级，包括长期债券、短期融资券、优先股、基金、各种商业票据等的信用等级。（3）国家主权信用评级，体现一国政府的偿债意愿和能力。（4）其他信用评级，如项目信用评级，即对某一特定项目进行的信用评级。信用评级按照评估方式可以分为公开评估和内部评估两种，评估一般

① 张建华，王伟．中国企业信用建设报告（2017—2018）［M］．北京：中国法制出版社，2018：136.

② 刘肖原．我国社会信用体系建设问题研究［M］．北京：知识产权出版社，2016：127.

会经历前期准备阶段、信息收集阶段、信息处理阶段、初步评级阶段、确定等级阶段、公布等级阶段与跟踪评级阶段。目前，对企业进行信用评级是各资信评级机构所开展业务的重要组成部分，自然人的信用评级评分业务更多由个人资信调查机构开展。①

（三）信用担保

信用担保是指企业在向银行融通资金过程中，根据合同约定由依法设立的担保机构以保证的方式为债务人提供担保，在债务人不能依约履行债务时，由担保机构承担合同约定的偿还责任，从而保障银行债权实现的一种金融支持方式。信用担保属于第三方担保，其基本功能是保障债权实现，促进资金融通和其他生产要素的融通。

信用担保业的产生虽然晚于资信调查与评级业，但发展迅猛。信用担保介入了授信机构与企业信贷之间的潜在风险，通过风险的转移和分散实现充盈企业资金储备的效能。② 从这一点上看，信用担保能够承担起银行和其他债权人不能和不愿意承担的高风险。

（四）信用保险

信用保险是以商品赊销和信用放贷中的债务人的信用作为保险标的，在债务人未能如约履行债务清偿而使债权人遭受损失时，由保险人向被保险人，即债权人提供风险保障的一种保险。信用保险与其他财产保险相比较，具有以下限制：（1）放款赊销以对有清偿能力而且信用好的人或企业为限；（2）被保险人应视为共保人，或规定损失超过一定百分比时，始由保险人就约定保险金额内负责。

依据保险标的性质的不同，可以将信用保险分为商业信用保险、银行信用保险和国家信用保险。如果保险标的是商品赊购方的信用，这种信用保险为商业信用保险；如果保险标的是借款银行的信用，这种信用保险为银行信用保险；如果保险标的是借款国的信用，这种信用保险则为国家信用保险。

---

①② 王伟，熊文邦．我国信用服务业分类规制研究［J］．征信，2019（12）：9-16.

根据保险标的所处地理位置的不同，还可以将信用保险分为国内信用保险和出口信用保险。如果保险标的是国内商人的信用，这种信用保险为国内信用保险；如果保险标的是他国商人的信用，这种信用保险则为出口信用保险。

（五）信用保理

国内外关于保理或信用保理存在诸多定义。1911 年出版的《牛津简明词典》对保理的定义是：从他人受众以较低的价格购买债券并通过收回债权而获利的经济活动，这是一个最为广义的定义。① 在美国，有一个被普遍接受且较为严格的保理定义：承做保理的一方同以赊销方式出售商品或提供服务的一方达成一个带有连续性的协议，由承做保理的一方对因出售商品和提供服务而产生的应收账款提供以下服务：（1）以即付方式受让所有的应收账款；（2）负责有关应收账款的会计分录及其他记账工作；（3）到期收回债权款；（4）承担债务人资不抵债的风险，即信用风险。②

国际保理商联合会（Factoring Chain International，FCI）则将保理界定为：保理是融合了资金融通、账务管理、应收账款收取和坏账担保四项业务的综合性金融服务，且在 2013 年 7 月修订的《国际保理通则》（General Rules for International Factoring，GRIF）第一条规定：保理合同是指一项契约，据此，供应商可能或将要向一家保理商转让应收账款，不论其目的是否为获得融资，至少要满足以下职能之一：（1）销售分户账管理；（2）账款催收；（3）坏账担保。

信用保理是一种存在于信用输入方与输出方之间的债权转让交易，可以有效帮助企业获得保理商的现金流，解决企业融资难的传统痼疾，是一种重要的信用融资工具。保理业务广泛存在于贸易环节中，能够促进买卖双方的交易效率，为买方确保货物到位，为卖方提供收入保障。③

---

① 朱宏文．国际保理与法律实务［M］．北京：中国方正出版社，2001：1.

② ［英］弗瑞迪·萨林格．保理法律与实务［M］．刘园，叶志壮，译．北京：对外经济贸易大学出版社，1995：10.

③ 陈致远，刘成昆，陈蔚．我国保理业务信用风险的识别：基于修正的 KMV 模型［J］．学术研究，2019（2）：96-102.

保理之所以是信用服务的组成，在于保理业务与信用风险之间密不可分的联系。保理在性质上是侧重于金融的信用服务业，保理服务实现了应收账款在卖方与保理商之间的转移，保理商作为专业的信用服务机构能够对买方开展信用评估和追收拖欠的账款，在维护债权的同时又能实现规模效益，兼具融资和信用建设的功能。①

（六）债务清收

与传统意义上的民间催收不同，现代债务清收行业是指债务清收机构接受金融机构的委托或受让其债权，在保障债务人基本权利的基础上，通过谈判、和解、协调等非诉讼方式，依法合规地向债务人主张债权、催收合法债务的新兴行业。② 根据债务人的不同，债务清收包括商账追收和个人欠款催收。商账追收，也被称作应收账款催收。商账追收是根据合法的追收程序和手段提供专业的债务催收服务，尽可能减少企业因赊账产生的信用风险，降低企业的呆账率和坏账率。③个人欠款催收则是主要针对自然人因信用借款和生活消费产生的欠款，主要包括银行信用卡、民间借贷、互联网金融、消费金融等方面的债务。④ 债务清收的程序一般包括案件评估、案件受理、清收作业、结案和提交清收报告四个阶段。

债务清收是信用服务的一个重要分支领域。债务清收虽然处于整个信用关系链的末端，但对整个信用体系的稳健运行发挥着重要作用。不同于其他信用服务旨在促成信用交易，债务清收侧重于终结不稳定的信用关系，通过款项的及时回收实现债权债务关系的消灭，⑤并为信用信息系统提供受信方的动态信用信息更新。就目前情况而言，商账追收和债务催收行业仅在部分地区获得了许可的登记，尚未在法律或行政规章中确立明确的法律地位。因此，推动商账追收和债务催收行业健康发展，需要赋予其合法的地位。⑥

---

①③⑤ 王伟，熊文邦．我国信用服务业分类规制研究［J］．征信，2019（12）：9-16.

② 谭曼．中国债务催收行业立法研究［M］．北京：法律出版社，2020：2.

④ 谭曼．中国债务催收行业立法研究［M］．北京：法律出版社，2020：17-18.

⑥ 李璐．我国第三方债务催收行业的法律供给与规则完善［M］//谭曼，顾敏康．首届“信用法治·韶山论坛”优秀论文集．北京：法律出版社，2019：441.

除上述信用服务内容外，信用服务机构还可能依据用户的需求，提供其他相应的信用服务与产品。如信用管理咨询服务，具体而言又可细分为评分模型开发、防欺诈解决方案提供、策略决策引擎服务、信息技术解决方案、市场营销服务等。其中，很多的服务内容都是伴随着市场的发展而出现的新兴信用服务，可以将此类信用服务统称为信用管理咨询服务或其他信用服务。

第三节　信用服务市场

一、信用服务市场的概念与历史沿革

信用服务市场是指由信用信息数据提供者、信用服务主体、信用服务内容、信用服务对象与应用场景、信用服务监管者、监管依据所组成的行业、产业、规范综合体，其中心是由信用服务机构及其提供的信用服务与产品市场。信用服务市场是随着市场经济发展应运而生的市场，其特殊性在于与市场主体的信用需求相联系，是市场经济发展到高级阶段的体现。

按照信用服务的内容，信用服务市场可以细分为信用调查市场、信用评级市场、信用担保市场、信用保险市场、信用保理市场、债务清收市场、信用管理咨询市场等；按照服务的对象，信用服务市场可以分为政府信用服务市场、企业信用服务市场、个人信用服务市场；按照服务的领域，信用服务市场还可以分为信贷金融信用服务市场、商业信用服务市场、消费信用服务市场等。

信用的发展与演进会经历两次大的质的蜕变：第一次，信用从道德文化概念蜕变成经济现象与行为，信用从文化到债权债务，从抽象精神到具体可量化的借贷交易量，此时，信用主要表现在资金借贷的债权债务上。第二次，信用从经济现象与行为蜕变成资本，信用从一个小范围的借贷交易量扩大到更大范围，不仅涉及金融，还包括商品、服务等更广泛的经济交易，不仅包括更广范围的经济交易，还包括政府掌握的行政资源的社会分配，按企业或个人的信用

状况分配公共资源。① 纵观我国信用服务市场的产生与发展，其历程同样遵循着信用质变的轨迹。

党的十一届三中全会以来，随着经济体制改革的全面铺开和向纵深方向推进，市场在经济生活中的作用越来越突出。1984 年，辽宁省抚顺市在当地企业中开展“重合同守信用”活动的经验得以借鉴和推广，全国各地纷纷学习，积极开展“重合同守信用”活动。在 1987 年以前，全国没有一家可以提供企业信用资料的机构。这一时期信用与守信的意识主要依靠《民法通则》、市场主体自律与律师配合调查完成，我国的信用服务市场尚处于萌芽阶段。20 世纪 90 年代初期，我国涌现出中国诚信、大公国际、上海远东等一批与企业发债和资本市场发展相适应的信用评估机构。从此，信用意识开始逐步被企业和投资者所接受，但信用服务的领域主要集中于信贷与金融领域。

1998 年，中国人民银行发文，撤销金融评信机构及信誉评级委员会，旨在评信机构与行政主管部门彻底脱钩，这是信用服务机构面向市场化运营的开端。20 世纪 90 年代末，在国家经贸委、财政部和中国人民银行等部门的大力推动下，济南、镇江、铜陵、深圳、重庆、山西、河南等地出现一大批面向中小企业服务的信用担保机构。1994 年之后陆续成立的中投保、深科投等一批专业担保公司也开始为中小企业提供担保服务。这一时期是我国信用服务市场的起步时期。1999 年至 2003 年，信用服务行业进入发展阶段，2002 年 11 月，党的十六大提出了“整顿和规范市场经济，健全现代市场经济的社会信用体系”的目标；尤其是 2003 年 8 月 27 日我国颁布了《行政许可法》，政府的行为受法治约束，这就为民间的信用服务机构入市松了绑。

2003 年至今，社会信用服务市场进入加速发展阶段。2006 年，中国人民银行在推动企业和个人征信体系建设方面取得了突破性进展，全国统一的企业和个人信用信息基础数据库顺利建成，为信用服务市场提供了统一的信用信息数据来源。2013 年 1 月，我国首部《征信业管理条例》出台，解决了征信业

---

① 吴晶妹．三维信用论［M］．北京：清华大学出版社，2016：373.

发展中无法可依的问题。2014年《社会信用体系建设规划纲要（2014—2020年）》提出了全面推进包括政府诚信、商务诚信、社会诚信等在内的社会信用体系建设，并强调发挥行业组织自律和市场机制作用，培育和规范信用服务市场，形成全社会共同参与、推进信用体系建设的合力。信用服务市场的功能进一步拓展深化，由传统的信贷、金融逐步转向商业与社会领域。目前，我国从事信用登记、信用调查和信用评级的机构近200家，除中国人民银行征信中心为政府主导外，其余均为市场化机构。①

二、信用服务市场的定位

从国际上看，信用体系的建设主要有美国、欧洲与日本三种模式。其中，美国模式完全秉持市场化的信用服务模式，由信用服务机构按照市场的运营模式开展业务，政府同时颁布规范其行为的配套法律。欧洲模式属于政府主导型，分散立法，公共征信占据核心。日本模式则更偏向于混合式，行业协会主要针对个人征信，企业征信则实行市场化运作的方式。② 无论采取何种模式，信用服务市场无疑都在其中占据着重要的地位。结合我国信用服务市场发展历程与国际经验，信用服务市场的定位应遵循以下三点。

（一）政府引导性

在信用服务市场建设起步阶段，政府与市场主体的职能应当有所明确。很难想象在信用服务市场的起步阶段完全交由市场主体建设的结果。信用服务是专业要求及合法性要求极高的市场，信用信息的获取与个人的隐私权、企业的商业秘密相关，涉及信息利用与权益保护的平衡；信用信息的来源必须有所保障，信息来源必须覆盖面广，涉及事项全面，依据有限的信用信息无法对他人的信用状况作出准确的评价，也无法满足信用服务的要求；信用信息的数据库需要专门的人才与机构予以建设，并投入时间、精力、财力、物力保障其运

① 刘肖原．我国社会信用体系建设问题研究［M］．北京：知识产权出版社，2016：82-91.

② 孔婷．征信业发展国际经验及借鉴启示［J］．征信，2016（9）：62-68.

行；信用服务的业务展开也需要有明确、统一的流程，防止信用服务反向带来非法歧视；对于错误信用服务给予当事人造成的损失，需要明确其赔偿的依据。上述工作跨度甚广，难度很高，投入周期长，目前主要由政府及其授权的承担公共事务的部门或机构来完成。

政府引导信用服务市场建设首先需要有法可依，需要创设各类型信用服务市场的培育监管法律规范，包括进入市场的资格、退出市场的程序条件、相关信用服务机构开展其业务的流程规则，获取、管理、加工利用信用信息的限度，等等。政府引导信用服务市场建设还应从政府行政体系内部入手，确立制度，革新管理方式，主动将信用服务与产品列入行政管理的必要考察项目，将其作为某些领域的限制性或奖励性条件。政府引导信用服务市场建设最后还体现为给予信用服务机构各种政策上的便利，包括减税、免税、由政府出面的推广宣传等。

（二）市场规律性

信用服务市场本身还应遵循市场的规律性。市场的主体应遵循平等原则、意思自治原则、公平原则、诚实信用原则、公序良俗原则、权利不得滥用原则等，提供的信用服务应当等价有偿。

信用服务机构是否能够获取市场地位与份额，完全取决于其提供的信用服务与产品的质量与口碑，遵循优胜劣汰的市场法则。信用服务产品的质量与口碑，一方面取决于信用信息的来源，取决于信用机构本身对信用信息的处理与利用；另一方面取决于信用服务机构对于市场信用需求的调查，取决于其服务与产品的应用场景。谁的信用信息数据来源更为充沛优质，信用服务的方式方法更为科学、合理、准确，更加契合市场的信用需求，谁就能在信用服务市场占据有利的位置。当然，上述竞争都应在合法的框架范围内。恶性的竞争、垄断的竞争、低价的竞争，无助于信用服务市场的发展，必须由政府出面予以干涉。

（三）发展阶段性

信用服务市场的发展阶段性，是指信用服务市场的建设、运行与完善并不是一蹴而就的，既非完全交由政府即可以形成，也非完全交由市场主体即可建设，需综合政府与市场的双重力量，并经历长时期的发展。

从行业领域看，传统的信贷金融领域对信用服务的需求最为旺盛，信用服务的相关配套法规也最为健全，因而信贷金融信用服务市场最为成熟，其他领域信用服务市场的发展则有所滞后。应借鉴信贷金融信用服务市场的成功经验，将其逐步扩展到商业信用市场与消费市场建设中。从服务的内容与产品看，信用调查服务市场最为发达，次之为信用评级市场、信用担保市场，而信用保险、信用保理、商账追收和债务催收、信用管理咨询市场则相对有所欠缺。从服务对象看，专门针对政府的信用服务市场尚未形成，企业信用服务市场较为普遍，个人信用服务市场已初具雏形，但相关服务的应用领域、场景还相当有限。从地域上看，全国与地方的信用服务市场建设应当统筹并进，协调发展。应鼓励地方依据该地方的实情与状况，发展出具有本地特色的信用服务市场。如沿海地区外贸交易繁荣，“三角债”问题严重，这些地域相比内陆地区发展信用保险、信用保理、商账追收等信用服务业更具天然的优势。

信用服务市场相对完善的标志应当是配套法规齐全，信用服务机构种类丰富，信用服务产品应用场景多元，全国性与地方性信用服务市场相互促进，信用服务横跨信贷金融、商业与消费领域，涵盖政府信用、企业信用与个人信用，并在各个维度形成相关的行业自律。这些都需要在未来分阶段地逐步实现。

三、我国信用服务市场现状

（一）信息：单中心与合作运营管理并存

信用信息的来源和利用是信用服务市场的基石。就信用信息的来源和利用模式来看，我国目前存在单中心运营的信用管理与合作运营的信用管理模式。单中心运营信用管理模式又可分为公共征信数据中心模式与大数据征信内置模式；合作运营信用管理模式又可分为企业大数据征信外嵌模式与大数据汇源征信模式。

公共征信数据中心模式的典型代表是中国人民银行的信用信息系统。该系统为企业及个人提供征信服务，主要包括传统信用管理服务与信用评分及相关增值产品，这一模式之所以为单中心，主要是基于数据本身的敏感性和权威性，对数据准确度和安全性有最高等级的要求。

大数据征信内置模式基于单中心运营信用管理，是一些自身拥有个人和企业大数据的公司在征信应用领域进行创新性运营的新模式，典型的例子有阿里、腾讯、百度以及各大电信公司等。

企业大数据征信外嵌模式区别于只服务于金融领域的传统征信，新兴的信用服务产业面向更多与人们生活息息相关行业的应用场景，特别是旅游、交通、贸易等专业服务领域。

大数据会员制征信模式的本质是一个行业层面的信用解决方案，即行业协会根据小额信贷的生命周期，建立数据链中心，制定数据标准，并分阶段分享成员之间的信用申请和偿还等交易信息，以此来推进协会成员的信用建设，其中的信用数据采用分布式，即会员的互助合作。此种模式，上海市市场信用信息共享服务平台已经取得初步成效。①

以上四种信用信息的归集与处理模式中，目前占据绝对中心和主导地位的仍然是中国人民银行的信用信息系统。而内置模式需要有先天的条件：即信息搜集整理的主体必须首先是该行业的领头或巨头，处于该行业的信息集散中心位置，拥有巨大的商业生态系统足以支撑其在商业版图的内部获取用户信息。内置模式带有企业内部信用管理的性质，但如果引导得当，完全可以由政府扶持，通过信息共享，成立专门的信用服务机构完成市场化的运营。实际上这些大公司、企业也是如此行动的。ALIPAY 支付宝、腾讯征信已经进入市场，背靠阿里、腾讯等大企业，相对其他的信用服务机构，这些带有大公司信用数据系统的信用服务机构无疑已经抢占了信用服务市场的先机。

外嵌模式则限于部分行业领域，适用范围相对公共征信、内置模式更为有限，但这也是其独特的优势：一是这些企业深耕该领域多年，对行业的理解与

① 赵付春，汪晓菲．我国大数据征信商业模式研究：以上海市信用服务企业的创新实践为例［J］．征信，2019（11）：18-24.

信用服务需求的理解远超过综合的信用服务机构，专业性更强；二是其信用信息获取的渠道、触角更为细致，往往能够获取到通过公共征信或内置模式不能获取或不予关注的特种信息。会员制则带有行业自治、政府扶持和地方性的特色，可以作为其他三种模式的重要补充。

这四种模式彼此之间并不存在矛盾，未来相当长时间内仍应主要坚持和完善公共征信数据中心，同时引导发展企业大数据征信外嵌，形成专门领域场景结合的专业信用服务机构；鼓励有条件的企业将大数据内置模式转化为市场化运营，形成全面信用服务机构；经由行业自治或地方政府的搭建，形成信用信息会员制，鼓励行业内部及跨行业的信用信息交流，彻底打破“信息孤岛”现象。

（二）产业：信用服务业的不断细化与整合

目前对于信用服务或信用服务机构的划分大多采用内容标准，如信用调查、信用评级、信用担保、信用保险、信用保理等，但从功能或效用的角度更能揭示信用服务的产业状况及未来的建设方向。健全的现代信用服务体系应包括“五大类”服务机构及其产品和服务：外部约束类信用服务、内生助力类信用服务、信用基础设施类服务、信用风险管理类服务和信用监管类服务。

外部约束类信用服务是指从信用主体的外部为社会与市场及监管者了解信用主体而提供信用产品的服务活动，其主要业态包括征信、信用评级与评价、信用查询、信用评分、资信调查等。外部约束类信用服务的特点主要是为市场上的授信机构服务，而不是主要为信用主体服务；其基本目的是了解信用状况，而不是提升或维护信用主体本身的信用价值。

内生助力类信用服务是指直接为信用主体提供信用咨询与解决方案的服务活动，其主要业态包括咨询服务、解决方案定制、信用承诺辅导、信用信息管理与报送、信用修复顾问管理、信用救助辅助、信用与教育培训等。内生助力类信用服务的特点是服务机构帮助企业和个人做内功以提升其综合信用水平，围绕如何帮助企业和个人提升综合信用水平而开展服务并提供相关产品。

信用基础设施类服务是指市场主体为满足市场需求、社会信用体系建设需求或政府信用监督需求等而提供的基本设施建设与软硬件产品和服务的信用服务活动。信用基础设施服务领域的公共性与市场化应是共存的。

信用风险管理类服务是指由市场上的专业机构提供的帮助市场需求者降低信用交易风险的服务活动。

信用监管类服务是指为更好地对市场各类机构的信用活动进行规范监督与管理，由信用监管机构依据相关法律法规提供的服务。这种服务主要就是让社会公众能简单、方便、快捷地了解、查询和具体办理信用监管相关事项。①

虽然从功能和效用上明确了信用服务的上述五种分类，但仍应当明白完整的信用服务产业是由上述五种类型的信用服务有机构成的整体。任何一项服务类型的缺失与滞后，都将导致信用服务产业链条的断裂与不完整。

就我国目前的状况来看，信用基础设施尚在逐步建设中，信用监管法规还不成体系，信用风险管理意识偏低，导致信用风险管理与监管类服务需求尚低。外部约束类的信用服务需求增长迅速，该领域信用服务行业发展较快，但由于持续长久发展，仍有赖于内生助力信用服务行业的展开。建议重点关注与支持内生助力类机构，做大做强外部约束类机构，重视信用基础设施类服务，建立与倡导信用监管类服务，推广与规范信用风险管理类服务，以发展和健全我国的信用服务体系。

（三）服务：技术创新与应用场景的拓展

过去传统的信用服务局限于金融信贷领域，即传统的征信服务，主要针对企业及金融衍生品，以资信状况评价为主，应用范围极其有限。传统金融及其配套征信不能满足人们多元化的需求。金融信贷的核心是以实物资本配置资源。在传统市场体制下，市场主体想要参与经济交易活动和社会资源配置，必须拥有土地、设备、厂房、资金等实物资源或资源的现金等价物。相反，缺乏实物的资本市场主体因传统体制的排他性和资源的束缚，很难公平地获取金融服务满足其资金和资源要求。但随着大数据、云计算、人工智能、深度学习、区块链等新技术的引入，现代的信用服务领域不断被扩展，由金融拓展到商

① 吴晶妹．我国信用服务体系未来："五大类"构想与展望［J］．征信，2019（8）：7-10，92.

业，由商业拓展到社会生活。

利用大数据技术，可以将过去看似毫无关联的信息组合在一起，形成链接作为信用评价的依据。譬如，开立银行账户、申请信用卡，过去往往与就业和收入等信息相挂钩，但其中可作为信用判断的信用信息其实是丰富的，包括教育支出、度假、购房、租车、购车、付公用事业费、付手机话费、租房、网上购物等，这些与信用交易相关的生活场景有的构成上下游关系，存在信息的相关性。① 利用新技术搜集和评价信用信息的方式，会改变我们看待信用服务的传统思维。此外，同样的信用服务，完全可以结合场景衍生出不同的应用类别。如"芝麻信用"，其中既包括传统的消费金融服务，服务于信用借贷合信用消费，还包括其他与生活场景相联系的服务产品，如信用骑行，信用租车，便利交通，免预存办手机卡、购合约机，免押金租借充电宝、雨伞、服装等物品，信用回收，等等。② 如此之多的信用服务产品类别，其基础都是芝麻信用的信用评分。而芝麻信用平台既是信用信息的集散中心、评价中心，也是沟通不同行业、产业领域的门户中心。

极端情况下，可以设想未来在全国范围内形成一个或数个统一的线上信用数据评估平台，人们可以凭借手中的手机对他人的任何行为进行"打分"，而集合形成的分数数据最终会汇总形成对某人的特定评分，该评分几乎无所不包地影响到人们生活的方方面面，譬如旅游出行、教育申请、买房购车、考试、晋升，等等。从好的方面来看，类似平台的大量出现，极大地便利了人们的生活，降低了各行各业的交易、审核成本；坏的方面是技术的滥用可能造成对企业经营自由、个人人格尊严的极大侵害，因而需要提前加以监管。

信用信息搜集与利用方式创新，应用场景的拓展，对信用服务提出了更高的要求。信用服务的内容应当坚持多样化、信用服务的出处应当标识化、信用产品应当更加精细化、信用服务的更新应当规范化。

（四）监管：信用服务市场规范体系建设

信用服务市场的发展离不开政府及其职能部门的有效监管，首先需确立完

---

① 刘新海．专业征信机构：未来中国征信业的方向［J］．征信，2019（7）：12-18.

② 吴晶妹．2018 年展望：征信面临突破［J］．征信，2018（1）：4-11.

善的监管法规，其次要有效地明确监管主体与对象，确立监管的职权范围。目前来看，我国现有的信用服务市场监管法规仍然不均衡、不完善，缺乏有效协同。应针对不同的信用服务行业，分门别类地予以立法规范。

1. 信用调查业

信用调查业的立法以2013年我国《征信业管理条例》的颁布为契机。依据该条例的规定，中国人民银行及其派出机构是我国法定的征信业监管部门，中国人民银行下设征信管理局履行监管职责。同时，根据地方征信立法或管理规定，地方政府对征信机构拥有有限的监管权。如《上海市个人信用征信管理试行办法》第四条规定："上海市征信管理办公室负责对个人信用征信进行监督管理。中国人民银行上海分行按照国家有关规定，负责对涉及银行相关业务的个人信用征信进行监督管理。"

除此之外，中国人民银行等部门还颁布了《征信机构管理办法》《征信机构监管指引》《个人信用信息基础数据库管理暂行办法》《银行信贷登记咨询管理办法》《征信数据元 数据元设计与管理》等文件。一些征信起步较早的地区也出台了地方规章，如《上海市个人信用征信管理试行办法》《深圳市企业信用征信和评估管理办法》。目前全国已有多个省市出台了涉及征信业管理的地方规章，内容上可分为三类：第一类涉及征信业的整体管理，如《长沙市信用征信管理办法》；第二类为企业征信业管理，如《江苏省企业信用征信管理暂行办法》；第三类则为个人征信业管理，如《江苏省个人信用征信管理暂行办法》。①

2. 信用评级业

信用评级监管机关分别为中国人民银行、中国证券监督管理委员会、国家发展和改革委，这三者在法规依据、市场准入、评级原则、评级对象、事中管理、事后管理与评级程序方面规定各有不同。中国人民银行监管依据是《中国人民银行信用评级管理指导意见》《信贷市场和银行间债券市场信用评级规范》，中国证券监督管理委员会监管依据是《证券市场资信评级业务管理办

① 王伟，熊文邦．我国信用服务业分类规制研究［J］．征信，2019（12）：9-16.

法》，国家发展改革委监管依据是《企业债券管理条例》。

从市场准入的条件来看，中国人民银行监管的债券评级市场实行审批制，信贷市场实行备案制，以禁止性规定为主。报备材料较明确，准备难度不大，对从业人员及高管人员无准入门槛，但设置了8项禁止性规定，同时明确要求评级机构建立11项内控制度。中国证券监督管理委员会主管的证券评级市场实行准入制。实收资本或净资本为2 000万元以上；对从业人员人数及经验规定较严格，从业人员需持有证券从业资格证书，无禁入期，普通从业人员要求具有3年以上从业经验，高级管理人员不得少于3人；明确要求评级机构建立8项内控制度。国家发展改革委建立的企业债评级市场对信用评级机构市场准入没有具体规定，但2015年底认定6家评级机构可以开展企业债评级。①

可以看出，由于评级业监管依据、内容与监管主体的不同，很容易造成政出多门的问题，同时造成不必要的管理成本支出。部分地方针对评级机构进行了统一的规制，如深圳市采取将个人征信与信用评级集中立法的模式，出台了《深圳市个人信用征信及信用评级管理办法》，但总的来看，分散式的立法仍未解决立法存在盲点、部门裁量权过大、责任分配不清晰等问题。

3. 信用保险业

中国银保监会于2020年发布的《信用保险和保证保险业务监管办法》，由总则、经营规则、内控管理、监督管理和附则共五章组成。总的来看，内容较为简略，虽有基本框架但精细度不足，也未能有效衔接保险与信用之间的关系。

4. 信用保理业、信用担保业

该行业现行的规范有中国银监会2014年制定的《商业银行保理业务管理暂行办法》，商务部2015年发布的《商业保理企业管理办法（试行）》，财政部与工信部2012年联合制定的《中小企业信用担保资金管理办法》。上述监管的依据立法位阶较低，且同样存在与信用评级业政出多门、权责不清等

① 沈彦菁，张月．信用评级市场发展现状及对策建议：基于浙江省嘉兴市的实践［J］．征信，2018（4）：66-69.

问题。

5. 债务清收业

专门针对债务清收业的信用服务监管立法尚处于空白。实践中相关的监管主要视情况依据现行的民事法规、刑事法规与诉讼法规，对于债务催收行为的规制还散见于某些部门性规范文件、行业自治章程或委托协议中。例如，中国银监会根据《银行业监督管理法》《商业银行法》等法律法规，分别于2009年、2010年发布了《关于进一步规范信用卡业务的通知》和《银行业金融机构外包风险管理指引》两部部门性规范文件，提出了银行金融机构在金融服务外包中应当加强监管，应注意第三方债务催收机构存在的法律风险，第三方催收机构若对债务人造成侵权损害，银行应当承担相应的法律责任。之后，中国银监会于2011年1月发布实施的《商业银行信用卡业务监督管理办法》曾被寄予有效规范债务催收的厚望，但该办法并未提及第三方债务催收机构，也未规定不当催收的法律后果。①

第四节　信用服务市场的培育与监管

一、信用服务市场的培育

培育规范信用服务市场作为我国社会信用体系建设的核心内容之一，已纳入2014年国务院颁布的《社会信用体系建设规划纲要（2014—2020年）》。在2016年《中华人民共和国国民经济和社会发展第十三个五年规划纲要》中也规定了“培育规范信用服务市场”，要求“建立公共和社会信用服务机构互为补充、信用信息基础服务和增值服务相辅相成的多层次信用服务组织体系。推动信用服务产品开发创新和广泛运用。支持征信、信用评级机构规范发展，提高服务质量和国际竞争力。健全征信和信用服务市场监管体系”。2018年，

---

① 李璐．我国第三方债务催收行业的法律供给与规则完善［M］//谭曼，顾敏康．首届“信用法治·韶山论坛”优秀论文集．北京：法律出版社，2019：449-450.

国家发展改革委办公厅发布的《关于充分发挥信用服务机构作用 加快推进社会信用体系建设的通知》再次强调“要大力发展信用服务机构和信用服务市场”，但相关实践依然主要集中在金融领域的征信市场。中国人民银行征信中心个人征信系统的月报告显示，该系统“在2017年7月，已经覆盖了9.32亿的自然人，有信贷记录的有4.58亿人，累计运行以来提供了45.21亿次个人征信报告查询”,① “截至2020年12月末，在中国人民银行分支行备案的企业征信机构共131家”。该数据表明，对于人口总数超过14亿，“个人征信市场空间为1 030亿元，整个征信市场潜在发展规模达万亿元”② 的信用需求大国而言，我国征信服务业的发展还处在起步阶段，全面的信用服务市场更是远远不足，存在巨大的发展潜力。

（一）培育信用服务市场的作用

信用服务市场的培育是指通过对信用服务市场给予政策上的优惠和扶持，并加以长期作用于市场行为的规制、监督和控制，规范信用服务市场主体和市场客体，推进市场规划的健全和完善，从更高层次促进信用服务市场的发育和成长。

信用服务市场是社会信用体系建设的重要组成部分，其成熟程度体现了信用经济的发展水平，培育信用服务市场对我国市场经济、协同治理、民生水平以及诚信文化的发展具有至关重要的作用。

1. 完善社会主义市场经济体制的必然要求

目前我国正处在深化经济体制改革和完善社会主义市场经济体制的攻坚期，在市场经济发展过程中出现了大量严重的诚信问题，如恶意拖欠、逃骗偷税、商业欺诈、制假售假、非法集资等。通过培育信用服务市场，推动信用服务产品在市场交易中的使用，可减少经济主体在经济活动中的信息处理和风险防范工作，降低交易成本、提高交易安全性。通过信用等级择优选取同等资质

---

① 贾康．基于大数据的征信建设探讨［EB/OL］．（2018-06-05）［2020-08-20］．https：//www. sohu. com/a/234165179_ 480400.

② 董碧娟．信用服务市场有待培育规范：我国征信市场潜在规模达万亿元［EB/OL］．（2016-04-21）［2020-08-19］．http：//www. gov. cn/xinwen/2016-04/21/content_5066424. htm.

的交易主体，保障公平竞争，促进资源优化配置和产业结构优化升级，完善科学发展机制。严格市场主体的信用要求，完善市场监管体制，可改善市场信用环境、规范市场经济秩序、减少政府对经济的行政干预。不仅如此，信用服务产业作为一种新型产业，对其加以培育可在提供大量就业机会的同时，助力我国经济增长，促进经济社会的协调发展。

2. 提升社会治理水平的重要举措

党的十九大报告提出，要“打造共建共治共享的社会治理格局”，充分调动各方面积极性，形成多元治理主体的协同共治。信用服务市场的培育与发展为社会组织、公民等共同参与社会管理提供新的途径，将促进协同共治的落实。通过推动大数据、云计算和区块链以及人工智能和数据挖掘的集成算法的开发和应用，为政府和市场搭建科学合理的共享平台，依靠大数据信息海量化、多样性、快速化以及价值化的特点，整合信用信息基础资源，分析事物本质和现象的关联，进而预测事物的发展态势与未来，助力科学决策，辅助社会治理和市场管理。

3. 保障和改善民生水平的关键路径

信用服务市场致力于将诚信作为“度量衡”，相关主体可以基于信用服务机构提供的信用评估报告、信用担保合同等，选择资格授予对象和交易对象，使得交易主体因诚信加分并获得收益，因不诚信而减分甚至被淘汰，以倒逼生产商诚信生产、建筑公司诚信施工、用人单位诚信发放农民工工资，有效解决产品不合格、住房不安全、工资不到位等直接关系公众利益的现实问题，进一步保障和改善民生，提升社会满意度。

4. 提高社会诚信意识的重要手段

现代市场经济是信用经济，加强信用服务市场的培育和信用服务产品的推广和使用，凸显信用在整个市场经济中的地位。促进信用服务市场主体率先提高诚信意识，进而深入影响普通民众的诚信观。

（二）信用服务市场的培育模式

1. 市场驱动模式——以美国为代表

美国是世界上最早的信用市场经济国家之一，拥有最发达的信用信息服务产业，其中较为知名的信用服务机构包括：以邓白氏公司（Dun & Bradstreet）为代表的企业资信调查机构；以穆迪投资者服务公司（Moody's Investors Service）和标准普尔公司（Standard & Poor's）为代表的信用评级机构；以环联公司（Trans Union）为代表的消费者信用调查机构。美国信用服务市场体系由独立运行的民营企业或规范的征信机构组成，主要业务包括数据采集、数据处理、产品形成和产品应用四个环节，涉及消费者信用报告、资信评级、商账追收和债务催收、信用保险等，突出特点是市场化运作，完全将信用作为一种可交易的商品出售给需求方。① 从事征信业务的企业均由民间投资组成且以营利为目的，政府不投资，也不对征信服务行业进行过多干预，完全交由市场机制决定。

2. 政府驱动模式——以德国为代表

德国信用服务是以中央银行建立的“信贷登记中心”为主体的公共模式以及以市场化的民营信用体系为服务和执行主体的模式。其中，政府主导的信用立法模式，由中央政府出资组建并直接经营管理征信企业。政府组建的征信企业，由中央银行实施管理。② 强制各银行和金融机构提供客户的信用信息，形成开放的数据库。③ 此模式下，政府负责信用信息的收集整理和使用。在私营信用服务及应用体系中，通用信贷安保集团（SCHUFA）在本国占据着垄断地位，是德国著名的经营信用业务的非政府服务机构，也是唯一拥有银行信用信息的服务企业，④ 为民众提供信用数据存储、查询以及评价服务。整体上，德国信用服务企业提供及时更新的与企业相关、与借贷相关的各类信用信息，

---

① 孙倩，何坪华．中国食品安全黑名单制度的执行困境及完善建议［J］．世界农业，2017（2）：190-195.

② 吴午东．从失信走向守信：论我国信用法律体系的构建和完善［J］．广东农工商职业技术学院学报，2014（2）：70-74.

③ 何师元．“互联网+金融”新业态与实体经济发展的关联度［J］．改革，2015（7）：72-81.

④ 赵锐．我国社会信用体系建设的探讨：剖析、借鉴德国 SCHUFA 的社会信用体系［J］．电子政务，2017（4）：84-93.

具有覆盖面广、总量大、来源渠道多样化、信用记录全面等特征。①

3. 行业协会驱动模式——以日本为代表

日本采用的是以行业协会为主体的会员制模式。日本信用服务主要由银行协会建立的银行会员制征信机构与商业性征信机构来提供，包括以银行协会、信用卡协会和消费者协会等建立会员制信用服务机构。② 行业协会为会员提供个人和企业信用信息互换平台，通过内部信用信息共享机制实现征集和使用信用信息的目的。由于该模式下征信机构仅限于向协会会员而不是社会提供信用信息需求服务，导致信用信息共享范围较小，经济效益和社会效益均较低。另外，该模式下征信机构对信用信息只进行登记收录，不进行资信评级或者信用评估，难以将市场主体的信用打造成产品放入市场并渗透社会各个领域，不利于全面推动信用行业的产业化进程。

（三）信用服务市场的培育途径

目前，我国信用服务市场的发展还处在起步阶段，发展规模小且不平衡。选择市场主导模式存在公共信用信息收集难，隐私保护不够等问题，而选择行业模式则存在缺乏相应组织基础的难题。综合考虑，目前我国最为妥当的做法是坚持实行“政府推动、市场化运作”的模式。集中资源优势，在较短时间完成信用数据归集整合，政府率先垂范，引导扩大信用应用，引入第三方信用服务机构开展专业高效的信用服务。待信用服务市场发展成熟后再转变为“市场主导，政府支持”的模式，即依靠市场经济的法则和信用管理行业的自我管理来运作，政府仅负责提供立法支持和监管信用管理体系。

1. 加强政策支持和制度保障

在信用服务市场建设的起步阶段，我国应当首先做好政策支持和制度保障。一方面，出台大量的优惠政策，如财政政策、货币政策、产业政策等，发挥政府政策的导向功能，促进信用市场的发展。另一方面，制定和完善相关立法。之前我国重点建设的是以金融资信信息为主的征信体系，法律规范主要包

① 赵锐．我国社会信用体系建设的探讨：剖析、借鉴德国 SCHUFA 的社会信用体系［J］．电子政务，2017（4）：84-93.

② 李乖琼．中国社会信用体系建设研究［D］．北京：中共中央党校，2016.

括国务院制定的《征信业管理条例》以及中国人民银行制定的《个人信用信息基础数据库管理暂行办法》。系统、全面的信用服务市场相关立法尚付之阙如。对此，我国应当尽快制定信用服务市场管理条例、信用服务机构管理办法、信用服务机构从业人员资格管理办法、信用服务机构备案管理办法等法律规范，为信用服务市场的发展提供法律保障。

2. 扩大信用管理服务市场需求

市场需求是指一定的消费者，在一定的地理区域、时间、市场营销环境以及市场营销方案下购买的总量，是信用制度和中介机构持续生存的基础。① 一般情况下市场需求越大，市场相应越繁荣；市场需求越小，则市场越萧条。当前我国的信用服务产品主要集中在金融领域，其市场尚存在供给质量不够高、服务机构行为不够规范、公信力不足、需求无法得到满足等不健全、不成熟的问题，② 难以满足金融业征信市场的需求，更加无法满足包含各种企业、法人、社会组织在内的信用服务市场的需求。对此，一方面，应当推动政府部门带头使用信用产品和服务。“在行政许可、政府采购、招标投标、劳动就业、社会保障、科研管理、干部选拔任用和管理监督、申请政府资金支持等领域，率先使用信用信息和信用产品，培育信用服务市场发展。”③ 另一方面，应当鼓励信用交易，激发信用管理服务需求。首先，应当引导企业信用信息系统公开为原则，不公开为例外。鼓励企业在签订经济合同、进行合资合作等商业活动时，自主查询相关公司的信用信息，并以此作为交易的重要参考。鼓励企业成立专门的信用信息管理机构，集中收集、适用、评估信用信息。积极运用信用评级、信用保险等信用产品扩大信用交易。其次，推动金融机构、企事业单位和个人利用信用产品和服务防范风险。金融和商业机构在与企业或个人发生信用交易、信用消费、信用担保、商业赊销和租赁等业务时，可以按照授权和

① 陈新年，曹文炼．美国信用服务体系发展状况及对我国当前社会信用体系建设的启示［J］．经济研究参考，2005（8）：37-44.

② 韩家平．关于加快社会信用立法的思考与建议［J］．征信，2019（5）：1-6.

③ 《社会信用体系建设规划纲要（2014—2020 年）》。

规范流程查询当事人的信用记录，或要求当事人提供信用报告①。最后，激发个人用信需求。鼓励人才中介机构和用人单位把查询个人信用记录作为选拔、聘用人才的重要环节。② 建设“市民诚信卡”，在市民卡上全面加载个人信用信息，推动个人在求学、求职、晋升、租赁、理赔、享受公共服务等方面应用个人信用报告，拓展个人用信场景。③

3. 加强信用服务机制建设

信用服务市场机制是指信用服务市场各要素之间的结构关系和运行方式，主要包括平台搭建和信用服务市场运行机制构建。在平台建设上，应当加快建立全国统一的信用信息数据库和共享、公示平台，部门、行业信用信息系统以及机构、行业组织和企业自建信用数据库。在运行制度上，首先，应统一信用信息标准技术规范，适用统一代码，推动市场信用信息和公共信用信息共享融合，制定信用信息采集的格式与标准、征信行业服务规范、信用报告标准文本等信用行业相关标准，提高信用信息的采集和流通效率④。其次，应加强组织协调，建立多省市多部门联动机制，建立各个部门无间隙职能联动机制，可以保证整个信用市场供求机制发挥应用作用，在政府和市场组织层面上建立长效合作机制。⑤ 强制有关行政机关和社会部门以及金融机构向信用中介机构无偿或有偿开放信用信息数据，⑥ 调动公共部门开放信用信息的积极性，提高开放共享的能力，规范信用信息资料的公开、合法、正当的收集与使用。再次，应规范征信和信用评价行为。应当坚持第三方中立立场，确保实体合法和程序合法，不得通过虚构交易、恶意评价或以差评为要挟谋取不正当利益，或通过贬

①② 《内蒙古自治区人民政府办公厅关于印发自治区“十三五”时期社会信用体系建设规划的通知》（内政办发〔2016〕107号）。

③ 曾光辉．促进我国信用服务业发展的思路研究［J］．现代经济信息，2016（10）：360-363.

④ 刘雯，徐爱华．加快培育发展信用服务业 促进四川信用信息资源有效融合［J］．决策咨询，2019（1）：83-86.

⑤ 胡登峰．我国社会信用服务市场体系建设研究［J］．中国高校社会科学，2018（2）：111-118，159.

⑥ 陈新年，曹文炼．美国信用服务体系发展状况及对我国当前社会信用体系建设的启示［J］．经济研究参考，2005（8）：37-44.

低他人商业信誉提升自身信誉。鼓励我国评级机构参与国际竞争和制定国际标准，加强与其他国家信用评级机构的协调和合作。最后，应加强市场竞争机制的引入以及信用信息主体权益保护、救济制度的完善和创设。

4. 加强信用服务机构的培育

信用服务机构作为信用服务产品的生产者，对信用服务市场的培育作用不言而喻。我国信用服务机构还较为分散且规模较小，应当“逐步建立公共信用服务机构和社会信用服务机构互为补充、信用信息基础服务和增值服务相辅相成的多层次、全方位的信用服务组织体系”。① 首先，应当大力支持信用服务机构的建设，鼓励具备相关条件的个人、企业以及组织积极投资信用服务产业，培育形成一批具有一定市场认同度和影响力的信用服务机构；支持本地区实力雄厚的信用服务机构发展成为全国性和区域性龙头企业，为地区企业提供模范带头作用；引进国内外知名信用服务机构在我国落户，开展合资合作，推进我国信用服务机构国际化发展。充分利用移动互联网、云计算、大数据等新技术发展新业态信用服务机构，提高信用服务机构的应用能力。其次，应当鼓励信用服务机构开展多种专业化信用管理服务，引导和鼓励信用服务机构适应市场需求的变化，增强技术创新、产品创新和市场创新能力，建立完整科学的信用调查和评价体系，提供多层次、有特色、多样化、专业化的信用调查、信用评估、信用保险、信用担保、商业保理、履约担保、信用管理咨询及培训等信用服务。最后，应当加强对信用理论、信用经济、信用评价和信用立法等基础理论和重大问题的研究，研究建立区域信用指数，综合反映地区信用发展状况，鼓励国内外学术机构、信用服务机构、企事业单位等加强合作，开展信用基础性、前瞻性、实用性研究。

5. 重视信用从业人员的培养

信用从业人员是指“在依法成立的信用服务机构从事信用信息的收集、加工、整理及信用培训、信用咨询、信用管理、信用评估、信用评级、评定、认证等相关业务的信用执业人员以及在企事业单位、行政机关等从事相关业务

---

① 《社会信用体系建设规划纲要（2014—2020 年）》。

的专业人员。"① 这是信用服务市场得以繁荣的基础力量。目前我国最为成熟的信用从业人员制度是信用管理师制度。其中信用管理师已纳入《中华人民共和国职业分类大典（2015年版）》中，是指"在企业中，从事信用交易、信用风险控制和征信技术工作的人员"。据了解，我国信用行业的专门人才将在未来5年呈现全面的爆发式增长需求，保守估计缺口将达数百万名。② 然而，我国高校开设信用专业的很少，目前只有近30所高校设有信用管理专业，有3所高校开设了信用风险管理与法律防控专业，每年培养的信用管理人才仅数百名，③ 存在巨大的人才缺口。鉴于此，我国应当针对工作需求培育社会急需的信用从业人员。首先，应当普及信用教育。高校是信用服务人才主要的培养单位，应根据地方经济发展需要，依托高校开设特色课程和设置专业，在研究生、本科、高职高专等不同层次的管理类相关专业中开设信用管理专业方向，做好信用服务人才梯队化建设和培养。其次，提升信用服务业从业人员水准，培育和发展一批具备较高执业水平和道德水准的从业队伍。如组织信用从业（或执业）资格考试，只有理论知识考试和专业能力考核合格的人员，通过实习考核后，才能从事信用服务工作，且就职后应当定期参加从业人员系统培训。同时，应当引导、支持从业人员逐步获得国内认可的信用服务行业从业资质，培养出具有国际视野、业务过硬、熟悉市场的专业化信用人才队伍。④ 最后，应当重视在职教育、职业培训、岗位培训等多层次的信用专业培训，以提升在职信用工作人员的专业素养。

6. 营造浓厚的信用文化氛围

通过宣传诚信文化以提高公众的信用意识。在一个公众崇尚诚信，遵守诚信规则的社会中，信用服务市场必然会受到重视。首先，应当加强诚信文化与

---

① 2014年中国信用协会发布的《信用从业人员职业道德规范》第三条。

② 需求呈现爆发式增长 中国信用人才缺口将达百万［EB/OL］.（2014-12-01）［2020-04-15］. http：//www.chinanews.com/cj/2014/12-01/6830926.shtml.

③ 胡登峰. 我国社会信用服务市场体系建设研究［J］. 中国高校社会科学，2018（2）：111-118，159.

④ 曾光辉. 促进我国信用服务业发展的思路研究［J］. 现代经济信息，2016（10）：360-363.

信用文化环境建设。不仅要继承发扬中国传统诚信文化，也应当汲取西方的契约信用文化，并同社会具体领域的实践结合，以推进诚信行为的普遍化，促进社会诚信风尚的养成。其次，树立诚信典型。应当加强全社会信用典型的宣传力度，充分利用大众媒介积极传播守信典型案例及信用模范人物，使诚实守信成为全社会的自觉追求。最后，加强开展诚信主题活动和重点行业领域诚信问题专项治理，深入开展道德领域突出问题专项教育和治理活动，针对诚信缺失问题突出、诚信建设需求迫切的行业领域开展专项治理，加强信用法律法规在社会中的普及度。

二、信用服务市场的监管

市场监管是指市场监管主体对市场活动主体及其行为进行限制、约束等直接干预活动的总和。① 市场监管的目的是“建立一个理想的市场经济环境，不仅使市场经济体系中的各类市场经济主体、客体和中介组织等都能在公平的竞争中健康运行，而且使社会资源的配置实现最优化。”② 为确保信用服务市场稳定有序的运行，应加强包括监管主体、监管内容、监督责任等在内的信用服务市场监管。

（一）监督主体

关于征信业的监管体制，各国主要采用两种不同的类型：一类以德国为代表，中央银行作为监管主体的征信监管体制；另一类是以美国为代表的，以完善的法律法规为基础，多个部门共同监管的征信监管体制。但上述两种类型均难以适应我国国情，第一种类型存在较大的局限性，我国所建立的信用服务市场不再限于金融资信信用服务市场，民营企业、外资（合资）企业、行业自律组织、政府机构、等均陆续加入信用服务行业。仅由中央银行作为监督主体，不仅存在监管不能的问题（即信用服务市场的有效培育将使得信用服务

---

① 贺大伟，肖国兴．资源配置市场化改革的法律边界与制度抉择：基于经济法视角的分析［J］．上海行政学院学报，2017（5）：104-111.

② 金明路，叶航．社会主义市场监督管理理论体系论纲［J］．浙江大学学报（人文社会科学版），2000（5）：126-130.

机构数量快速增加，单纯依靠中央银行难以实现监管目的），而且存在监管不当的问题。中央银行有其职责限制，将本不属于金融业的征信业当作金融业来监管，存在“越位”和“扩权”之嫌，难以有效行使监管职责。第二种类型与我国信用服务市场处在起步阶段的现状不适应。目前我国信用服务市场的立法严重滞后，尚需要较长的完善周期，建立多个部门共同负责的监督体系难度较大。① 鉴于此，学界一般认为建立“四位”一体的监督模式，有“政府监管、行业自律、自我约束及舆论监督”② 或“政府监管、行业监管、法律监管、个人监管”③ 或“行政监管、行业自律、机构内控、社会监督”④，本书认为法律监督应当贯穿监督始终，而“机构内控”相较“自我约束”未能包括个人约束、企业约束等，过于狭隘，支持“政府监管、行业自律、自我约束及社会监督”的“四位一体”模式。

1. 政府监管

“政府对信用市场的监管就是对正在形成和发展的中国信用服务业的一种正确引导和扶持。”⑤ 政府监管在信用服务市场监管体系中应当发挥其主导作用。做好信用市场的“规划、协调、引导、监督”工作，建立健全信用市场准入和退出机制；加强对信用服务中介机构的信用建设和有效监管，建立信用服务中介机构违约率认定和公布制度；严肃查处出具虚假资信报告、虚假评级报告等违法行为，防止企业和个人信用信息失误或被滥用，保护企业和个人的合法权益，以保障信用服务市场的合法性和有序性。⑥

2. 行业自律

行业自律是信用服务机构共同制定行业规则，以此规范、约束、管理自身

---

①④ 吴国平．关于征信立法中几个重大疑难问题的探析［J］．学海，2005（5）：147-155.

② 胡登峰．我国社会信用服务市场体系建设研究［J］．中国高校社会科学，2018（2）：111-118，159.

③ 李晓安．我国社会信用法律体系结构缺陷及演进路径［J］．法学，2012（3）：143-154.

⑤ 冯果．由封闭走向公开：关于商事信用的若干理论思考［J］．吉林大学社会科学学报，2003（1）：47-57.

⑥《凉山州人民政府关于建设社会信用体系的实施意见》（凉府发〔2007〕33号）。

行为，实现行业的共同利益。相较于其他的监管主体，行业协会考虑行业内部的共同利益和长远发展，具有更强的自我监管动力。且基于其专业性和对内部会员所拥有的信息优势，可及时监管行业内成员企业的悖德行为，减少损失发生。因此，在信用服务市场中应当强化行业自律约束，制定信用行业规范，规范和指导信用行业的行为。充分发挥信用服务行业协会作用，推动建立信用服务行业自律组织，引导征信机构“客观、独立、公正”地开展业务，主动接受社会监督，不断提高行业整体素质和公信力。① 发挥好行业协会沟通协调、咨询服务、行业自律和维护权益等方面的作用，增强市场主体信用意识，引导社会对信用管理服务机构及信用产品的认同，进一步提高信用管理服务行业的公信力和社会影响力，促进信用管理服务市场发展。

3. 自我约束

自我约束是以法律和道德为基础的自我规范、自我节制、自我管控，主要包括信用服务机构的自我约束和信用信息主体（包括法人、非法人组织以及自然人）的自我约束。一方面，加强服务机构自我约束机制建设，如“鼓励各类信用服务机构设立首席信用监督官，加强自身信用管理，强化信用服务机构内部控制，完善约束机制，提升信用服务质量”。② 另一方面，强化信用信息主体的自我约束，应当及时、准确地报告自身信息状况，杜绝提供虚假信息。通过各种宣传、教育方式开展行之有效的信用道德培养和教育，提高信用信息主体的信用素养。提高信用报告在工作、生活中的参考价值，引导和培养市场主体重视自身信用程度的社会评价，努力提高自身的信用等级。③ 建立科学合理的信用信息异议制度和救济制度，拓宽自觉参与监管和抵制失信行为的途径。

4. 社会监督

社会监督主要是指动员各种社会力量，特别是公众力量和媒体力量来加强

---

① 曾光辉．促进我国信用服务业发展的思路研究［J］．现代经济信息，2016（10）：360-363.

② 《社会信用体系建设规划纲要（2014—2020 年）》。

③ 陈新年，曹文炼．美国信用服务体系发展状况及对我国当前社会信用体系建设的启示［J］．经济研究参考，2005（8）：37-44.

对信用服务市场的监督。此类监督方式和途径具有灵活多样性。加强社会监督，首先，应当提高信用服务市场的透明度，保障公众的知情权；其次，应当发挥舆论监督作用，畅通民意诉求渠道，完善失信举报制度，鼓励市场主体通过批评、建议、检举、揭发、申诉、控告等基本方式参与社会监督；最后，应建立公益诉讼制度，成立有关社会组织对信用服务市场的群体性侵权行为提起诉讼。同时也应当妥当处理监管结果并予以回馈。鼓励公正、独立、有条件的社会机构开展失信行为大数据舆情监测。支持信用服务机构、高校及科研院所等第三方机构对各地区各部门开展政务诚信评价评级并及时公布结果，加强社会监督。①

（二）监管内容

信用服务市场监管的内容主要包括以下五个方面。

1. 监管信用服务机构准入和市场退出

通过机构审批权的行使，严把信用服务机构的市场准入与市场退出关。明确市场准入和退出的条件和程序，对于不具备成立条件的个人、企业应当拒绝颁发营业执照，对于不再具有信用服务业经营资格或者存在《公司法》《合伙企业法》等法律规定的公司、企业退出事由等情形的服务机构，应当及时吊销其相关资质，责令其停产停业。

2. 监管信用服务从业人员的资格认定

应当对信用服务机构高管人员的从业经验、执业能力以及职业道德等进行严格的资格审定，控制其不当行为所带来的风险。普通从业人员应当通过资格考试，并经过培训和实习后才能获取从业资格证。信用服务从业人员从业时应当遵守职业道德和职业纪律规范。

3. 监管信用服务市场的业务运作

严格监管信用服务产业链，包括对信用信息的征集、保存、评级、使用、救济等各个环节进行严格的把关，以减少和避免违规操作而导致相关数据失真、泄露等情形的发生，确保信用服务市场有序运行。同时，应及时处理不当

① 《国务院关于加强政务诚信建设的指导意见》（国发〔2016〕76号）。

信息，以有效保障信用信息主体的基本权利。

4. 监管信用服务产品的质量状况

应当确保信用服务产品客观、真实、无误，符合相应的国家标准和行业标准。政府部门和行业协会应当对流入市场的信用服务产品进行适当的抽检，对严重影响信息主体形象的重要信用服务产品进行连续性监控，以提高这些产品的质量水平。建立消费者使用反馈机制，将反馈意见作为信用服务机构服务水平的重要指标。

5. 监管信用服务市场的遵纪守法状况

信用服务市场主体存在妨碍国家安全、公共安全和公共利益，违法获取或者出售信用信息，未按照规定建立信息安全保障机制、未履行保障信息安全职责等违法违规行为，损害信息主体合法权益的，各类监管主体均有监管的义务或职责。

（三）监管责任

在信用服务市场监督过程中，给市场主体造成损失的，依法承担民事责任；存在行政处罚事由的，依法追究行政责任；构成犯罪的，依法追究刑事责任。若存在失信惩戒事由，应将其列入失信黑名单，并处以限制评优、取消资格等联合惩戒措施。

1. 民事责任

在信用服务市场交易过程中，市场主体存在违约情形的应当承担违约责任，侵犯市场主体隐私权、名誉权、荣誉权等民事权利的应当承当侵权责任。受损害方有权依据《合同法》《侵权责任法》等法律规范，依法请求相关主体承担停止侵害、排除妨碍、消除危险、返还财产、恢复原状、赔偿损失、赔礼道歉、消除影响、恢复名誉等民事责任。

2. 行政责任

对存在行政违法行为的市场主体应当给予相应的行政处罚。例如，公民、法人或者其他组织等市场主体存在违反行政管理秩序的行为时，应当依据《行政处罚法》给予警告、罚款、没收违法所得、没收非法财物、责令停产停业、暂扣或者吊销许可证、暂扣或者吊销执照、行政拘留以及法律、行政法规规定的其他行政处罚。行政机关违反《政府信息公开条例》的规定，存在依法履行政府信息公开职能，不及时更新公开的政府信息内容、政府信息公开指南和政府信息公开目录等行为时，应由上一级行政机关责令改正，情节严重的应对负有责任的领导人员和直接责任人员依法给予处分。对相关公务员存在弄虚作假，误导、欺骗领导和公众；贪污贿赂，利用职务之便为自己或者他人谋取私利；滥用职权，侵害公民、法人或者其他组织的合法权益等行为时，也应当依据《公务员法》，给予警告、记过、记大过、降级、撤职、开除等与之对应的处分。

3. 刑事责任

信用服务市场中相关主体的行为依照法律应当受刑罚处罚的，应当追究其刑事责任。信用服务市场刑事责任主要涉及《刑法》分则第三章“破坏社会主义市场经济秩序罪”中的违规披露、不披露重要信息罪，内幕交易、泄露内幕信息罪和利用未公开信息交易罪；第四章“侵犯公民人身权利、民主权利罪”中的侮辱罪、诽谤罪、侵犯公民个人信息罪；第六章“妨害社会管理秩序罪”中的非法获取国家秘密罪，非法侵入计算机信息系统罪，泄露不应公开的案件信息罪，故意泄露国家秘密罪，过失泄露国家秘密罪，披露、报道不应公开的案件信息罪，以及信用服务市场中相关公职人员可能承担的第八章“贪污贿赂罪”和第九章“渎职罪”中的相关罪名，等等。

4. 信用责任

信用责任（狭义）是指“法律主体因违反法定或者约定义务而承担的人格信用减损的不利法律后果”。① 国务院办公厅 2019 年 7 月印发的《关于加快推进社会信用体系建设 构建以信用为基础的新型监管机制的指导意见》提出创新事前环节信用监管、加强事中环节信用监管、完善事后环节信用监管。对被列入失信联合惩戒对象名单的市场主体，依法依规对其法定代表人或主要负责人、实际控制人进行失信惩戒，并将相关失信行为记入其个人信

① 刘俊海．信用责任：正在生长中的第四大法律责任［J］．法学论坛，2019（6）：5-17.

用记录。机关事业单位、国有企业出现违法失信行为的，要通报上级主管单位和审计部门。工作人员出现违法失信行为的，要通报所在单位及相关纪检监察、组织人事部门。信用责任的承担方式包括对失信主体开展特定商事活动的行为能力的限制、市场准入资格的剥夺、信誉的减损，以及拒绝行政许可或行政给付等。

第八章　信用主体权益救济

"无救济，则无权利"的法谚表达了权利无法得到救济则难以被称为真正的权利，换句话说，救济是权利得以实现的必要条件。信用主体的权益救济是指对名誉权、隐私权、身体权①、财产权等已经权利化的信用基础权利，以及《民法典》《征信业管理条例》等法律法规中个人信用权益、司法层面符合侵权责任构成要件但尚未权利化的信用主体信用利益的救济。从立法层面、司法程序和执法角度等方面完善现有信用主体权益救济的措施，有利于实现信用主体对其信用权益的真正享有。

第一节　信用主体权益及其救济概述

信用主体作为征信活动中的直接主体，是信用关系中的当事人，是参与征信行为、享有信用权益并且承担侵害信用权益责任的对象。具体到个人信用法律关系中，信用主体主要包括信用信息的主体、征信机构（包括公共征信机构和民事主体信用组织）、信用信息的提供者与使用者。科学合理地设定信用主体的权利义务是平衡各方主体利益的关键。

一、信用主体权益的内涵外延

目前我国关于社会信用体系建设的相关规定主要是由中央政策文件、国务院部门规章、地方性法规等组成，上述信用法规中，有些专门规定信用主体权益保护的内容，有些散落在部分条款中。目前尚没有专门的解释性条文来阐述

① 《民法典》第一千零三条身体权中包含身体完整和行动自由两大法益，此处身体权着重强调信用主体行动自由的法益保护。

信用主体权益的概念和范围，关于信用主体权益保护具体的模式和途径，在各层级各地区的条文中尚未达成基本共识。鉴于单行的社会信用法还处于研究论证阶段，因此，探讨信用主体权益的基本概念时，借鉴了学理界对于信用主体权益的观点，并参考《民法典》中民事主体权益保护的规定，再结合相关信用法规中保护信用主体权益的条款来揭示信用主体权益的内涵和外延。

（一）信用主体权益的内涵界定

根据《民法典》第四编人格权中第一千零二十九条的规定，信用主体可以依法查询自己的信用评价，发现信用评价不当的，有权提出异议并请求采取更正、删除等必要措施。信用评价人应当及时核查，经过核查属实的，应当及时采取必要措施。第一千零三十条规定，民事主体与征信机构等信用信息收集者、控制者之间的关系，适用本编有关个人保护的规定和其他法律、行政法规的有关规定。可以看出，《民法典》对于信用主体的保护整体置于人格权编中，首先是置于基本民事权利的框架下予以考虑，认可信用主体这一基本概念并承认其具有基本民事权利的法律地位。其次，具体的权利表述又是放在“名誉权和荣誉权”一章内，侧重于从第三方视角对信用主体进行信用行为评价，追求维护信用社会整体秩序稳定的目标。再次，条文细节中也对前述信用权益的核心内容（资信利益的维护权）等作出了更为细致的规定，强调了征信机构在信用活动应当承担的相应义务。最后，针对信用主体征信评价最为关键的征信信息保护予以规定，通过指引性法律保护的方法适用其他法律和行政法规进行保护。

《民法典》一方面承认了信用主体的主体概念，认可信用主体较之于普通民事主体的特殊之处，另一方面采用以人格权为主，辅之以其他法律法规的信用主体权利保护方式。基于此，本章将信用主体权益概念分为信用主体基础权利和信用主体信用利益两个范畴。这其中最为根本的基础权利是辨明信用主体作为民事主体的时代衍生物，拥有与一般民事主体同样的民事权利，诸如生命权、身体权、名誉权、隐私权等已经权利化的人格权。信用主体是基本民事权利享有者也是信用主体权益救济方式的理论前提。信用主体特殊主体身份所带来信用利益的保护方式是辅之以其他法律法规的实施适用。这是《民法典》

第一千零二十九条、第一千零三十条中所体现的信用主体的信用利益保护途径，表明立法层面承认信用主体除了已经权利化的基本权利外，还保有信用利益的归属。如同《民事案件案由规定》“人格权纠纷”中单列的十种具体权利纠纷类型外，还有第十一种“一般人格权纠纷”作为兜底条款。《民法典》条文中信用信息的保护适用其他法律、行政法规的规定也是起到兜底的作用。现代征信活动的基石就是信用信息，离开信用信息就不可能收集、分析信用主体的信用活动，更没有信用评价的结果，可以说一系列信用行为的底层支撑就是信用信息。所以《民法典》中的信用信息保护适用其他法律、行政法规内容，实质上就是信用主体信用权益保护也适用其他法律、行政法规，表明立法采取了支持信用主体维护自身其他信用权益的做法，总结得出信用主体权益保护采用基本民事权利和特殊信用权益相结合的保护方式。

（二）信用主体权益的外延辨析

探讨信用情景下主体所享有的权利内容时，不可忽视信用权同信用主体权益间的密切联系。信用权代表了学理界对于信用行为中主体权利保护方式的重要观点。“信用权是民事主体对其所具有的偿债能力在社会上获得的相应信赖与评价而享有的利用、保有和维护的权利。该项权利的客体即信用利益属于一种无形财产”。① 信用权是依据权利所支配的客体即资信利益所决定的。具体权能有：其一，资信利益的利用权，其二，资信利益的保有权，其三，资信利益的维护权。资信利益的利用权运用其资信评价获取收益；资信利益的保有权则对所属的资信评价结果有所不满，具有进一步申诉行为的内容；资信利益的维护权则是信用主体对于其资信评价采取保障其公正性的权利。排除他人对资信评价予以非法侵害，作为一种禁止权，资信利益的维护权也可视为信用权中最核心的内容。

还有针对信用主体的权利结构进行解析的学理观点。信用权主体适用《民法典》中民事主体的概念，涵盖自然人、法人、非法人组织，信用权客体即是从信用评价的第三方视角而言的信用，是他人对权利主体的经济能力或者

① 吴汉东．论信用权［J］．法学，2001（1）：41-48.

履约能力的社会评价。信用权被认为是人格权的一种，属于绝对权范畴，从负面排除角度是指权利人之外的任何主体均要承担有不侵害信用主体正常信用的责任。从现在最为普遍的民事信用主体——电子商务第三方平台所应负有的主体责任看，平台作出的信用评价结果，如果对确定权利人的信用状况、达成交易特别是平台拒绝交易的决定产生重要影响，则应该赋予信用权主体查询、知情权的权利，与此同时平台需要承担对信用主体信用结果得来的说明义务。①

二、信用主体权益的主要类型

信用主体权益的类型同信用的范畴具有紧密关系，只有处于信用活动中的主体才能被称为信用主体，信用活动从聚焦于资信利益的主体债务偿付能力，逐渐扩大到当今社会信用体系建设中的方方面面。信用也从相对单一的金融借贷关系扩展到政务诚信、商务诚信、社会诚信和司法公信等方面，随之带来的信用主体权益也随之延伸到四大信用活动中。

（一）信用主体的基础权利

信用主体在参与信用活动时拥有法规文本所规定的基本权利，以及其他没有上升为具体权利的信用相关合法权益。信用主体的基础权利主要围绕信用行为的特质展开。根据《民法典》“总则”第五章“民事权利”的内容，从信用主体的名誉权、隐私权、财产权和身体权方面来阐述信用主体的基础权利。

1. 信用主体名誉权

信用主体的名誉权是民事主体置于信用活动情景下所拥有的名誉，当然和名誉权本体的含义密不可分。《民法典》中对于信用主体的权利保护条款也是收入名誉权和荣誉权一章中，由此可见两者之间的紧密联系。《民法典》第一千零二十四条中“民事主体享有名誉权。任何组织或者个人不得以侮辱、诽谤等方式侵害他人的名誉权”，第二款中更是直接指出“名誉是对民事主体的品德、声望、才能、信用等的信用评价”，由此可见信用是名誉权的直接客体内容，信用主体的一系列征信评价活动皆是名誉权的法益范围。

① 刘铭卿．论电子商务信用法律机制之完善［J］．东方法学，2019（2）：151-160.

名誉权的核心法益是救济为公众知悉的对他人名誉的损害结果，信用活动的关键是客观评价信用主体守信与否的尺度，客观评价的结果是信用主体的信用认可度。两者的共通之处在于都是行为人为公众所知悉的社会评价结果，名誉权保护的是公民的客观公众形象，信用活动需要的是客观呈现信用主体的信用形象。一旦有其他主体发布了错误、不完整、不恰当的信用信息，对信用主体的信用形象造成公然损害时，便是对信用主体名誉的一种侵害，自然可以援引名誉权法律规定来对受侵害的信用形象进行保护和救济。

2. 信用主体隐私权

随着社会时代的发展变迁，隐私权的内涵也发生了深刻变革。当今大数据时代下的信用社会建设，隐私权的核心要素是信用活动中收集、存储、加工、利用等环节的个人信用数据保护。海量个人数据被大规模收集和传播，其他主体从个人征信数据中分析得出精准识别自然人特征的个人信用信息，从而对隐私权造成了前所未有的威胁。《民法典》第四编第六章“隐私权和个人信息保护”的章节体例安排也体现了信息时代个人信息同隐私权唇齿相依的关系。《民法典》第一千零三十二条第二款界定了“隐私是自然人的私人生活安宁和不愿为他人知晓的私密空间、私密活动、私密信息”。第一千零三十三条第五项规定除法律另有规定或者权利人明确同意外，任何组织或者个人不得实施处理他人的私密信息，第一千零三十四条到第一千零三十九条的内容均是规范和明确个人信息保护的细节条款。信用活动开展的前提便是掌握确切的信用主体个人信息，同第一千零三十四条的个人信息是以电子或者其他方式记录的能够单独或者与其他信息结合识别特定自然人的各种信息的定义恰好吻合。因而《民法典》中个人信息保护的条款也均适用于信用主体信用信息的保护，当中所载明的救济方式也同样能够为信用主体救济自身个人信息和隐私权所用。

在全球关于信用隐私保护的过程中，许多国家在制定信息公开的法规文本时均要求各个征信数据来源机构应当公开其所掌握的征信数据，同时又通过个人信息保护法或者隐私权法的方式，使征信数据的公开程序日趋规范，① 我国

① 孙玉荣．个人信用征信过程中的隐私权的保护［J］．法学杂志，2006（3）：59-62.

目前也有制定个人信息保护法、数据安全法等立法规划，[①] 信用主体的隐私权保护和救济是征信活动规范开展的重要基石。

3. 信用主体身体权

《民法典》第一百零九条规定自然人的人身自由、人格尊严受法律保护。同时第一千零三条中也规定了自然人享有身体权，身体完整和行动自由受法律保护。任何组织或者个人不得侵害他人的身体权。上述条款放置在信用活动中也同样适用。第一千零三条身体权所着重保护的法益是自然人行动自由的法益，行动自由则是维护自然人可以自主选择所处空间，不受他主体人为约束活动范围的限制，是身体权保护的重要内容。

征信行为中既有守信重诺的信用主体，也有背离信任、违反契约的信用主体，尤其是身处陌生人社会，在相关信用法律法规制度尚未建立承受之际，失信主体的数量大幅攀升。因为离开了熟人社会中亲缘地缘所编织的关系网的束缚，信用主体的失信既不背负熟人社会的人格信任丧失的代价，又没有系统的规章制度进行强制性惩罚。此种环境下催生了社会救济解决失信行为的专门行业，在处理失信主体的失信行为时，会通过限制行为人的人身自由等方式来迫使其达到履行原有信用行为的目的。此种方式已经构成了对自然人身体权的侵害，信用主体也有权针对限制人身自由等损害身体权法益的行为采取合法的救济手段。

4. 信用主体财产权

信用主体在征信活动中不仅拥有基于人身自由和人格尊严所产生的人格权利，还应该具有财产权利。尤其是在市场经济环境下，信用体系的建设和信用秩序的维护都离不开民事主体财产权利的规范化保护和救济。《民法典》第一百一十三条规定民事主体的财产权利受法律平等保护，从法律上保障了民事主体财产权利的无差别化对待。对财产权利的保护要落实到信用活动中，需要信用各方主体的配合，尤其是要注意信用主体财产权利的表现形式。信用的本质

① 中国2020年将制定个人信息保护法、数据安全法［EB/OL］.（2019-12-20）［2020-08-19］. https：//www.chinanews. com/gn/2019/12-20/9039098. shtml.

既是客观行为也是主观评价，因此信用主体财产权利的保护与救济既要考虑客观实体财物也要囊括信用主体信用评价的无形资产。

信用主体作为理性经济人参与到征信活动中的目的之一便是获取收益、避免财产利益受损，也是在此基础之上愿意履行诚实守信义务、出让自身信用信息等部分权利。所以信用主体财产权利是民事主体对其所具有的偿债能力在社会上获得的相应信赖与评价而享有的利用、保有和维护的权利,① 侵害了信用主体原本的信用利益也属于侵害信用主体财产权利中的无形资产，这种情况下信用主体有权予以侵权索赔。

（二）信用主体的信用权益

《民法典》第一条开宗明义，“制定本法”是“为了保护民事主体的合法权益，调整民事关系，维护社会和经济秩序”。民事主体当中信用主体的合法权益自然也受法律法规保护，在信用主体遭遇合法权益受侵害的事由时，也就有寻求法律救济的法律依据。信用主体的合法权益如果只包含已经被权利化的具体权利类型，则在信用主体遭遇到侵权行为时难以获取实际的救济。只有在理论研讨上扩大解释信用主体权益所保护的范围，才能为后续信用主体权益的实际救济提供支撑。

目前信用主体权益保护的相关规定主要分布在《征信业管理条例》和《民法典》当中。国务院发布的《征信业管理条例》中对于征信主体的权益有相对细致的规定，集中在第三章“征信业务规则”和第四章“异议和投诉”中，包括信息主体对征信机构采集、存储、使用、公布自身征信信息的知情权，信息主体查询征信情况的知情权，信用信息的隐私保护，征信机构保障其提供信息的准确性，信用主体提出异议、获取答复、进行更正的权益，信用主体认为权益受损时可以提出投诉和起诉的救济权益。个人不良信用信息自不良行为或事件终止之日起超过 5 年的，应当予以删除的信用重建权益，以及征信机构应当记录信用主体对于不良信息作出说明的解释权益。归纳上述《征信业管理条例》内容，信用主体的信用权益体现在：（1）信用信息的通知——

① 吴汉东．论信用权［J］．法学，2001（1）：41-48.

同意规则；（2）信用信息记录知情——查询程序；（3）信用记录提出异议——更正行为的权益；（4）不良信息予以情况说明的记录权益和不良行为终止5年后的信用重建权益。国务院的政策导向具有很强的指导价值，但从效力层级和条文内容而言，偏重于具体的信用规范实施过程，是从行为指引出发要求征信机构行为以此保障信用主体的权益，当中的缺陷在于没有从信用主体信用权利的法理基础、正当性来源、完整的权利规范等理论深度来系统阐明信用主体信用权益的基础概念以及价值意义，因而《征信业管理条例》中对于信用主体保护停留在权益层面，侧重于对征信机构信用行为的规范。

1. 信用主体同意权益

身处大数据时代，社会信用体系构建的基石便是信用主体海量的征信数据，从庞杂的征信数据中识别定位到具体的自然人主体上，再对不同时段不同来源的个人信息汇总分析整合得出个体的信用认可度。由此可见信用主体同意权的客体对象便是最为底层的个人数据和个人信息。《民法典》第一千零三十五条和《征信业管理条例》第十三条中均要求处理、收集自然人信息需要征得该自然人或者其监护人的同意，便是对信用主体同意权最基础的表述。

《征信业管理条例》从四个维度来阐述信用主体同意权益的保护内容，首先是第十三条从原则上规定个人信息的采集要经过本人同意，法律特殊规定的除外，这也是个人信息采集的整体思路。其次是第十四条列举了不得采集的个人信息负面清单范围，从完全性禁止规定——禁止征信机构采集个人的宗教信仰、基因、指纹、血型和病史信息以及法律、行政法规规定禁止采集的信息，到附加条件型规定——对于个人的收入、存款、有价证券、商业保险、不动产信息、纳税数额信息的采集，征信机构必须向信用主体作出告知其可能造成的不利后果的明示提醒并在取得书面同意后方可进行采集，有力地避免了信用主体因为对个人信息重要性的不了解而被征信机构采集信息，进而产生严重于己不利的后果。再次是第十八条和第二十条明确征信机构向其他主体提供个人信用信息的内容，其信用主体同意权益体现在征信机构应当在征得本人书面同意后，才可以供他人查询、提供个人信息给他人。最后是第十九条针对征信机构格式条款的规定，为了提高信用主体的议价能力，征信机构需要对格式条款在合同中作出足以引起信息主体注意的提示，并按照信息主体的要求作出明确说明，在此明示告知信用主体同意采集其个人信息所可能带来的不利后果，征得其真实意愿同意后才能签署格式条款。

2. 信用主体知情权益

信用主体的知情权益体现在两方面，一是《征信业管理条例》中第十七条信息主体可以向征信机构查询自身信息。个人信息主体有权每年两次免费获取本人的信用报告，这是为信用主体知晓自身征信情况提供合法依据。每年两次免费查询的规定，也是降低信用主体查询自身信用的门槛，防止信用主体因为经济原因无法有效知晓信用的真实状况。信用主体行使后续信用异议权益、修复权益、信用重建权益都建立在已经了解和掌握自己的信用信息情形的前提下，因此第十七条中约定免费查询次数无疑是有利于信用主体其他信用权益的实际享有，也是从正面规定信用主体知情权益的内容。二是从反面要求其他主体不得在没有信用主体本人书面同意情况下擅自查询个人信用信息，此种情况下征信机构也不得提供信用信息给其他主体。《征信业管理条例》第十八条就具体规定了其他主体查询信用信息的操作程序，明确了信用主体的知情权不仅仅体现在本人可以免费查询信用信息，同时还表现为其他主体查询其信用信息需要自身知情且书面同意，从正反两层面保障信用主体信用知情权益的实现。

3. 信用主体异议—修复权益

信用主体异议—修复权益在《征信业管理条例》中占据重要篇幅，整个第四章都是关于异议和投诉的条款。信用主体在发现自己的个人信用信息存在不正确记录时（信息错误、信息更新不及时、信息遗漏等情形），拥有向征信机构或者行政监管部门提出及时有效更新改正其个人信用信息的权益。对于征信机构因为没有及时反馈信用主体异议内容并且造成损害结果时，信用主体要寻求司法程序来要求赔偿。信用主体的异议—修复权益是信用主体对其信用信息的更改和完善。根据《征信业管理条例》中对于异议权的规定，异议权的提出者是信息主体，具体到个人信用信息异议权中，其主体是信用信息出现错误、遗漏等不准确不真实情况的个人。①

从征信活动轨迹来看，信用主体异议权益有以下内容：一是针对征信机构错误遗漏自己信息的异议权；二是针对征信机构中记录的信用信息采集不完整，采集信息与真实情况不符；三是征信机构没有及时更新个人最新信用信息记录，或者是依照《征信业管理条例》规定已经到期的负面记录没有及时删除等情况；四是信用主体有权对征信机构行使异议权，要求征信机构及时处理自己的异议请求，甚至在必要时可以向征信机构的行政监管部门提出异议；五是拥有异议处理过程和结果的监督权，信用主体在提出异议请求之后，异议权人有权监督异议处理过程，且要求征信机构及时反馈异议处理后相关结果，同信用主体就异议涉及的个人信用信息进行核对，以此保障自己异议请求得到修正处理；六是信用主体在处理异议过程中征信利益产生损害的，诸如异议处理机构没有及时对信用主体的异议请求作出处理并且导致信用主体利益受到损害、甚至还给信用主体经济活动造成限制的，异议权人有权向司法机关寻求司法救济并且要求赔偿。

4. 信用主体信用重建权益

《征信业管理条例》第十六条规定了征信机构对个人不良信息的保存期限，自不良行为或者事件终止之日起为5年；超过5年的，应当予以删除。这表明信用主体拥有对自己不良信用予以消除进而在社会评价中恢复诚实守信主体良好形象的权益。对于其中5年的不良记录保存期，可以看作是审视和考验信用主体是否能够从失信行为中反思和悔改，对其不良信用行为进行深刻检讨的检验期。当信用主体没有再次发生失信行为，经过5年观察期后，征信机构就应该封存之前的不良信用记录，不再让公众查询到信用主体以往的不良记录。

如果信用主体的不良信用行为终止时间满5年，并且其间没有再次出现不良信用行为，征信机构就有删除不良记录的义务。如果信用主体因为以往的不良记录仍然存在致使其权利发生损害，则有权对征信机构的不作为行为

① 王秋艳．个人信用信息异议权保护研究［D］．成都：四川省社会科学院，2019.

进行投诉或者诉讼。运用不同的救济途径来维护自身合法信用权益。第十六条第二款规定在不良信息保存期限内，信息主体可以对不良信息作出说明，征信机构应当予以记载的内容则是赋予了信用主体对于不良记录的解释说明权，征信机构在信用主体行使此权利时，应该履行相对应的配合义务。一是如实记录信用主体的说明，二是对此说明应该同信用主体不良信用记录保存在一起。

三、信用主体权益的救济方式

信用主体权益的保护以《民法典》的人格权具体权利类型加上适用其他法律法规的兜底方式为主，信用主体保护方式的特殊性带来了信用主体权益救济方式的特殊之处。此处所说的救济是以行政救济为优先、司法救济为终局的组合救济方式。从信用主体权益救济最大化角度出发提倡行政救济手段优先，当前信用社会建设的规范性文件主要由行政机关来制定和施行，包括纲领性的国务院印发的《社会信用体系建设规划纲要（2014—2020年）》和国务院办公厅印发的《关于加快推进社会信用体系建设 构建以信用为基础的新型监管机制的指导意见》、行业指导性的《征信业管理条例》《个人信用信息基础数据库暂行管理办法》《金融信用信息基础数据库个人征信异议处理业务规程》，以及地方性社会信用立法，如《河南省社会信用条例》《河北省社会信用条例》《山东省社会信用条例》《广东省社会信用条例》等规范性文件最终落地实施都是依托于各地相关职能部门。行政机关作为制定和实施规范性文件的机构，必然是同信用主体联系最为紧密的单位，一方面是对信用主体权益侵害情况最为了解的组织，另一方面也是信用服务企业的直接监管机构。因此，由行政机关最先处理信用主体在信用行为中遭遇的权益侵害事件，既能利用行政职能相对高效地解决信用纠纷，又能缩减信用主体司法维权所耗费的时间和人力成本，不失为省时省力的优先途径。

司法作为解决和处理社会矛盾纠纷的最后一道防线，具有不可替代的权利保障和救济功能，但同时也因为司法资源的有限性和司法程序所追求的公平正义目标，以及司法救济的周期长、专业门槛高、持续性投入大的特点，导致信用主体通过司法途径来寻求救济的成本相对高昂。现行司法程序审理中主要是以请求权基础为主的“旧实体法”占据主导地位，对应到信用主体权利救济时，一旦信用主体的基本民事权利受到侵害，可以通过直接认定具体民事责任来进行救济，即对侵害民事权利的行为，法官直接审理该种侵权行为的法律构成要件，进而承担相应民事责任。信用主体所主张被侵害权利被法官比照具体权利类型的构成要件进行分析，以具体权利类型的救济方式来保护信用主体的信用利益不受非法侵害。信用主体的其他权益保护则因为在法律上并没有直接对应的权利类型，致使法官在处理此类案件时，需确认信用主体主张受侵害权益的行为侵害了其他一般人格权利益，才有承担民事责任的前提。通过比照侵害信用权益行为的邻近权利类型，对权利主体的信用利益进行间接法律保护，以此制裁侵害信用权的行为，间接地保护权利主体的信用利益不受非法侵害。① 但通常会因为信用主体所主张的信用权益很难与具体权利类型相匹配，不能实现“诉讼标的乃原告在诉讼上所为一定具体的实体法上权利主张。原告起诉时，必须在诉状上具体表明其所主张之实体法之权利或法律关系的目的，”② 也因此带来了信用主体其他信用权益难以获得司法裁量时的认可，增加了信用主体权益救济实现的难度。

第二节　信用主体权益救济的特征

对信用主体权益救济途径的顶层设计需在既有的法律法规框架内构思，主要涉及宪法、行政法、民法以及侵权责任法中的内容。③ 这意味着信用主体权益救济涉及多个法律部门内容并以“信用主体”为中心形成体系，除了与其他主体权益救济一样具有一般性特征以外，还有不同于其他主体权益救济的特征。从救济的主体、对象和结果角度可以归纳出，信用主体权益救济具

① 徐桂芹．关于信用权的法律保护［J］．政法论丛，2002（6）：56-57.

② 段厚省．请求权竞合要论：兼及对民法方法论的探讨［M］．北京：中国法制出版社，2013：178.

③ 王文婷．地方信用立法的理论与实践反哺浅析［J］．中国信用，2020（3）：106-113.

有救济主体的无限制性、救济对象的类型化和救济结果的正外部性三个显著特征。

一、救济主体的无限制性

在熟人社会交往模式中存在信用，但并不具有构建信用权益的必要性和可能性，信用权益是现代社会发展到特定时期的产物，社会成员与生俱来就处于三种信用状态——负信用、零信用和正信用，信用主体出生后是一张“白纸”，即处于零信用状态，随着其参与社会交往的程度和频度，在他人评价或社会评价中逐渐形成自己的信用。然而，信用形成后并不是处于递增之中，而是处于递增、递减或递增和递减的乱序变化之中，可能会回到零信用状态，甚至是负信用状态。信用主体权益救济无主体限制，关乎信用法治建设的价值取向，即对信用主体实现无差别保护。无论信用状态如何，信用主体的权益救济总是无差别保护，即便是处于负信用状态也享有寻求救济的权利，尤其是信用修复权的救济对负信用主体或零信用主体至关重要，这是信用主体权益救济的“主体无限制”特征表现之一。

植根于信用权益无主体限制性，信用权益救济也具有无主体限制性，即便是无民事行为能力人或者限制民事行为能力人，也可以通过其监护人代为救济。信用是群体社会交往中形成的人与人之间的相互关系，任何社会成员都可以成为信用主体，即享有信用权利，无论信用主体是无民事行为能力人、限制民事行为能力人，还是完全民事行为能力人，只要其信用主体权益受到侵害，都具有寻求救济的资格，这就是信用主体权益救济的“主体无限制”特征表现之二。

现代社会信用法治建设过程中，任何自然人都可成为信用主体，享有信用权益以外的多种权益。无论其信用状态或民事行为能力如何，都可以通过合理途径实现其权益救济，而不宜人为地设定信用主体权益救济的主体资格。权益救济之所以有必要，是因为它是主体维护自我利益的实践理性，只有当权益能够得到救济，法定权益的存在才具有意义。权益救济是主动行为，而不同于道德谴责、人伦规范等社会救济范畴可以被动发生。此外，由于信用主体权益救济还具有“救济结果的利他性”，更应该鼓励信用主体积极救济相关权益，这有助于推动信用社会法治建设。

二、救济对象的类型化

在社会关系中，主体角色不具有唯一性，在不同的关系中会充当不同角色。在法律关系中，法律主体也不具有唯一性，例如信用主体参与民事活动则是民事主体，而在行政管理法律关系中则表现为行政相对人。因此，在谈论信用主体权益时，信用主体权益和主体信用权益并不相同，前者的范畴更大，信用主体权益的类型之一就是主体所享有的信用权益。主体的角色多元性决定了信用主体享有不同的权利，会比讨论单一权利更为复杂，当针对信用主体的不同权利类型时，其背后的利益关系并不相同，因此受到侵害的程度可能也不相同。如果不将拟救济的权益正确地类型化处理，至少会产生两种不利后果：其一，在寻求救济时，权利主体可能模糊感知到自己权益被侵害，却不知道根据法律关系类型化处理，所提出的主张可能会有遗漏；其二，很难获得有效的司法救济，即便进入司法救济程序，也难以获得法律支持，因为我国诉讼实务采取的是诉讼标的旧说理论。

在权益救济语境下，救济对象是指需要救济的权益，由于主体角色的不唯一性，信用主体享有多重权利，导致了救济对象的混同性，这就要求信用主体权益救济时必须针对权利类型展开。即便某一行为侵害了信用主体的多种权益，也不能不加区分地混同解决，因为其对应的救济途径可能并不一致。例如，当信用信息评估错误导致主体的名誉受损，这就至少涉及侵害该主体的信用修复权和信用人格权两大类，在寻求救济时，针对信用信息评估错误可以向信用评价主体或管理机关行使信用修复权，要求更正其信用评价；针对名誉受损可以要求信用评价主体公开道歉、赔偿精神损失，也可以向行政管理机关或司法机关寻求支持，强制信用评价主体公开道歉并赔偿精神损失。可见，针对不同类型的信用主体权益，救济通道和救济结果都应该区别对待。正是由于信用主体权益体系丰富，因此在救济时就必然要类型化处理。

三、救济结果的正外部性

利己性是人类的本能，在大多数社会活动中，往往会因为个体的理性行为而导致集体的非理性结果。人们积极地寻求权益救济，主要是从利己目的出发，但是这一利己行为并不会带来负外部性，反而在实现信用权益救济时还具有正外部性。

任何权益得到救济，都有利于形成良好的社会秩序和法治环境，这是权益救济的正外部性。但是，就传统的权益而言，其救济的实现效果，绝大多数情况都是利己的，短期内的正外部性并不明显。权益主体主观上为了保护自己的合法权益，通过采取相应的程序或途径，客观上实现了对其自身权益的保护。利己性是所有权益救济都具备的特点，否则救济行为就不会发生。

但是，就信用权益救济而言，从长远来看对社会具有正外部性，从短期来看对信用主体具有利己性且对其他主体也具有正外部性。信用人格权益、信用财产权益和信用信息权益的救济都具备利己性，而信用信息权益还兼具正外部性效应。例如，某公民与金融机构因信用评价报告泄露而产生纠纷，遂向法院提起诉讼，要求金融机构排除妨害，获得法院支持。在该情形中，某公民的主张获得法院支持，其信用权益救济的结果不仅利己，而且利他，因为金融机构排除妨害的方式就是修复信用报告数据库，那么该数据库中存储的其他信用主体信用评价报告也得到同等的保护。尽管该公民主观上只是为了自己的信用评价报告不被泄露，不管其是否考虑到救济信用权益有利于他人，但客观结果确实有利于他人。与其他权益救济的利己效果相比，信用权益救济在短时间内能够产生正外部性效应，即救济结果的正外部性是信用主体权益的特征之一。

第三节　信用主体权益救济的原则

目前，我国正处于信用法治社会建设初期，关于信用主体权益救济的理论研究和实践探索，都是“摸着石头过河”。在信用主体权益救济方面，既没有总结出“实践原则”，更没有在法律层面确定的“法定原则”。根据理论推导，可以提出信用主体权益救济应该遵循的“理论原则”，即至少应该遵循及时救济原则、行政救济优先原则和司法救济终局原则。它们属于信用主体权益救济的特有原则，当然一般意义上的权益救济原则同样适用于信用主体权益救济。在理论层面确立信用主体权益救济的原则，有助于指导信用主体权益救济实践，但需要通过未来的权益救济实践来检验、修正这些原则，甚至有必要时还需要根据总结的“实践原则”补充相关原则，最终在信用立法中确立信用主体权益救济的“法定原则”。

一、及时救济原则

信用主体权益及时救济原则是指当信用主体向行政机关或司法部门等寻求救济时，相关主体应该及时处理，以确保其信用权益在最短的时间内得到救济。行政机关在行政效率原则指导下，遵循信用权益及时救济原则并无制度等方面的障碍。那么，法院审理纠纷有其内在的时限规律，如何遵循信用权益及时救济原则呢？法院在受理信用权益纠纷时应该尽可能地先调解，调解不成时应尽可能地采用简易程序处理。另外，还可以建立信用纠纷禁止令规则，如当信用权益纠纷案件短时间无法得到处理，应该根据情况选择在诉前发布临时禁止令，或者在审理中和裁判前发布暂时禁止令，以及判决时颁发的最终或永久禁止令来中止或终结信用权益侵害行为。此外，总体而言，行政救济的效率比司法救济更快，这是行政机关天然具有的优势。

之所以要确定信用权益及时救济原则，是考虑到两个层面的因素：其一，源自“迟到的正义不是正义”的内在要求，正义在时间维度上表现为在合理的期限内得到权益救济，以确保特定权益处于持续稳定的状态，如信用主体的征信信息有误得不到及时更正，那么信用主体在征信机构的信用评价就可能持续降低；其二，源自信用权益客体的外在要求，信用信息作为信用权益客体之一，信用信息一旦泄露，就存在被其他主体备份的可能性，泄露的时间越长就越难以在短时间内消除影响，如果得不到及时处理，往往会引发负面效应的连锁反应。

及时救济原则要求无论何种救济途径，均应有明确的时间规定，有助于约束纠纷当事人和纠纷解决主体的行为随意性，克服权益救济周期拖延的困境，确保整个权益救济过程连贯。尽管要求尽可能缩短时间，但是并不能因此而跳过必经程序，否则容易引发程序不正义，毕竟寻求权益救济目的就在于实现正义。因此，把握“及时救济原则”既不能盲目追求“短时办结”，也不能任意“拖延不决”。

二、行政救济优先原则

行政救济优先原则是指当信用主体权益通过行政救济程序或司法救济程序都可以实现救济时，必须先经历行政救济程序再寻求司法救济。在救济体系中，行政救济和司法救济的先后顺序有三种模式：第一种模式，行政救济作为司法救济的前置程序，必须先经历行政救济之后才可寻求司法救济；第二种模式，二者作为并列选项，可以先行政救济后司法救济，也可以直接选择司法救济或行政救济；第三种模式，二者作为互斥选项，选择了行政救济就不能选择司法救济，反之亦然。根据“及时救济原则”，信用主体权益救济应该选择第一种模式，即信用主体权益救济必须先经过行政救济程序，才能进入司法救济程序。

之所以要确定行政救济优先原则，是考虑到两个层面的因素：其一，信用机构是由相关行政机关专门管理的，行政部门本来就负责信用信息监管和治理工作，行政救济既可以发挥行政调解的优势灵活处理相关纠纷，也可以通过行政执法快速处理相关事宜，比司法救济程序更为便捷和经济；其二，法院当前面临着“案多人少”困境，将信用主体权益纠纷在行政程序中解决，能够有效降低法院的立案数量，减轻法院整体的负担。因此，当信用权益需要救济时，应当首先向行政机关寻求救济，不满意行政机关处理结果的，再向司法机关寻求救济。

行政救济优先是相对于司法救济而言，如果信用主体采取协商等自力救济，或者通过调解方式寻求救济，行政救济并不必然优先。因为行政救济和司法救济同属于公力救济范畴，二者在适用时存在先后之分，是从实现救济的效率、司法资源配置和社会成本节约的角度考虑。如波斯纳所言，“对于侵权问题，法律经济学并不重视赔偿目标，而是假设侵权法的目的是为了促进防止侵权行为资源的高效率配置……社会成本不仅包括直接侵权损失，而且包括社会中无法弥补的法律、行政及其他成本”。① 所以，在公力救济中特别要注重资源配置，尽管所追求的正义可能是无价的，但是实现正义的过程所耗费的成本却是可以衡量的。当然，在行政救济和司法救济之间实现资源更佳配置最直接的方式就是确定适用的先后顺序，这是理解信用主体权益的行政救济优先原则的要义。

三、司法救济终局原则

司法救济终局原则是指信用主体无论采取何种救济方式，一旦完成司法救济程序，其诉求无论是否获得司法机关支持，都意味着该权益救济已经完成。在人类社会发展进程中，出现了多种权益救济制度，唯独司法救济是各国公认的最公正的、普世的救济方式。任何信用主体权益受到侵害时，都可以向法律寻求救济，既是衡量我国信用发展建设的重要尺度，也决定了信用主体权益能否得到充分的、有效的救济保障。在当前多元化纠纷解决格局中，权益的救济可以通过多种渠道得以实现，并不是所有的权益救济都通过司法途径得到实现，也并不必然将司法救济作为最先选择，但司法救济的意义在于，当任何当事人不满意其诉求结果时，都能够通过司法途径得到最终的补救。

人类社会发展到今天正处于或正在努力达到以司法救济为标志的公力救济的社会，这是权益救济结构的第一次也是最重要的一次转型。② 之所以要确定司法救济终局原则，是考虑到两个层面的因素：其一，信用主体权益救济的原则体系应当互相协调，在第一性原则（救济及时）和第二性原则（行政救济优先）的基础上，应当设置司法救济终局作为第三性原则，以确保信用主体权益能够得到及时、有效的救济；其二，从司法成本来看，司法救济终局原则

① ［美］理查德·A. 波斯纳. 法律的经济分析［M］. 蒋兆康，译. 北京：中国大百科全书出版社，1997：26.

② 贺海仁. 权利救济的基本结构及其转型［D］. 北京：中国社会科学院，2004.

不仅能减轻当事人诉累，而且能降低纠纷解决的总社会成本，因为司法救济终局意味着不管是否对救济结果满意，法律都不再支持信用主体权益回转到其他渠道寻求救济。

按照凯尔森的观点，“法院主要是确认一个（民事的或刑事的）不法行为已被作出并决定制裁，因而决定当事人的义务和权利只是次要的”。① 也就是说，相比确定当事人的权利义务，法院更加侧重裁判的确定性。法院裁判作为司法救济的代表必须是终局的，否则裁判的既判力将不复存在。当然，司法救济终局原则并不是说，信用主体权益救济只能经过一次审判，在我国，按照“两审终审制”就达到了终局。

第四节　信用主体权益救济的不足

《社会信用体系建设规划纲要（2014—2020年）》中强调对信用信息主体权益进行保护。从法律、经济和行政等手段出发，建立自我纠错、主动自新的鼓励关爱机制，并通过制定信用信息异议处理、投诉办理、诉讼管理制度及操作细则来建立信用信息侵权责任追究机制。从公力救济的角度而言，立法、司法和执法是信用主体在遭遇权益受损时的最强有力处理方法，也是社会信用体系长久有序运作的制度根基。现有的信用主体进行公力救济的途径仍存有不足之处，不能完全满足信用主体权益救济的现实需求。

一、信用主体权益的立法救济不足

（一）信用主体权益救济立法缺乏顶层设计

第一，信用主体权益保护立法庞杂。既有地方先行先试的地方性立法，也有中央推陈出新的政策性指引文件。针对社会信用中信用主体权责规范的立法散落在部门规章和地方性法规中，且不同地方性法规的效力范围仅局限于所辖

① ［奥］凯尔森．法与国家的一般理论［M］．沈宗灵，译．北京：中国大百科全书出版社，1996：34.

的行政区划内，阻碍了信用主体进行实际维权。不同地区间信用主体保护的范围、程度、救济方式有差别，却没有权威统一的解释性文件进行适用说明。第二，出台的信用主体权益保护法规文本效力层级不高。目前社会信用立法以绝大多数地方性规定或者部门规章和少数中央文件组成，地方性法规因为其本身所处法律位阶较低，在没有更高层面的法律作为依据的情况下，信用主体难以单纯依据地方性法规实现救济目的，无论是司法救济程序还是行政执法程序都面临着无法可依的困境。第三，迄今为止尚未有单行的社会信用法出台，对整个信用活动进行法律层面的有序规范。社会信用方面的立法仍然处在研究论证阶段，距离正式、统一的社会信用法的颁布还有很长一段路要走。①

（二）信用主体权益救济立法缺少实操性

第一，现有的信用体系建设立法多为纲领性文件，如国务院印发的《社会信用体系建设规划纲要（2014—2020 年）》和国务院办公厅《关于加快推进社会信用体系建设 构建以信用为基础的新型监管机制的指导意见》等一系列指导性文件，以及《征信业管理条例》《个人信用信息基础数据库暂行管理办法》《金融信用信息基础数据库个人征信异议处理业务规程》和《最高人民法院关于公布失信被执行人名单信息的若干规定》等相对具体的规范性文件，还有《上海市社会信用条例》《湖南省人大常委会关于大力推进社会信用建设的决议》《贵州省社会信用条例（草案）》《河南省社会信用条例》等省级信用管理条例或规章，上述文件内容多为宣示性条款，没有具体实施的运作方式。条文内容又多为同质化内容，省级条例大多是临摹中央文件后再加入本省的一些重要政策文件精神，没有定义和规范信用主体权益范围、侵害行为的类型、侵害行为发生后的救济方法等细节性条款。第二，尚未形成共识性的信用主体权益保护原则。立法原则作为立法者据以进行立法活动的重要准绳，也是指导司法实践的整体性思想，体现法律的品格。一般来说，法律都将自己的立法原则开宗明义地列于具体条文之前。例如，欧盟《通用数据保护条例》就

① 陶凤，彭慧．社会信用立法在即 2/3 省市已出台或研究地方法规［EB/OL］．(2019-09-03)［2020-03-15］．http：//www.jwview.com/jingwei/html/09-03/256026.shtml.

是将保护自然人的数据安全置于首要位置，不仅约束后续具体条文的制定，也指导自然人因数据侵权产生纠纷后司法救济的裁判方向。

二、信用主体权益的司法救济不足

（一）信用主体权益司法救济范围缩限

司法作为维护社会公平正义的最后一道屏障，是信用主体在权益受损害后求助于司法公权力救济的最终手段。在信用主体权益受侵害案件进入法院诉讼程序后，如果是侵害信用主体的名誉权、身体权、隐私权以及一般人格权等基础权利的，则信用主体能够以侵害具体权利类型为案由进行起诉。但是，当信用主体被损害的是诸如异议权益等信用权益时，则很难在现行的司法程序中获得法官对被诉权利的支持。

现行立法和司法实践适用诉讼标的旧实体法说，即把民事案件审理的范围与实体请求权范围予以关联，在请求权构筑的民事权利体系内寻求诉权可以审理、裁判的具体权益。但是当信用主体求助的权益类型远超过民事实体权利范畴时，当下的“旧实体法说”诉讼标的理论则会将新型信用权益隔离在诉讼救济途径外。通过分析《民事案件案由规定》，其中第一级案由“第一部分 人格权纠纷”中第二级案由“一、人格权纠纷”及其项下的第三级案由“11. 一般人格权纠纷”在实务中并不具有其他三级案由可以直接被具体条文所援引的特征。因此，当新型信用权益试图将运用一般人格权案由转化为法益保护的民事权利时，便会缺乏具体法条的有力支持，尤其是在信用立法不甚健全的情况下。因此，在施行诉讼标的旧说理论指导下，新型信用权益保护难以进入法官运用实体请求权的予以司法裁量和救济的权利范围内。

（二）信用主体权益司法裁量门槛过高

信用主体的损害事实在司法程序中还面临着司法裁量门槛过高、不易被法官支持的困境，如当事人请求平台删除自己不良记录并赔偿损失的重建信用权益案，起源于西班牙冈萨雷斯诉谷歌删除自己不良信用记录的世界“被遗忘权”第一案，但此案在欧盟法院获得支持，法院判决谷歌删除不良信用记录支持当事人诉求。中国法院在审理相类似的中国“被遗忘权”第一案时，却采取了截然相反的态度,① 不认同要求删除不良记录的权利请求，并主张此被遗忘权只在国外相关法律及判例中涉及，因为我国法律法规尚无此权利类型，只能按照《侵权责任法》中的规定，必须同时满足三个条件才能实现有效救济：首先是当事人对诉讼标的享有合法的民事权利或权益，否则便不存在主张民事权利保护的基础；其次是人格权或一般人格权保护的对象必须是人格利益，但如果以兜底条款一般人格权为案由，则当事人还应证明救济权益的正当性；最后还需要当事人证明寻求救济的权益所适用司法保护的必要性。正是由于这三者同时具备的条件对信用主体而言难度太大，以致类似的新型信用权益案件胜诉概率很低。

三、信用主体权益的行政救济不足

（一）信用主体权益救济执法惩处虚设

前述从中央到地方的一系列信用管理文件中，都没有征信机构实施侵害信用主体权益行为后，会遭受行政处罚的具体条款。以信用主体的异议权救济为例，关于信用主体反馈信用信息存在异议后，哪个征信机构应该于何时答复或者处理好信用主体有争议的信息记录问题，条文和实际情况即存在出入。我国目前通常将信用主体的异议都交给商业银行之类的信用信息公布者进行处理，而立法中规定征信机构为异议的处理者，实际情况不符合法律规定。一些办法

① 世界“被遗忘权”第一案是西班牙人冈萨雷斯向西班牙数据保护局提交投诉，称《先锋报》1998年刊登的与其有关的财产强制拍卖活动已经结束，继续保留该失去时效性的公告会持续伤害其声誉，故要求《先锋报》必须删除该数据、谷歌西班牙公司或谷歌公司必须删除其已收录的该数据链接。在西班牙数据保护局驳回了冈萨雷斯针对《先锋报》的申请，但要求谷歌公司删除冈萨雷斯被强制拍卖数据的链接并保证通过搜索引擎无法打开该数据后，谷歌西班牙公司和谷歌总部分别向西班牙高等法院提出诉讼，因涉及适用欧盟《数据保护指令》(1995年)，这两个诉讼被合并后提交到欧盟法院。欧盟法院审理此案后支持了冈萨雷斯的诉讼请求，要求谷歌公司删除冈萨雷斯的不良信用数据的网页链接。中国“被遗忘权”第一案中原告任甲玉因认为前任东家陶氏教育的“不好名声”影响其就业，遂请求百度搜索删除与之相关的搜索词及链接。两审法院主张我国现行法中并无对“被遗忘权”的法律规定，也没有法定称谓为“被遗忘权”的权利类型，“被遗忘权”只是在国外有关法律及判例中有所涉及，因此驳回任甲玉要求删除百度网页中个人职业经历链接的诉讼请求。

规定了应该答复的时限，但形同虚设。《征信业管理条例》中规定，征信机构应该于收到信用主体异议申请之日起 20 个工作日内完成对异议信息的核查和处理，并书面答复异议申请人。《个人信用信息基础数据库管理暂行办法》也规定了征信服务中心分支机构和中国人民银行征信管理部门受理异议申请的时限和异议处理的救济问题，并且第二十一条规定无法确认异议信息存在错误的，不得按照异议申请人要求更改相关个人信用信息。除了第二十四条中规定异议申请人可作 100 字以内的个人声明外，并没有提供信用主体可以再次获得救济的其他途径。

（二）信用主体权益救济执法主体混乱

行政机构是直接管理征信平台、信用机构的组织，也是直接受理信用主体权益侵害案件的第一序位公共机构，因此行政主体对信用主体权益侵害请求的高效及时处理是解决权益救济的第一道防线。然而在行政机构扮演的监管机构角色中，却出现了角色定位混乱的情况。中国人民银行下设的中国人民银行征信中心为征信机构，若中国人民银行作为监管机构，就如同一套系统内部监管，其执法监管的公平公正性不得不令人怀疑。

另外，我国目前还存在其他行政部门诸如商务部、国家市场监督管理总局等担负着相关信用主体信用信息监管职责的情形，但均未在正式的法规中进行明确的规定。行政监管主体的不明确导致现实中出现职权划分不明的困境，这就可能引发相关部门对权力争先恐后、对监管所负义务互相推诿的情况。对信用主体进行行政处罚时，监管机构可能出现两次执法的行为，例如信用服务平台不当收集和利用信用主体征信信息后，可能先被市场监督管理部门以侵害消费者权益处罚，后又可能被中国人民银行以违反征信业管理条例为由进行惩处。而在面对信用权益受侵犯的复杂局面时，监管部门同信用服务平台、征信组织之间很有可能相互“踢皮球”对信用主体的救济不予受理，致使信用主体的信用权益受损却无法获得行政机关的有效帮助。如目前征信监管格局对监管主体和各自权利义务的界定均不甚清晰，信用主体信息被冒用导致不能及时按揭贷款的情况下，无论是公积金中心还是中国人民银行，都可能以自身没有明确规定为由，拒绝处理信用主体的投诉请求。

第五节 信用主体权益救济的完善

一、法律供给——加速出台完备的单行社会信用法

（一）制定法律层级社会信用法单行立法

根据《社会信用体系建设规划纲要（2014—2020年）》的要求，建立健全信用法律法规和标准体系、完善信用法律法规体系、推进信用立法工作，使信用信息征集、查询、应用、互联互通、信用信息安全和主体权益保护等有法可依。《征信业管理条例》也出台了相关配套制度和实施细则，建立异议处理、投诉办理和侵权责任追究制度。在社会信用体系建设的时代洪流下，信用主体仍然面临着权益救济的现实困境，在《民法典》中保护民事主体人身自由和人格尊严的权益以及民事主体合法权益的立法目的指引下，确有必要建立体系化的社会信用法单行立法，采用集中式的单行立法模式来结束现有信用立法没有章法、各自为政的混乱局面。

出台社会信用法既是对现有从中央到地方颁布的社会信用管理条例的一次整体归纳，也是总结现有部门立法、地方性法规的可取之处和不足之处的良机，更是站在法律的更高层次将社会信用的立法目的、立法原则、社会信用定义、信用主体关系、信用行为、信用主体权益等基础概念予以确定。在明确基础理论问题后，再回应社会急需的信用主体权益保护等问题，这无疑是兼具理论支撑和立法技术的安排，也为法律层面增设信用主体权益提供了一条可行道路。

（二）完善社会信用法相关配套实施细则

出台社会信用法牵涉到同已有的法律、法规的衔接问题，并且在社会信用法颁布之后，如果要实现良好的立法目的，需要从法律到法规到司法解释等一系列相关配套立法举措的同步配合。社会信用法立法起草尚处于研究论证阶段，也因为部门起草稿往往会带有部门利益，不能完全从全国、全局性利益考虑来制定社会信用法，只有历经公开征求意见以及全国人大常委会的审议决定等程序，才有可能制定出符合全国、全局性利益的社会信用法。社会信用法出

台后很可能会和现行的部门立法、地方性法规中信用管理部分相冲突，届时不仅需要从法律效力层级上支持社会信用立法，也需要各地区因地制宜颁布本地区的实施细则。同时也需要从真正实现信用主体权益保护和救济的角度制定和出台相关司法解释，更好地指导社会信用法的司法实践运作。

二、程序救济——遵循侵害信用权益构成要件裁判标准

（一）适用二分肢说诉讼标的理论审理和裁判

信用主体的名誉权、隐私权、身体权等民事权利在现行法规文本中都有具体条文明确规定，均属于《民事案件案由规定》的三级案由。因此，审理过程中所主张受侵害权利的正当性和必要性上不需要信用主体自行举证证明，法官便能够依据相关法律进行审理并作出裁判。但是信用权益的救济情况，受困于诉讼标的实体请求权，单单以信用权益受损很难进入法官予以认可的权益范围，因而无法实现有效的权益救济。此时，就需要诉讼标的二分肢说①来对司法程序中审理和救济的权益范围进行扩充，仅需说明与信用权益有关的同意权益、知情权益、异议—修复权益、信用重建权益等新型信用权益所欲实现的法律效果，而不必具体指明何种实体权利需要救济，便可顺利进入诉讼程序寻求救济。② 在现有信用实体法权利供给不足的当下，适用诉讼标的二分肢说可以使权益司法救济的范围问题迎刃而解。

（二）遵照有利于权益救济原则适用侵权构成要件

诉讼标的二分肢说理论使信用主体的新型信用权益能够进入司法程序审理范围，但在具体审理裁判中，法官如果刻板对照侵权责任法的三层适用模式，

① Rosenberg提出诉讼标的之内容可以通过原告陈述之事实理由及诉讼请求加以确认，事实理由与诉讼请求两者均构成诉讼标的重要要素的诉讼标的二分肢说理论。相比较诉讼标的旧说中法官审理和裁量的范围都禁锢在实体请求权内，诉讼标的二分肢说理论突破实体请求权框架，让法官对案件的审理直接聚焦于当事人提交的案件事实及其支撑理由，结合当事人所欲实现的诉讼请求效果来分配双方当事人之间的权利义务。见陈荣宗著，民事程序法与诉讼标的理论［M］．台北：台湾大学出版社，1984：335-342.

② 诉讼标的二分肢说理论则在设定之初便课以法官释明责任，要求法官实质参与到案件真正争点的确定和纠纷核心的解决任务中来。

则信用主体救济信用权益的诉讼请求即使进入诉讼程序，也很难获得最终支持。信用主体的新型信用权益在实体法中缺乏所对应的权利类型的情形下，可以借鉴欧盟法院对待新型权益的案例。欧盟《通用数据保护条例》中正式规定个人数据受保护，享有被遗忘权。① 值得注意的是，被遗忘权并不是首先在《通用数据保护条例》中被设定，而是源于“谷歌诉冈萨雷斯‘被遗忘权’案”的司法判决。在司法审理没有所谓“被遗忘权”具体权利类型的前提下，欧盟法院认为有关数据主体②“片面的、无关的、过多的”数据应当从搜索结果中删除，而谷歌公司属于欧盟《数据保护指令》中的数据控制者，应该对其平台中第三方发布的带有个人数据的网页数据负有消除义务，最终判决谷歌西班牙分部、谷歌总部按冈萨雷斯请求将相关链接进行删除。欧盟法院对该案的判决实际上认可和创设了“被遗忘权”这一数据主体所拥有的新型民事权利。该案中，不是以“被遗忘权”的权利类型受侵害所提起的诉讼，而是直接提出谷歌公司删除财产强制拍卖活动的网页链接中冈萨雷斯个人数据的诉讼请求。后来欧盟法院的审理判决中，也是直接考虑冈萨雷斯所主张的谷歌公司删除网页数据的法律效果。因此，我国法院在具体审理信用主体的权益救济案件时，可以尝试不被具体权利类型所禁锢，而是直接从救济信用主体权益的角度出发，在查明确实存在信用主体权益受损且受侵害结果同对方当事人有法律上的直接因果关系后，再结合信用主体的诉讼请求予以裁量，那么被侵害的信用权益获得司法救济的概率则很有可能大大提升，也会从司法角度反向推动新型信用权益实体法立法的进程。

三、行政监管——明确信用救济管理模式和责权范围

（一）明确行政监管责权范围和权益救济追责机制

社会信用活动中信用主体主要是同相关公共机构和征信运营平台进行交互

① 杨立新，韩煦．被遗忘权的中国本土化及法律适用［J］．法律适用，2015（2）：24-34.

② Official Journal of the European Union，General Data Protection Regulation：Article 4（1）‘personal data’ means any information relating to an identified or identifiable natural person（‘data subject’），欧盟《通用数据保护条例》第 4 条第 1 款规定，数据主体是指通过相关的任何信息已识别或可识别其身份的自然人。

行为，对信用主体信用信息归集、共享、分析后得出的信用评价和信用报告也是通过这两类主体产生，因此需要明确上述两类主体的责任模式，以便发生信用侵权行为时进行责任划分。

直接归集模式的信用信息归集行为，信用主体所有信用活动都是围绕行政机关来展开，信用管理机关依法编制个人信用信息目录，并且制定相应信用积分结果的计算标准和信用等级评价标准，直接从其他行政机关、司法机关、公共企事业单位等信用信息供给单位获得个人信用信息，并进行相应的归类和计算。① 信用主体的信息归集和共享，连同信用活动中的信用信息评价分类、信用信息共享公开、信用信息分类管理与信用联合奖惩活动的四个要件都是在行政机关的直接掌控下进行和得出结果的，并且四个要件相互之间信息利用程度也不断加深，后者在前者的信用共享利用基础上得出。此种直接归集管理情形下，信用主体的直接接触对象仅限于行政机关，则信用主体权益保护的义务对象也是行政机关，当行政机关没有切实履行好信用主体权益保护义务时，也成为信用主体的直接追责对象，信用主体可以针对行政机关提起行政程序和民事程序的追责和救济。

除了信用主体直接和行政机关打交道的直接归集模式外，还有信用主体和诸多信用服务平台进行征信活动的间接归集模式，此种模式下我国关于信用主体信用信息的保护还处于相对混乱的状态。如出现了信用征信机构利用自己归集信息的便利地位，将共享后的信用主体信息进行市场化运作进而牟利的现象。我国现行相关信用信息的立法中，仅规定根据个人申请提供其本人信用报告的情况，对于信用信息的商业性利用、共享等情形，还欠缺明确详尽的规定，这导致了客户信用信息保护还处于较低水平。② 因此，在间接归集模式中，征信平台应该对信用主体权益保护承担直接和主要责任，主管行政机构对征信平台的侵害行为担负间接的监管责任。信用主体在间接归集模式下遭受权

---

① 张涛．个人信用评分的地方实践与法律控制：以福州等7个城市为分析样本［J］．行政法学研究，2020（1）：116-129.

② 陈健．信用报告制度的完善及身份窃取行为的预防［J］．法律科学（西北政法大学学报），2011（6）：129-136.

益受损情况时，可以将直接责任征信机构和间接责任主体行政主管机关一同列为责任履行对象，要求其承担信用权益侵权责任。

（二）创设信用主体权益救济一体化综合线上平台

信用主体的行政监管救济方式除了明确行政机关和征信平台主体义务和责任外，还应从有利于信用主体权益救济实现的具体方式着手，提供便利的维权救济条件。因此，各征信平台和行政机构应建立起申请异议的统一线上救济平台。这样信用主体就可以不受时间和地点的限制，无论何时何地都可以通过综合平台采取救济行为。综合线上平台将通过信用主体上传身份信息、人脸识别验证等方式，核查申请人的在线身份，以此来确保信用主体的信息救济权利提起的安全性和准确性。

信用主体在上传相关异议资料之后，可通过平台页面选择具体的侵权案件类型，自己填写侵权救济内容并完整地上传到管理端口。与此同时，各机构平台可以设置线上审核主体救济申请的机制线，对受侵害对象的救济申请进行线上审核。采用线上平台的救济方式，可以降低信用主体实施线下维权的人力和物力成本，同时也有利于信用主体发现自己的信用信息有误或者不完整时，最高效率地启动救济程序。信用主体救济申请提交平台程序后，还可以通过登录平台来追踪自己维权案件的审理进度，了解具体负责案件处理的职能机关。综合线上平台将为公正、高效地解决信用权益救济问题提供制度化的实施途径。